U0937294

网络营销实务

平文英　王　璐　主编

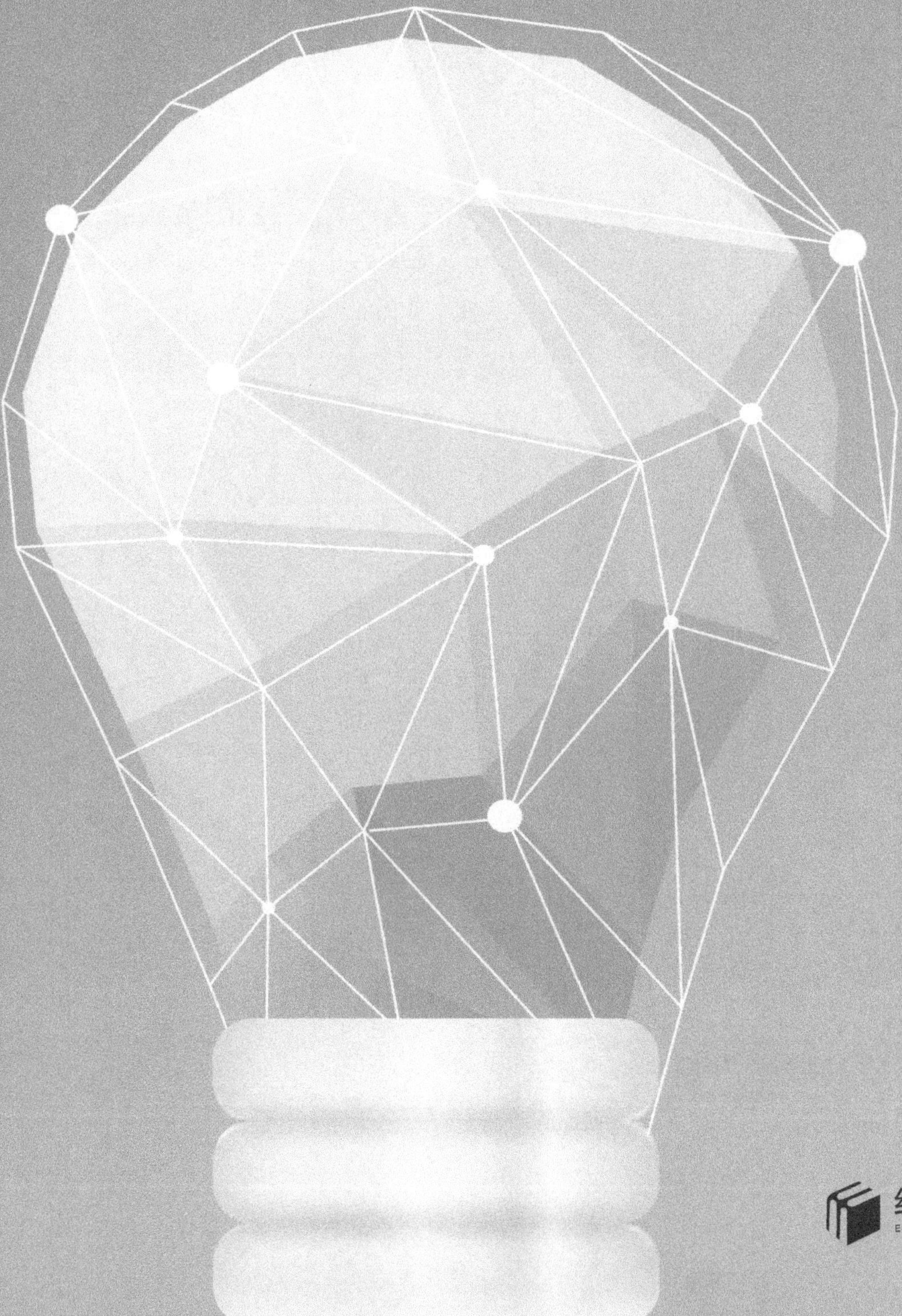

经济管理出版社
ECONOMY & MANAGEMENT PUBLISHING HOUSE

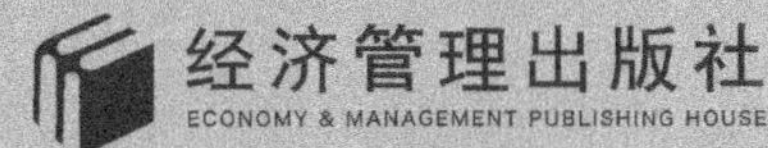

图书在版编目（CIP）数据

网络营销实务/平文英，王璐主编. —北京：经济管理出版社，2014.3
ISBN 978-7-5096-3187-4

Ⅰ. ①网… Ⅱ. ①平… ②王… Ⅲ. ①网络营销—中等专业学校—教材 Ⅳ. ①F713.36

中国版本图书馆 CIP 数据核字（2014）第 143297 号

组稿编辑：魏晨红
责任编辑：杨国强
责任印制：黄章平
责任校对：超 凡

出版发行：经济管理出版社
（北京市海淀区北蜂窝 8 号中雅大厦 A 座 11 层 100038）
网 址：www. E-mp. com. cn
电 话：(010) 51915602
印 刷：北京虎彩文化传播有限公司
经 销：新华书店
开 本：889mm×1194mm/16
印 张：16.5
字 数：316 千字
版 次：2014 年 3 月第 1 版 2014 年 3 月第 1 次印刷
书 号：ISBN 978-7-5096-3187-4
定 价：42.00 元

·版权所有 翻印必究·
凡购本社图书，如有印装错误，由本社读者服务部负责调换。
联系地址：北京阜外月坛北小街 2 号
电话：(010) 68022974 邮编：100836

国家级中等职业改革示范校系列教材
编 委 会

主　任：潘筑华

副主任：平文英　李小明　商　莹　王茂明

委　员：罗文刚　谢代欣　黄贵春　王　刚　李　崑　李一帆

吴　群　李光奕　郑　曦　张世荣　周　颖　邱桂梅

杨　逍　陶晓晨　王　璐　翟　玮　侯文亚　宋容健

蔡　凯　马思策　张英胜　韩　勤　韩庆靖　董　晖

序

为深入推进国家中等职业教育改革发展示范学校建设，努力适应经济社会快速发展和中等职业学校课程教学改革的需要，贵州省商业学校作为“国家中等职业教育改革发展示范学校建设计划”第二批立项建设学校，按照“市场需求，能力为本，工学结合，服务三产”的要求，针对当前中职教材建设和教学改革需要，在广泛调研、吸纳各地中职教育教研成果的基础上，经过认真讨论，多次修改，我们编写了这套系列教材。

这套系列教材内容涵盖“电子商务”、“酒店服务与管理”、“会计电算化”、“室内艺术设计与制作”4个中央财政重点支持专业及德育实验基地特色项目建设有关内容，包括《基础会计》、《财务会计》、《成本会计》、《会计电算化》、《电子商务实务》、《网络营销实务》、《电子商务网站建设》、《商品管理实务》、《餐厅服务实务》、《客房服务实务》、《前厅服务实务》、《AutoCAD室内设计应用》、《3Ds Max 室内设计与应用》、《室内装饰施工工艺与结构》、《室内装饰设计》、《贵州革命故事人物选》、《多彩贵州民族文化》、《青少年犯罪案例汇编》、《学生安全常识与教育》共19本教材。这套教材针对性强，学科特色突出，集中反映了我校国家改革示范学校的建设成果，融实用性与创新性、综合性与灵活性、严谨性与趣味性为一体，便于学生理解、掌握和实践。

编写这套系列教材，是建设国家示范学校的需要，是促进我校办学规范化、现代化和信息化发展的需要，是全面提高教学质量、教育水平、综合管理能力的需要，是学校建设职业教育改革创新示范、提高质量示范和办出特色示范的需要。这套教材紧密结合贵州省经济社会发展状况，弥补了国家教材在展现综合性、实践性与特色教学方面的不足，在中职学校中起到了示范、引领和辐射作用。

前　言

《网络营销实务》是各中等职业院校广泛开设的一门专业课程。本书力争反映网络营销的实践及网络营销学科教学改革的成果。以就业为导向，以培养高素质人才为目标，强调基本知识和实用技能，以任务驱动、项目教学的方式组织和开展教学活动，为教学提供平台，以适应提升学生素养、满足劳动就业和继续发展的需要。本书是贵州省商业学校经济管理教研室结合本校学生实际综合水平与其他同类教科书的优点，通过任课老师的经验总结编写而成，是一本适应广大中职学生接受能力的教材。

为了更好地满足教学需求，达到趣味教学的目的，本书在编写时，通过情景案例引入知识点。学生在老师的带动下趣味阅读案例，了解案例需要解决的问题，带着问题学习知识点，这样基础知识的讲解就可以做到有的放矢，不空谈，把抽象化为实务，使难点变得更加容易理解。另外，为了学生学习掌握起来十分轻松容易，本书对理论知识的介绍做到了"深入浅出"，把复杂问题简单化，通过案例、图示等方法把理论问题立体化，透视化。

本书采用理论与实践紧密结合，每个任务都有知识目标和技能目标。教学活动由"案例导入"、"知识链接"、"应用案例"和"任务示范"几个部分组成；同时配有项目任务书。每个任务还配有思考练习。全书层次分明、重点突出，可以指引学生快速入门。

本书由平文英、王璐主编；黄贵春、唐莉莉副主编；罗茜、马钰辰、马昆参编。

由于编者水平有限，难免有错误之处，敬请读者批评指正。

编者

2014 年 3 月

前 言

目　录

项目一
网络营销的准备工作

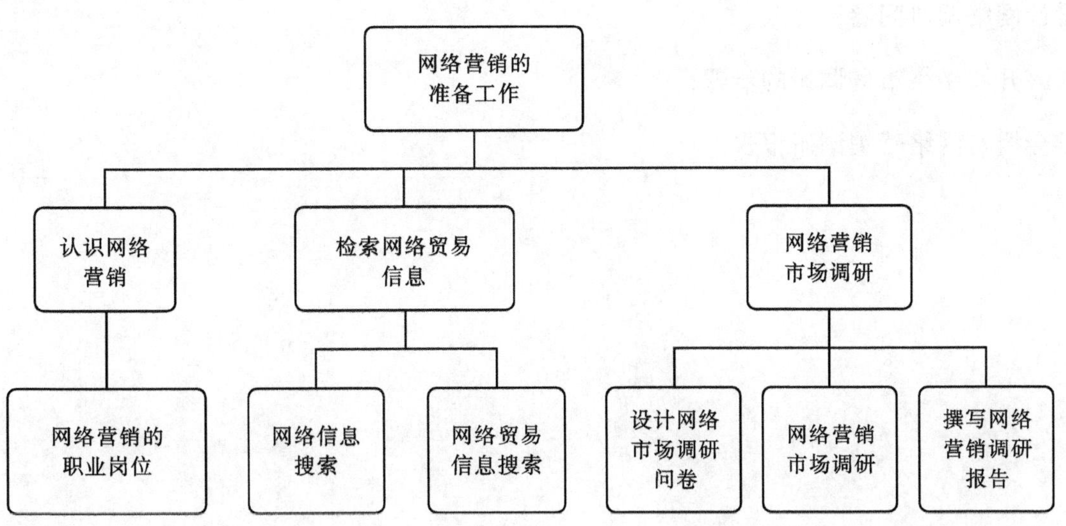

学习目标

知识目标

掌握网络营销的概念，了解其特点；

掌握网络信息的分类；

掌握网络市场调研的概念，了解其特点和对象；

掌握网络市场调研的步骤，了解其报告的结构。

技能目标

利用网络获取信息资源；

有效筛选贸易信息；

设计网络调研问卷；

了解开展网络市场调研的步骤；

学会撰写网络营销调研报告。

任务 1　认识网络营销

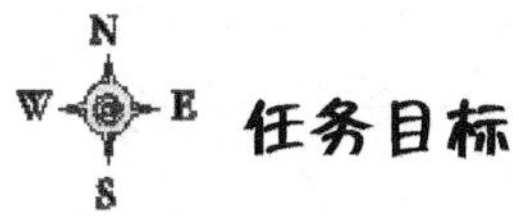

任务目标

通过本次任务实训，让学生了解与网络营销有关的就业方向，认识网络营销的职业岗位有哪些以及这些职业岗位对学生的专业知识要求和职业技能要求。

项目任务书

任务名称	认识网络营销	任务编号		时间要求	两课时
要求	1. 查找相关的招聘网站 2. 登录网站搜索与网络营销有关的工作 3. 了解不同工作的职位数量、职位名称以及对职位的技能要求和工作内容				
重点培养的能力	动手操作能力，认真学习能力，信息筛选能力				
涉及知识	网络营销的概念，网络营销的职业岗位				
教学地点	教室、机房	参考资料			
教学设备	投影设备、投影幕布、能联网的电脑				
训练内容					
1. 听教师讲解案例及相关的知识（时间约　　分钟） 2. 了解任务训练要求，要达到什么样的目的（时间约　　分钟） 3. 登录不同的招聘网站，查找与网络营销相关的职位信息 4. 以小组为单位，汇总查找到的岗位信息。对搜索到的信息进行分类，统计市场对网络营销专业方向的人才需求数量、岗位名称、不同岗位的职业要求及工作内容					
训练要求					
在完成任务的过程中能自主学习并掌握网络营销基础的有关知识；能够在规定的时间内完成网络营销相关岗位的查找、整理、分析任务。最终将查询的信息汇总成表格展示					
成果要求及评价标准					
成果要求：需提交下列书面文件 1. 本小组成员分工的情况 2. 小组成员查找到的信息汇总 评价标准： 1. 查找到的职位是否与专业方向一致 2. 汇总的岗位分类是否全面 3. 查找到的岗位是否有典型性 符合上述标准 1，成绩为及格，可得 60~70 分；符合标准 2，成绩为良好，可得 70~80 分；符合标准 3，成绩优秀，可得 80~90 分；介于这几种标准之间的，可酌情增减分					
任务产出一	成员姓名与分工	成　员	学　号	分　工	
		组　长			
		成员 1			
		成员 2			
		成员 3			
		成员 4			
		成员 5			
		成员 6			

续表

<table>
<tr><td rowspan="2">任务产出二</td><td>1. 网络营销职位信息
<table>
<tr><th>职位名称</th><th>职位所在地</th><th>职位数量</th><th>信息的来源</th></tr>
<tr><td></td><td></td><td></td><td></td></tr>
<tr><td></td><td></td><td></td><td></td></tr>
<tr><td></td><td></td><td></td><td></td></tr>
<tr><td></td><td></td><td></td><td></td></tr>
</table></td></tr>
<tr><td>2. 职位基本要求
<table>
<tr><th>职位名称</th><th>职位所在地</th><th>职位数量</th><th>信息的来源</th></tr>
<tr><td></td><td></td><td></td><td></td></tr>
<tr><td></td><td></td><td></td><td></td></tr>
<tr><td></td><td></td><td></td><td></td></tr>
<tr><td></td><td></td><td></td><td></td></tr>
</table></td></tr>
</table>

<table>
<tr><td>项目组评价</td><td></td><td rowspan="2">总分</td><td rowspan="2"></td></tr>
<tr><td>教师评价</td><td></td></tr>
</table>

情景导入

王颖是电子商务专业的学生，即将毕业的她满怀信心地投入到找工作的求职大军中。

通过学长的经验介绍，王颖了解到，网络求职是当下广大求职者一种重要且快捷的途径。由于科技的发展，现在信息的网络化日益显著，网络已成为人们工作、生活、招聘、求职必不可少的帮手，所以在互联网找工作成为广大求职者的必选途径。

思考：你知道网络营销专业方向有哪些就业岗位吗？

知识链接

一、网络营销的产生

网络营销是随着互联网进入商业应用而逐渐诞生的，尤其是万维网、电子邮件、搜索引擎等得到广泛应用之后，网络营销的价值越来越明显。

1994 年对于网络营销的发展被认为是重要的一年，因为网络广告诞生的同时，基于互联网的知名搜索引擎 Yahoo!、Webcrawler、Infoseek、Lycos 等相继于 1994 年诞生。中国国际互联网

1994 年 4 月 20 日正式开通。网络营销是随着互联网的应用而逐渐开始为企业所应用。

1. 网络营销产生的观念基础

2. 网络营销产生的现实基础

随着市场竞争的日益激烈，为了在竞争中占优势，各企业都想方设法地吸引顾客。开展网络营销，可以节约昂贵的店面租金，可以减少库存商品及资金占用，可以使经营规模不受场地限制，便于采集客户信息等，这些使得企业经营的成本和费用降低，运作周期变短，从根本上增强企业的竞争优势，提高盈利。

3. 网络营销产生的技术基础

网络营销建立在高技术作为支撑的互联网的基础上，对于企业来讲，进行网络营销，必须引进懂营销与电脑技术的复合型人才，有一定的技术投入和技术支持，还要改变传统的组织形态，使其与新的营销方式相适应，并提升各管理部门的职能。

总之，网络营销的产生有其技术基础、观念基础、现实基础，是多种因素综合作用的结果。

二、网络营销的定义

广义的网络营销（或者互联网营销），是以互联网为主要手段，为达到一定营销目标进行的经营活动。网络营销贯穿于企业互联网经营活动的整个过程。

狭义的网络营销专指互联网络营销，是指组织或个人基于互联网络，对产品、服务所做的一系列经营活动，从而达到满足组织或个人需求的全过程。网络营销是企业整体营销战略的组成部分，是建立在互联网基础之上并借助于互联网特性而实现一定营销目标的营销手段。

（1）网络营销需要借助互联网技术，开拓市场。

（2）网络营销以传统营销理论为基础。

（3）网络营销不等于互联网销售。

三、网络营销的特点

网络营销的特点主要体现在以下六个方面，如图 1-1 所示。

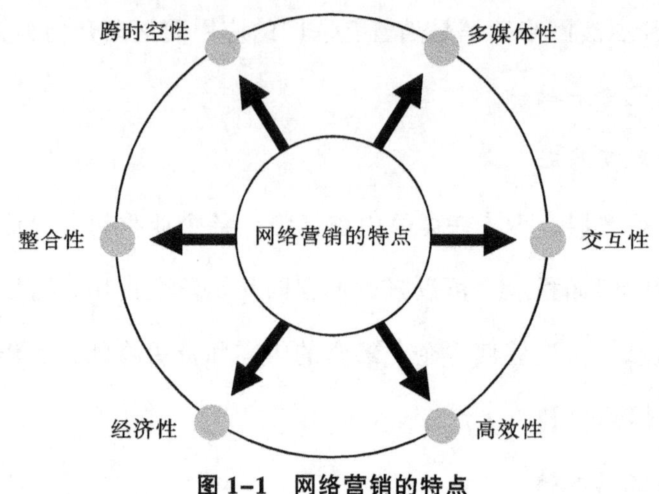

图 1–1 网络营销的特点

四、网络营销的功能

1. 网络品牌

网络品牌建设是以企业网站建设为基础，通过一系列的推广措施，达到顾客和公众对企业的认知和认可。如图 1–2 所示。

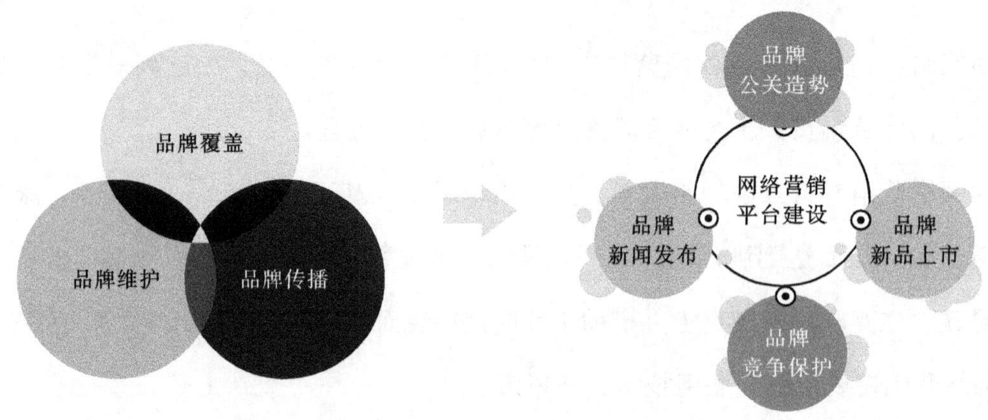

图 1–2 网络品牌

2. 销售促进

大部分网络营销方法与直接或间接促进销售有关，但促进销售并不限于促进互联网销售。事实上，网络营销在很多情况下对于促进非网络营销十分有意义。

3. 互联网销售

具备互联网交易功能的企业网站本身就是一个互联网交易场所，互联网销售是企业销售渠道的延伸，互联网销售渠道建设也不限于网站本身，还包括与其他电子商务网站不同形式的合作等。

4. 网站推广

网站推广的目的在于让尽可能多的潜在用户了解并访问网站，通过网站获得有关产品和服务等信息，为最终形成购买决策提供支持。网站推广是网络营销最基本的职能之一。

5. 信息发布

网站是一种信息载体，通过网站发布信息是网络营销的主要方法之一。同时，信息发布也是网络营销的基本职能。

6. 顾客关系

良好的顾客关系是网络营销取得成效的必要条件，通过网站的交互性、顾客参与等方式，在开展顾客服务的同时，也增进了顾客关系。

7. 顾客服务

互联网提供了更加方便的在线顾客服务手段，从形式最简单的FAQ，到邮件列表，以及BBS、聊天室等各种即时信息服务，顾客服务质量对网络营销效果具有重要影响。

8. 互联网调研

通过在线调查表或者电子邮件等方式，可以完成互联网市场调研。相对传统市场调研，互联网调研具有高效率、低成本的特点，因此，互联网调研成为网络营销的基本职能之一。

任务示范

操作步骤

【步骤一】 打开IE浏览器。登录主要的招聘网站：前程无忧（http：//www.51job.com/）、中国人才热线（http：//www.cjol.com/）、智联招聘（http：//www.zhaopin.com/）。对比3个网站，了解3个招聘网站的界面，了解各自的功能。图1-3为招聘网站——智联招聘首页。

图 1-3　智联招聘首页

【步骤二】 点击职位搜索进入如图 1-4 所示的界面，在职位类别或职位名中输入关键信息“网络营销”，点击“搜工作”。

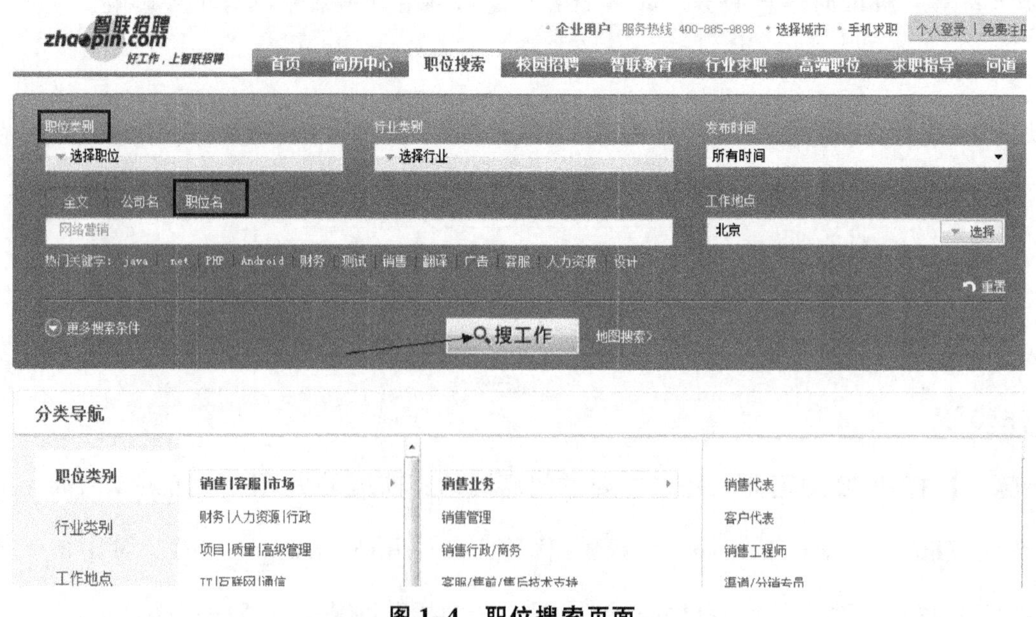

图 1-4　职位搜索页面

【步骤三】 查看搜集结果，选中一个你感兴趣的职位。如图 1-5 所示。

图 1-5　职位搜索结果

【步骤四】 选取其中一个感兴趣的职位，点击查看详细信息，了解职位名称、公司名称、公司规模、工作发布日期，如图 1-6 所示。重点了解职位描述（职位的职责）和工作内容。

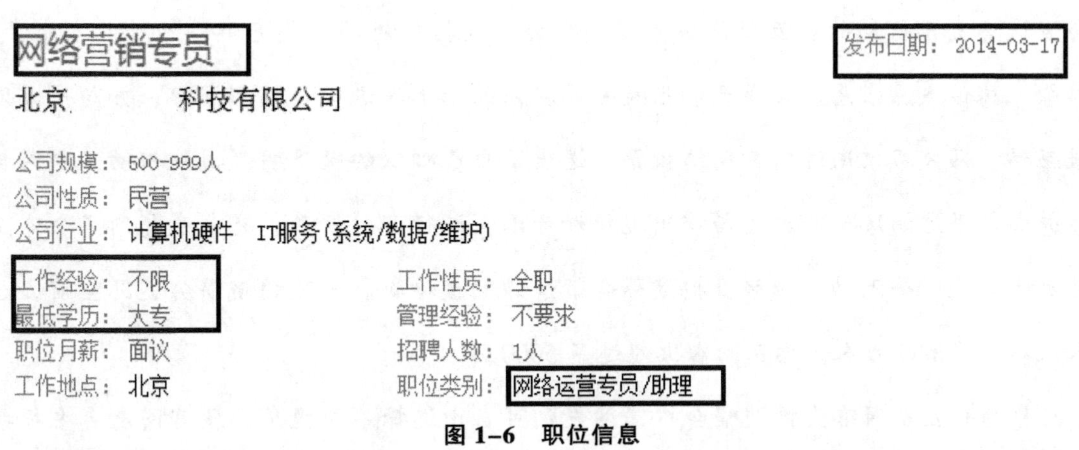

图 1-6　职位信息

【步骤五】 网络营销相关的岗位分类如表 1-1 所示，搜索北京、上海、深圳、杭州 4 个城市对网络营销岗位的需求情况，并以分小组形式汇总。

表 1-1　网络营销岗位类别

市场类	技术类	运营类	销售服务类
网站推广	网站设计	网络商务拓展	网络业务代表
网络策划	网站开发	网络营销运营	网络销售
网络分析	搜索引擎优化（SEO）	网站维护	网络商务
	搜索引擎营销（SEM）	网站策划	网络客服

【步骤六】在工作地点的选项中，更换不同城市名称，查看不同城市对网络营销岗位的需求状况，如图 1-7 所示，分别输入北京、上海、深圳、杭州，并分小组进行总结。

图 1-7　搜索选项

应用案例

诺基亚互动音乐会

2009 年 4 月 19 日，“诺基亚玩乐派对”盛大开场，数百万青年音乐爱好者通过互联网参与了这场史无前例的全互动网络直播演唱会，包括张靓颖、吴克群、王若琳、胡彦斌、苏打绿、林俊杰、张悬、大嘴巴和张震岳等在内的音乐人进行了精彩演出，并与广大网民直接互动。网民不仅通过前期网络投票，选出了自己心仪的玩乐明星，更借助互联网自由掌控并参与了这场玩乐派对，与演出现场和音乐人进行实时互动，充分感受到了全球互联网历史上首次“全互动”网络直播演唱会带来的颠覆体验。当晚的演唱会盛况空前，总访问人次超过了 600 万人，总互动人次超过了 5000 万人。

在整场全互动网络直播演唱会中，网友们可自由选择不同视角，欣赏网友自主投票选出的歌曲，并与演出现场及音乐人进行实时互动。数百万网友的共同参与，改写了互联网及演唱会的历史，令“诺基亚玩乐派对”全互动网络直播演唱会成为迄今为止最大规模的演唱会。

名人名言

一个企业存在的目的，在于创造新客户及维系老客户。

——西奥多·莱维特

职业能力训练

一、单选题

1. 网络营销产生的现实基础是（　）竞争的日益激烈化。

A. 商业　　B. 人才

C. 国家　　D. 实力

2. 企业通过互联网快速提升产品和企业的知名度，以树立企业良好的整体形象，这属于网络营销的（　）职能。

A. 网络品牌　　B. 网址推广

C. 信息发布　　D. 销售促进

3. 网络营销产生于（　）。

A. 20 世纪 60 年代　　B. 20 世纪 70 年代

C. 20 世纪 80 年代　　D. 20 世纪 90 年代

4. 互联网起源于（　）。

A. 英国　　B. 美国

C. 法国　　D. 中国

二、多选题

1. 网络营销与电子商务（　）。

A. 是同义反复的概念

B. 是一对紧密相关又具有明显区别的概念

C. 都是以互联网络为基础的商务活动

D. 是一个事物的两个方面

2. 网络营销的主要特点有（　）。

A. 交互性　　B. 多媒体性　　C. 高效性

D. 跨时空性　　E. 经济性　　F. 整合性

3. 网络营销产生和发展的背景主要有（　）。

A. 互联网的发展是网络营销产生的技术基础

B. 网络营销是电子商务的基础

C. 消费者价值观的改变是网络营销产生的观念基础

D. 激烈的商业竞争是网络营销产生的现实基础

观念应用训练

网络营销的未来

《网络营销白皮书（2012）》中探讨了未来网络营销趋势的变化，受到了很多企业和个人的关注。网络营销的10种趋势如下：

第一，中国企业在网络营销的投入正在逐渐的加大。企业已经转向以网络营销为主，以传统营销为辅。

第二，社会化营销、电子商务、视频营销、移动互联网成为四大热门的网络营销利器。数字营销本身也在不断优化，向精准化、技术驱动、数据分析等方向偏重。

第三，互联网营销的边界开始模糊，网络媒体多元化的整合变得更加重要。网络营销已经进入多渠道的整合时代，一种是网络媒体之间的整合，另一种是在线和线下媒体间的整合。同时，广告和公关的界限模糊，未来的趋势一定是公关的内容化、广告的公关化，公关和广告已经没有明确的界限。

第四，线上和线下的整合协同成为关键。例如，凡客诚品的成功不仅仅是线上营销的成功，而且是线上和线下非常好的整合，通过“户外广告+社会化媒体+户外视频广告”等形式引爆“有春天，无所谓”的新一季流行。

第五，营销进入跨频和多频的时代。全球除了47亿电视屏幕在观看奥运，同时有85

亿平板电脑和智能手机在观看奥运，智能手机成为在线活动常用的入口，70%的人看电视时使用智能手机，多屏融合下一定会出现更多跨屏幕整合营销的方式。

第六，社会化营销从单纯的社会化媒体的应用、社会化品牌建立，演变到社会化客户关系管理。社会化营销出现两种趋势：第一种是社会化品牌的构建，例如小米手机没有做任何的传统媒体推广，完全通过社会化媒体创建了品牌；第二种是传统企业营销的社会化，如中粮从悦活偷菜到美好生活微博，带给消费者更多的品牌新鲜感。在未来，如何把目标客户在社会化媒体平台上进行客户关系管理成为关键。

第七，移动互联网营销急需“创意+技术+实时”的结合。移动互联网正在构建新的消费者关系，移动时代的建立是通过地理位置，基于实时的行为和兴趣图谱而建立的。

第八，电子商务移动化和社会化电商正在崛起。京东和苏宁、国美大战，驱动更多的消费者选择互联网购物，而未来产生新的趋势，则是移动化电商的发展。同时，美丽说、蘑菇街借助人们的社会关系建立的信任，也会驱动消费者的购买。

第九，大数据提供新的营销变革。大数据不断地增长且变得更加的多样化和复杂性，大数据的价值，既能预测消费者行为又可以优化行为策略，进行个性化的营销和广告的精准的投放。大数据是社会化计算和移动化计算，能够实现更精准的移动互联网的营销。大数据是从数据云到营销云，包括实时的网络广告购买平台的产生和发展。

第十，网络营销重新定义传统营销领域。可以看出，网络营销正在发生新一轮的变革，传统营销已经丧失了其生命力和活力，毫无趣味性可言，是不受消费者欢迎的，而各种社交媒体、网络平台备受消费者的青睐。网络营销，是企业走向新的营销转折点的一张王牌。

思考：你身边的网络营销有哪些？

情景模拟训练

网络营销助农民周进良走上赚钱致富的捷径

在浙江省海盐县当地，周进良算是个人物，不仅是因为他的富裕，还因为他是当地第一个使用互联网做生意的农民。

1999 年，周进良开始了养殖生意，先后养过蜗牛、蚯蚓和野鸭等，主要供给附近地区的饭店。那时正值互联网萌发，他尝试着“弄”了一个网站，把产品信息放到上面。但是，让他感到失望的是，访问这个网站的人非常少，收效甚微。2000 年，周进良在当时还免费的阿里巴巴网站上收到了第一笔订单，一名来自福州的买家要 5000 只苗鸭。周进良高兴极了，这是他第一次把生意做到外省去。

接下来的几年，他淘汰了以前的几个养殖品种，专做野鸭生意，并逐渐把重心从养殖转移到加工上，使得产品更适宜远途运输。农民周进良坐在他的办公间里，在电脑前收发电子邮件。在使用了浙江省农业厅的公益项目“农民信箱”，以及一款向互联网自动发布信息的软件后，他就再也没出去“跑生意”，只是坐在家里等互联网订单和电话，“每天都有好几个”。

思考： 1. 从网络营销的特点看，周进良取得成功的关键是什么？

2. 体现了网络营销的哪些优势特点？

思维拓展训练

通用电气的网络营销

通用电气目前所展示的厨房/餐厅设计图、产品档次和价位等主要是针对中产阶级的，这些设计方案可能会使经济条件稍差的客户望而却步。但它至少做到在主导客户群中，它所提供的营销方案是比较细致周全的，这就足以保持其竞争优势了。

通用电气建立了一个跨行业的网络超市。在这个超市中，商家可以下单、储运、追踪商品，而且还可以查看商品名录、提供拍卖服务。这是一个跨行业的超市，用户通过网络浏览器就可以查看，使入驻的商家免于制造自己的网络交易系统。此外，用户也可以很方便地将自己的交易系统搬到超市中。

通用电气还建立了通用全球交换系统，以建立互联网 B2B 的市场。

通用电气的电子、语音和数据产品分销部门——通用电气供应部（市值 20 亿美元）近日加入宏道用户的行业，采用一对一企业解决方案构建其电子商务网站（www.gesupply.com）。宏道产品开放和健全的结构使通用电气供应部能根据客户需要快速部署新的功能和特性，并允许用户通过采用 XML 技术的无线设备接收网站内容。通用电气供应部目前正在考虑进一步引进宏道的票据解决方案，并利用宏道产品支持多种语言的特点，向美国以外的用户提供服务。

思考：通用电气的网络营销措施有哪些？有哪些改进？

任务 2　检索网络贸易信息

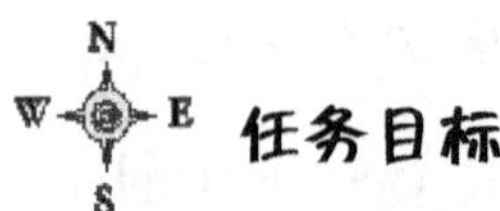

任务目标

通过本次任务实训，让学生掌握什么是网络信息资源，了解网络信息资源的分类，学会利用不同的信息搜索方法快速搜索到需要的信息，提高获取信息的效率，为未来从事网络营销方面的工作打下技能基础。

项目任务书

任务名称	检索网络贸易信息	任务编号		时间要求	
要求	1. 了解什么是网络信息 2. 了解信息的分类方法 3. 掌握用不同的方法搜索商务信息				
重点培养的能力	实践操作能力，团队合作能力，快速学习能力				
涉及知识	网络信息、网络信息的分类、网络贸易信息、搜索引擎等				
教学地点	教室、机房	参考资料			
教学设备	投影设备、投影幕布、能联网的电脑				
训练内容					
1. 听教师讲解案例及相关的知识（时间约　　分钟） 2. 制订工作计划，了解团队要做什么，要达到什么样的目的（时间约　　分钟）；组长进行分工安排，每个人在自己的项目任务书相应栏进行记录（时间为　　分钟），组员开始行动 3. 网络信息的查找：分小组确定查找信息的方向（时间约　　分钟），分析查到的信息资源是否是你想要的（时间约　　分钟）；对不同搜索方法检索的结果进行对比。整理成表格（时间约　　分钟） 4. 网络贸易信息的查找：网络贸易信息搜索（时间约　　分钟），分析讨论结果（时间约　　分钟）；得出结论；然后开始撰写任务报告（填写任务产出表）（时间约　　分钟）					
训练要求					
在完成任务的过程中掌握网络搜索信息的方法，了解信息的分类，掌握网络商务信息的获取方法；能够在规定的时间内完成相关信息的查找、整理、分析；能够在规定的时间内，撰写出分析报告					
成果要求及评价标准					
成果要求：需提交下列书面文件 1. 本项目组成员查找信息的方法 2. 比较不同搜索引擎的使用效果 评价标准： 1. 统计汇总不同方法搜索信息的内容，搜索内容与要查找的内容匹配度高 2. 比较不同搜索方法的使用效果 符合上述标准 1 和标准 2 各占总成绩的 50%，老师根据学生的报告情况酌情给分					

任务产出一	成员姓名与分工	成　员		学　号	分　工
		组　长			
		成员 1			
		成员 2			
		成员 3			
		成员 4			
		成员 5			
		成员 6			

续表

<table>
<tr><td rowspan="1">任务产出二</td><td colspan="3">一、搜索结果对比分析表
<table>
<tr><th>检索信息内容</th><th>搜索方式</th><th>搜索结果</th><th>搜索结果是否有效</th></tr>
<tr><td></td><td></td><td></td><td></td></tr>
<tr><td></td><td></td><td></td><td></td></tr>
<tr><td></td><td></td><td></td><td></td></tr>
<tr><td></td><td></td><td></td><td></td></tr>
</table>
二、实训报告（1500 字左右）</td></tr>
<tr><td>项目组评价</td><td></td><td rowspan="2">总分</td><td rowspan="2"></td></tr>
<tr><td>教师评价</td><td></td></tr>
</table>

情景导入

了解搜索引擎

百度搜索，如图 1–8 所示。

图 1–8　百度搜索界面

“百度”源于中国宋朝词人辛弃疾的《青玉案·元夕》诗句：“众里寻他千百度”，由此可见百度对中文信息检索技术的定位和要求。

谷歌搜索，如图 1–9 所示。

图 1-9　Google 搜索界面

思考： 1. 你经常利用搜索引擎查找资料吗？

2. 你认为哪些搜索引擎查找资料的效果比较满意？

知识链接

一、网络信息资源

1. 网络信息资源的概念

网络信息资源是指通过计算机网络可以利用的各种信息资源的总和。具体地说，是指所有以电子数据形式把文字、图像、声音、动画等多种形式的信息存储在光、磁等非纸介质的载体中，并通过网络通信、计算机或终端等方式再现出来的资源。

2. 网络信息资源的特点

（1）信息存取自由，内容丰富。与传统信息资源相比，互联网信息资源的最主要特点是内容丰富，用户可以根据自己需求选取或者有条件的存取。

（2）信息质量不等，鉴别难度大。网络信息广泛、丰富，却缺乏有效的组织管理和质量控制，呈现出无限、无序、优劣混杂的发展状态。

二、网络信息资源的主要种类

1. 根据信息发布者不同的分类

（1）大学信息。登录某大学网站的主页，可以看到大学的院系设置、专业建设、师资力量等信息。贵州大学网站（http：//www.gzu.edu.cn/）如图 1-10 所示。

图 1-10　贵州大学网站

（2）政府机构信息。政府机构网站一般提供政策性文件和相关法律条文等信息。以贵州省人民政府信息为例，登录其网站（http：//www.gzgov.gov.cn/），如图 1-11 所示。

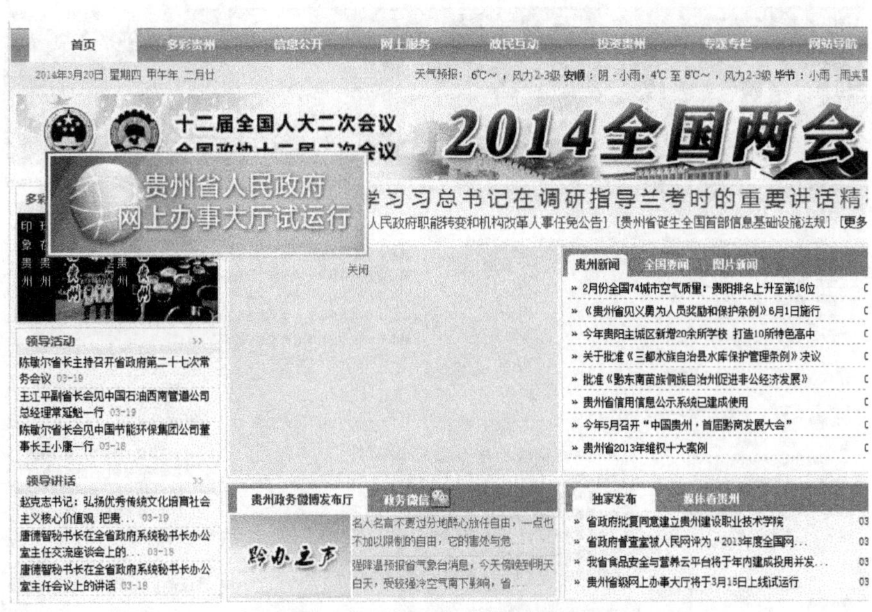

图 1-11　贵州省人民政府网站

（3）企业信息。网络是企业进行商业宣传与广告的最佳空间。用户通过企业网站可以了解企业的发展规模、企业的产品服务、企业的人员等信息，图 1-12 为松下（Panasonic）的官网（http：//home.panasonic.cn/）。

图 1-12 松下官网

（4）学术组织信息。通过学术组织的网站，如图 1-13 所示的中国技术经济学会（http：//www.cste.org.cn）可了解某学术组织的工作议程和学术观点，了解某行业信息的最新动态，还可能找到高质量的学术文章。

图 1-13 中国技术经济学会网站

（5）个人信息。个人网站、个人博客、新闻组、BBS 等都是网络个人用户发布信息的重要方式，也是互联网信息的重要来源。

2. 根据信息性质不同的分类

（1）网络信息。网络新闻（见图 1-14）主要来自各大门户网站，例如搜狐、新浪、腾讯、网易等，它代表了主流的网络媒体信息。

图 1-14　网络新闻

（2）网络商务信息。网络商务信息是各种互联网商务活动之间相互联系、相互作用的描述和反映，是对用户有用的网络信息。在商务活动中，信息通常指商业消息、情报、数据、密码、知识等。

3. 根据信息类型不同的分类

目前，网络上可供下载的信息主要有以下三种类型：

（1）文档、超文本文件和图片。文档的类型主要有.doc 文件、.pdf 文件、.ppt 文件、.txt 文件等。图片一般格式以.gif 和.jpg 为主。

（2）应用程序。互联网上可以供下载的应用程序一般多为.exe 形式。

（3）多媒体文件。互联网上的多媒体文件主要是.ram 文件、.mov 文件、.mp3 文件等。

三、网络商务信息概述

网络商务信息限定了商务信息传递的媒体和途径，只有通过计算机网络传递的商务信息才属于网络商务信息的范畴。不同的网络商务信息对不同用户的使用价值（效用）不同。网络商务信息可以粗略地分为四种类型：

1. 免费商务信息

这类信息主要是社会公益性的信息，对社会和人们具有普遍服务意义。如在线免费软件、实时股市信息等。

2. 收取较低费用的信息

信息服务商推出这类信息，一方面体现社会的普遍服务意义；另一方面是为了提高市场的竞争力和占有率。

3. 收取标准费用的信息

这些信息是属于知识、经济类的信息，收费采用“成本+利润”的资费标准。这类信息约占信息库数据量的60%，是信息服务商的主要服务范围。

4. 优质优价的信息

这类信息是有极高使用价值的专用信息，是信息库中成本费用最高的一类信息，可为用户提供更深层次的服务。

四、网络商务信息的收集方法

网络商务信息主要有两个来源：互联网直接信息和互联网间接信息。网络商务信息的收集方法相应分为：互联网直接信息收集方法和互联网间接信息收集方法。

1. 互联网直接信息的收集方法

（1）按照收集具体方法不同，可以分为在线问卷调查法、互联网实验法和互联网观察法。

（2）按照收集者行为方式不同，可以分为主动调查法和被动调查法。

（3）按照互联网收集采用的技术不同，可以分为站点法、电子邮件法、随机 IP 法和视讯会议法等。

2. 互联网间接信息的收集方法

互联网间接信息的收集方法主要有搜索引擎法、新闻组法、BBS（公告栏）法、E-mail（电子邮件）法等。

（1）搜索引擎法。搜索引擎包括全文索引、目录索引、元搜索引擎、垂直搜索引擎、集合式搜索引擎、门户搜索引擎与免费链接列表等。百度和谷歌等是搜索引擎的代表，图 1-15 所示为主要的搜索引擎。

图 1-15　搜索引擎

（2）新闻组法。新闻组（Usenet 或 News Group），简单地说是一个基于网络的计算机组合，这些计算机被称为新闻服务器，不同的用户通过一些软件可连接到新闻服务器上，阅读其他人的消息并可以参与讨论。新闻组是一个完全交互式的超级电子论坛，是任何一个网络用户都能进行相互交流的工具。

（3）E-mail 法。电子邮件也称 E-mail，它是用户之间通过计算机网络收发信息的服务，是网络用户之间快捷、简便、可靠且成本低廉的现代化通信手段，也是互联网使用最广泛、最受欢迎的服务之一。

（4）BBS（公告栏）法。BBS（Bulletin Board System），翻译成中文为“电子布告栏系统”或“电子公告牌系统”。BBS 是一种电子信息服务系统。它向用户提供了一块公共电子白板，每个用户都可以在上面发布信息或提出看法。现在多数网站上都建立了自己的 BBS 系统，供网民通过网络结交更多的朋友，表达更多的想法。目前，国内的 BBS 已经十分普遍，可以说是不计其数。

任务示范

一、搜索引擎搜索商贸信息

【步骤一】 打开 IE 浏览器，在地址栏中输入网址 http：//www.baidu.com/，按回车键后即可进入百度首页，如图 1–16 所示。

图 1–16 浏览器地址栏

【步骤二】 以查找贸易信息为例，输入关键词进行信息检索，如图 1–17 所示。

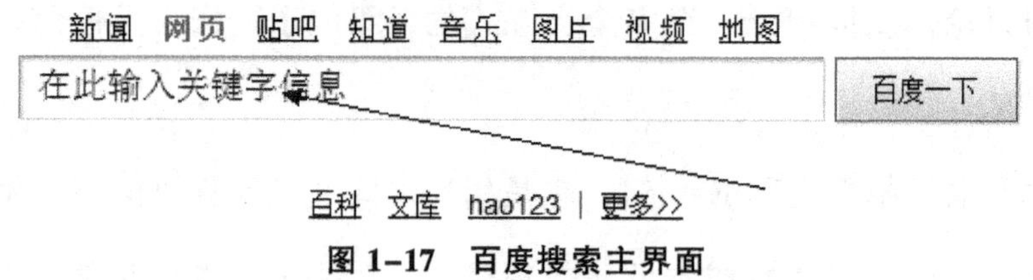

图 1–17 百度搜索主界面

【步骤三】 输入关键字“贸易 信息”，点击【百度一下】按钮，查看检索到的结果。再使用谷歌搜索引擎（http：//www.google.com.hk/），如图 1–18 所示，对比检索信息的差别。

图 1–18 谷歌搜索主界面

【步骤四】点击查看搜索结果，对比不同搜索引擎的检索效果。

二、新闻组收集商务信息

【步骤一】打开 Outlook，在“工具”菜单中，单击【账户】。

【步骤二】在“Internet 账户”对话框中，单击【添加】。

【步骤三】选择“新闻”以打开“Internet 连接向导”，前两步与设置邮件账户相同，如图 1-19 所示，之后弹出“Internet News 服务器名”对话框。然后在输入框中输入新闻组服务器名称，单击【下一步】。

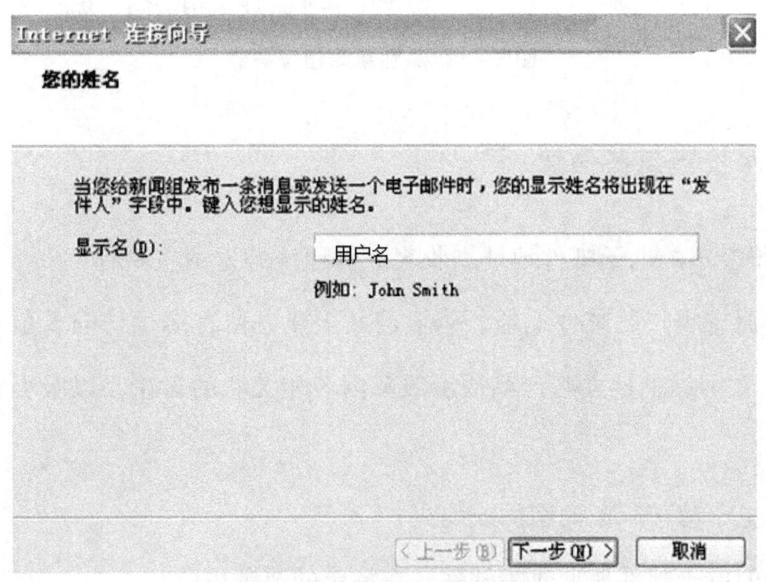

图 1-19　Internet 连接向导

【步骤四】新闻组服务器被添加到“Internet 账户”的“新闻”列表中。单击【关闭】，根据系统提示确定下载新闻组，可以看到新闻组下载对话框。

【步骤五】下载完毕后，在弹出的“新闻组预订”对话框的“新闻组”列表中，选中新闻组，单击【订阅】，在选中的新闻组前方出现被订阅的标记，单击【确定】完成新闻组的订阅。如图 1-20 所示。

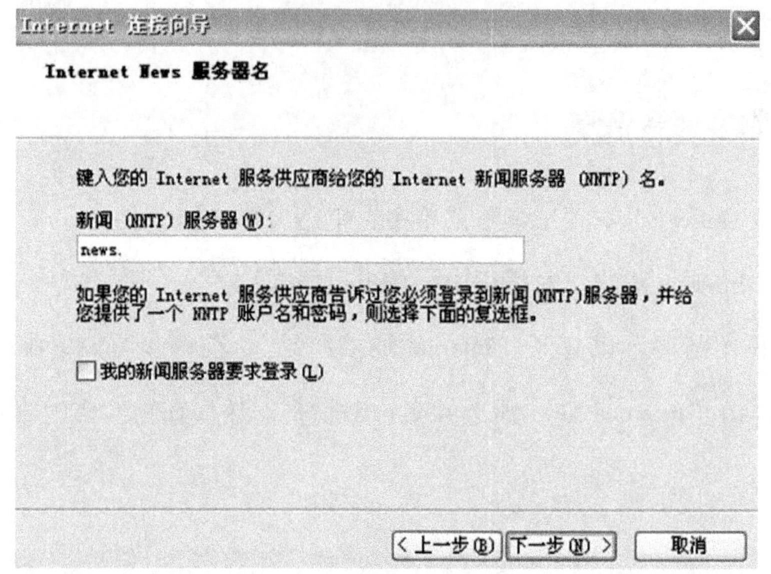

图 1-20　添加新闻组服务器

三、电子邮件收集商务信息

【步骤一】 获得客户的电子邮件地址。收集邮件地址的方法主要有：

（1）查阅企业原有客户的邮件地址。企业网站上建立留言簿供访问者留言和签名，可获得他们的电子邮件。在网站上建立与产品或者服务内容相关联的讨论，以吸引客户参加并留下电子邮件地址。

（2）向专门的电子邮件服务商租用或购买。

（3）通过专用的电子邮件地址收集软件，在特定的范围内收集。

【步骤二】 制作互联网调查问卷。

【步骤三】 通过电子邮件向客户派发。

【步骤四】 在自己的信箱中接收客户反馈信息，汇集反馈信件，统计问卷返回比例。

四、BBS（公告栏）收集商务信息

【步骤一】 登录商务型 BBS 网站。

【步骤二】 注册为会员，以会员身份登录后，浏览相关论坛的主帖子并收集感兴趣的信息。

应用案例

搜索引擎的由来

搜索引擎是一个提供信息“检索”服务的网站，它使用某些程序把互联网的所有信息归类以帮助人们在茫茫网海中搜寻到所需要的信息。

早期的搜索引擎是把互联网中的资源服务器的地址收集起来，由其提供的资源的类型不同而分成不同的目录，再一层层地进行分类。这是最原始的方式，只适用于互联网信息并不多的时候。现代意义上的搜索引擎的祖先，是 1990 年由蒙特利尔大学学生 Alan Emtage 发明的 Archie。

最早现代意义上的搜索引擎出现于 1994 年 7 月。当时 Michael Mauldin 将 John Leavitt 的蜘蛛程序接入其索引程序中，创建了大家现在熟知的 Lycos。同年 4 月，斯坦福（Stanford）大学的两名博士生，David Filo 和美籍华人杨致远（Gerry Yang）共同创办了超级目录索引 Yahoo!，并成功地使搜索引擎的概念深入人心。从此，搜索引擎进入了高速发展的时期。

目前，互联网有名有姓的搜索引擎已达数百家，其检索的信息量也与从前不可同日而语。比如最近风头正劲的 Google，其数据库中存放的网页已达 30 亿之巨！随着互联网规模的急剧膨胀，一家搜索引擎仅靠自己单打独斗已无法适应目前的市场状况，因此，现在搜索引擎之间出现了分工协作，并有了专业的搜索引擎技术和搜索数据库服务提供商。

现在的搜索引擎已经不只是单纯地搜索网页的信息，它们已经变得更加综合化、完美化了。以搜索引擎权威 Yahoo! 为例，从 1995 年 3 月由美籍华裔杨致远等创办，到现在，他们从一个单一的搜索引擎发展到包含电子商务、新闻信息服务等多种网络服务的网站，充分说明了搜索引擎发展从单一到综合的过程。

思考：搜索引擎对网络营销的影响，如何利用搜索引擎开展网络营销？

名人名言

生命，那是自然付给人类去雕琢的宝石。

——诺贝尔

职业能力训练

一、单选题

1. 利用（　）搜索是图片搜索最常用的、效率最高的方法。

A. 关键字　　　　B. 分类

C. 百度　　　　B. 谷歌

2. 一些信息服务商为了扩大本身的影响，从产生的社会效益上得到回报，推出了一些方便用户的信息，如在线免费软件、实时股市信息等，这类信息属于（　）。

A. 免费的商务信息　　　　B. 较低费用的信息

C. 标准费用的信息　　　　D. 优质优价的信息

二、多选题

新闻组中发布信息技巧包括（　）。

A. 经常地在选定的新闻组中张贴消息或回复别人张贴的消息

B. 张贴一些能为观看者提供有价值信息的文章

C. 网站升级通知

D. 在新闻组中发布网站，并请求别人提出意见

观念应用训练

谷歌存储空间大幅降价

为了方便用户在线存储视频、照片和文件，谷歌宣布将 Google Drive 在线存储每月订阅服务费用从 1GB/4.99 美元下调至 1GB/1.99 美元，将 1TB 存储空间包月费用从 49.99 美元降至 9.99美元。但对于谷歌此次降价举措，大多数专家却认为，即便是存储大户，也能够找到方法，不在云存储空间上花钱。

谷歌表示，1TB 相当于 1000GB，这些存储空间等于未来 200 年每天拍两张照片的存储量，而且还有剩余。除了降价外，谷歌还为用户提供 15GB 的免费 Google Drive 存储空间。

情景模拟训练

欧洲大型企业更为重视搜索引擎营销

Forrester Research 曾经发布的“2004~2010 年欧洲搜索引擎营销预测”报告中，预计欧洲企业投入搜索引擎营销（SEM）的费用将由 2004 年的 8.56 亿欧元增加到 2010 年的 30 亿欧元。2005 年，欧洲搜索引擎营销费用将达到 14 亿欧元，比 2004 年增加了 65%。这些费用包括付费登录搜索引擎、上下文匹配的搜索引擎关键词广告、搜索引擎优化和关键字竞价排名广告。

具体到欧洲不同的国家对搜索引擎营销的应用状况，Forrester Research 研究表明，英国在搜索引擎营销方面处于领导地位。英国企业在 2004 年的网络营销费用有一半多投入到搜索引擎。法国占欧洲搜索引擎营销总投入的 19%，德国位列第三，不过德国的网络营销市场增长缓慢，因此 Forrester Research 预计德国的搜索引擎营销将呈下降趋势。

在欧洲，许多大型企业已经在实施搜索引擎营销，但中小企业还不是特别重视，这种情况与国内有一定差异。根据新竞争力网络营销管理顾问（www.jingzhengli.cn）的观察，国内中小企业和个人的搜索引擎营销活动较为活跃，但许多大型企业甚至没有将网站推广纳入企业营销计划之中。之所以大型企业搜索引擎营销策略滞后，是因为多数大型企业对此还缺乏足够的认识，并且实际应用水平不高，而这种状况一定会发生变化的。Forrester Research 有关欧洲大型企业更为重视搜索引擎营销，并领先于小型企业应用的调查结论，值得中国的大型企业以及网络营销服务商深入思考。

思维拓展训练

2013Q2 中国搜索引擎市场规模 92.8 亿元

2013Q2（Q2，Quarter 2，指一年的第二个季度）中国搜索引擎市场规模达到 92.8 亿元，环比增长 25.1%，有较大幅度回升，同比增长 35.3%，与第一季度增幅持平。艾瑞分析认为，搜索市场规模回升主要受到三方面因素的推动：一是春节过后流量的回升；二是搜索企业广告主数量及 ARPU 值的增长；三是 360 搜索的快速商业化。但同时，宏观经济的疲软，PC 端流量的饱和，以及移动搜索变现能力的限制仍然是当前困扰搜索市场发展的长期因素。百度营收份额微涨，360 搜索营收占比 0.8%。

2013Q2 中国搜索引擎各运营商中，百度当前占比 81.4%，较第一季度略有上升。谷歌占比 13.1%。搜狗占比 3.3%，搜搜占比 1.3%，与第一季度基本持平。360 搜索第二季度营收占比 0.8%。艾瑞分析认为，当前中国搜索引擎市场营收份额结构基本保持稳定。360 商业化进程较快，营收份额增长迅速，但总体占比仍然较小，暂未对搜索市场营收结构造成强烈冲击。搜索市场竞争将加剧，移动领域将成为发展重心。

艾瑞分析认为，尽管当前搜索市场营收份额的结构仍相对稳定，但流量竞争已进入较为激烈的阶段，未来搜索市场的竞争将进一步加剧。若 360 搜索成功收购搜狗，则其在渠道控制能力、流量份额及广告主数量等方面都将得到较大提升，对百度形成较大的威胁性，未来竞争将更加激烈。此外，各搜索企业在移动领域均动作频频，百度收购 91 无线加速在移动端布局，360 公司推出无线路由器，搜搜也将发展重心转向移动，未来各搜索企业战略重心将更进一步向移动互联网倾斜。

任务3　网络营销市场调研

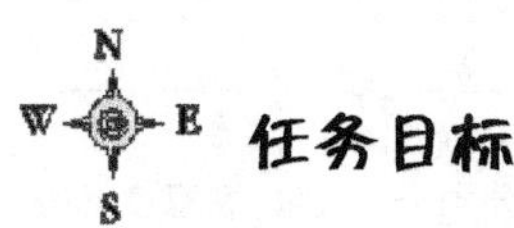

任务目标

通过本次任务实训，使学生掌握网络市场调研的知识，了解网络调研的方法，掌握如何根据需求设计调研问卷，并掌握如何写调研报告，使学生学会网络营销市场调研的操作流程。

项目任务书

<table>
<tr><td>任务名称</td><td>网络营销市场调研</td><td>任务编号</td><td></td><td>时间要求</td><td>180分钟</td></tr>
<tr><td>要求</td><td colspan="5">1. 设计一个要调研的方法
2. 制定调研问卷
3. 根据问卷情况写总结
4. 完成调研报告的书写</td></tr>
<tr><td>重点培养的能力</td><td colspan="5">策划设计的能力，人际沟通能力，团队合作协调能力，良好的职业操守</td></tr>
<tr><td>涉及知识</td><td colspan="5">网络营销调研、调研问卷的设计方法、调研报告的写作方法、撰写调研报告的注意事项</td></tr>
<tr><td>教学地点</td><td>教室、机房</td><td>参考资料</td><td colspan="3"></td></tr>
<tr><td>教学设备</td><td colspan="5">投影设备、投影幕布、能联网的电脑</td></tr>
<tr><td colspan="6">训练内容</td></tr>
<tr><td colspan="6">1. 听教师讲解案例及相关的知识（时间约　　分钟）
2. 制订工作计划，了解团队要做什么，要达到什么样的目的（时间约　　分钟）；组长进行分工安排，每个人在自己的项目任务书相应栏进行记录（时间为　　分钟），组员开始行动
3. 设计网络营销调查问卷（时间约　　分钟）
4. 学习网络营销调研的方法（时间约　　分钟）
5. 了解如何撰写网络营销调研报告（时间约　　分钟），分析讨论（时间约　　分钟）；得出结论；然后开始撰写分析报告（填写任务产出表）（时间约　　分钟）</td></tr>
<tr><td colspan="6">训练要求</td></tr>
<tr><td colspan="6">在完成任务的过程中能自主学习并掌握网络营销调研的有关知识；能够在规定的时间内完成相关的资料查找、整理、分析任务；能够在规定的时间内，设计调研问卷，撰写出分析报告；团队制定了工作方案，工作有成效（能够进行很好的时间管理），团队合作较好</td></tr>
<tr><td colspan="6">成果要求及评价标准</td></tr>
<tr><td colspan="6">成果要求：需提交下列书面文件
1. 设计调研问卷
2. 完成调研报告
评价标准：
1. 能掌握本实训模块的关键知识点，具有良好的独立思考问题和解决问题的能力，对整个网络营销调研的步骤正确，能迅速、独立地完成问卷设计，完成调研实训任务。能与自己的团队配合良好，共同完成实训任务
2. 能认真对待实训任务，掌握本实训模块的关键知识点，熟悉整个调研的流程，操作较熟练，操作步骤基本正确，能完成老师交给的实训任务
3. 对待实训步骤不够熟悉，基本掌握本实训模块的关键知识点，在提示下能正确操作并完成实训任务
4. 对待实训步骤不认真，不能正确理解本实训的主要内容，在提示下商品运输也不能正确完成
符合上述标准1，成绩为优秀，可得90~100分；符合标准2，成绩为良好，可得70~80分；符合标准3，成绩及格，可得60~70分；符合标准4，成绩为不及格，得分60分以下；介于这几种标准之间的，可酌情增减分</td></tr>
</table>

续表

<table>
<tr><td rowspan="8">任务产出一</td><td rowspan="8">成员姓名与分工</td><td colspan="2">成　员</td><td>学　号</td><td>分　工</td></tr>
<tr><td>组　长</td><td></td><td></td><td></td></tr>
<tr><td>成员 1</td><td></td><td></td><td></td></tr>
<tr><td>成员 2</td><td></td><td></td><td></td></tr>
<tr><td>成员 3</td><td></td><td></td><td></td></tr>
<tr><td>成员 4</td><td></td><td></td><td></td></tr>
<tr><td>成员 5</td><td></td><td></td><td></td></tr>
<tr><td>成员 6</td><td></td><td></td><td></td></tr>
<tr><td>任务产出二</td><td colspan="5">一、依任务要求设计调研问卷（以下图调查表为例）
现诚意邀请您填写此表传真、回寄或回邮至________；也可登录我们的网站，在公司一《客户满意度调查表》下载表格填写
公司名称　　　　　　　　　　联系人姓名　　　　　　联系方式
1. 你的公司属于下列哪种行业？（请在您认为合适的“□”中画“√”；下同）
A. 企业/工厂 □　B. 政府事业单位 □　C. 物业公司 □　D. 其他（请注明）
2. 您对【某某保安】的服务满意度总体评价如何？
A. 满意 □　B. 比较满意 □　C. 一般 □　D. 不太满意 □　E. 不满意 □
3. 您对【某某保安】的“服务质量”如何评价？
A. 满意 □　B. 比较满意 □　C. 一般 □　D. 不太满意 □　E. 不满意 □
4. 为您服务的现场负责人是______________，您的总体评价如何？
A. 优 □　B. 良 □　C. 中 □　D. 差 □
二、撰写符合要求的调研报告
主要针对实训要求、实训中遇到的问题、心得体会及改进措施等每人独立完成一份，文字、数据要清晰整洁；字数 2000 字以上</td></tr>
<tr><td colspan="2">项目组评价</td><td colspan="2"></td><td rowspan="2">总分</td><td rowspan="2"></td></tr>
<tr><td colspan="2">教师评价</td><td colspan="2"></td></tr>
</table>

情景导入

问卷星——网络调研问卷设计

如图 1–21 所示，问卷星是一个专业的在线问卷调查、测评、投票平台，专注于为用户提供功能强大、人性化的在线设计问卷、采集数据、自定义报表、调查结果分析等一系列服务。

图 1–21　问卷星

与传统调查方式以及其他调查网站或调查系统相比，问卷星具有快捷、易用、低成本的明显优势，已经被大量企业和个人广泛使用，应用包括：

（1）企业的客户满意度调查，市场调查员工满意度调查，企业内训，需求登记，人才测评；

（2）高校的学术调研，社会调查，在线报名，在线投票，信息采集；

（3）个人的讨论投票，公益调查，博客调查，趣味测试。

思考：1. 你了解什么是网络调研问卷吗？

2. 如何设计一个网络调研问卷？

知识链接

一、网络市场调研的概念

互联网市场调研是指在互联网上针对特定营销环境进行调查设计、收集资料和初步分析的活动，是为企业互联网营销决策提供数据支持和分析的依据。

互联网市场调研既是网站的基本功能，也是网络营销的基本职能。

它是企业为了达到特定的经营目标，利用互联网的信息传播媒体，系统地、有目的地收集、整理、分析和研究与市场有关的信息过程。互联网市场调研是企业网络活动的起点，通过调查可以获得竞争对手的信息，分析市场环境，为确定营销目标提供相对准确的决策依据。

二、网络市场调研的内容

（1）市场需求调研。市场需求调查的目的是掌握市场需求量、市场规模、市场占有率，以及如何运用有效的经营策略和手段。

（2）消费者购买行为调研。包括：消费者的家庭、地区、经济等基本情况；消费者的购买动机；消费者喜欢在何时何地购买；消费者的消费方式。

（3）营销目的调研。主要包括产品的调查、价格的调查、分销渠道的调查、广告策略的调查、促销策略的调查。

一、网络调研问卷设计

使用专门的在线调研网站设计一个网络营销在线问卷，如问卷星（http：//www.sojump.com/）、调查派（http：//www.diaochapai.com/）、问卷网（www.wenjuan.com/）、易调网（www.yidiao.net/）等，以便开展调查、报名、投票、测评等活动。企业典型的应用问卷有员工满意度调查、人员测试测评、市场调研、客户满意度调查等。以调查派为例，如图 1-22 所示。

图 1-22　调查派界面

【步骤一】打开 IE 浏览器，在地址栏输入调查派网址 http：//www.diaochapai.com/，点击进入主界面。

【步骤二】首次登录，先完成注册。点击注册，进入如图 1-23 所示界面，输入相关信息如 E-mail、密码、校验码等，点击“注册”选项。

调查派 V4.5 Beta
www.diaochapai.com 在线调查表系统
首页　产品介绍　行业应用　服务与价格

欢迎加入调查派　已经是调查派用户？马上登录

E-mail:
密码:
重复密码:
校验码:　看不清换一张
我已经认真阅读并同意调查派使用协议
注 册

图 1–23　调查派界面

【**步骤三**】注册后，进入如图 1–24 所示界面，点击“创建新的调查表”，开始设计调研问卷。

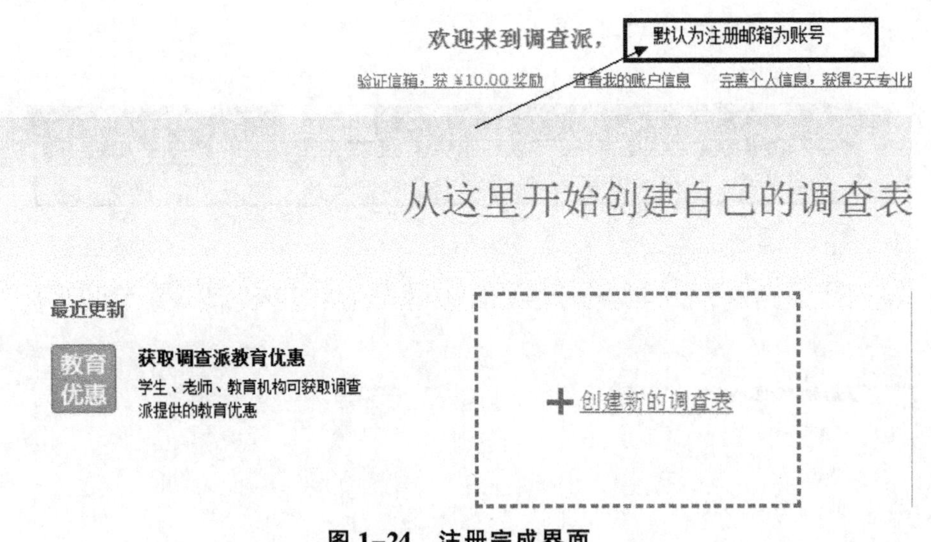

图 1–24　注册完成界面

【**步骤四**】进行问卷设计，根据需要选择题型。如图 1–25 所示。

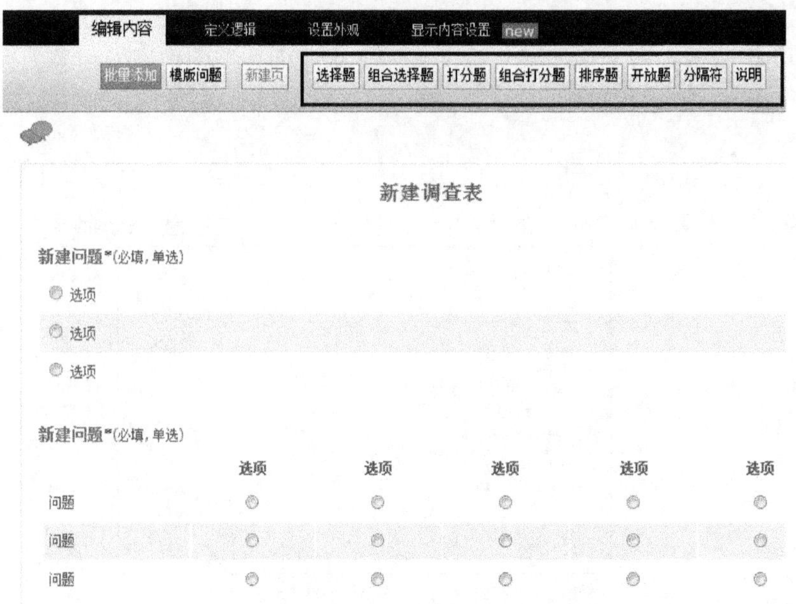

图 1-25 问卷设计界面

【步骤五】点击“编辑问卷内容”设计问卷具体内容，调查派提供多种问题形式的模板，分别点击选择题、组合选择题、打分题、综合打分题、排序题、开放式题目选项，输入问题题干。

【步骤六】问题全部编辑完，点击“设计外观”项进入如图 1-26 所示界面，设计喜欢的外观。

图 1-26 外观设计界面

【步骤七】点击左上角的“我的调查表”，进入如图 1-27 所示界面。

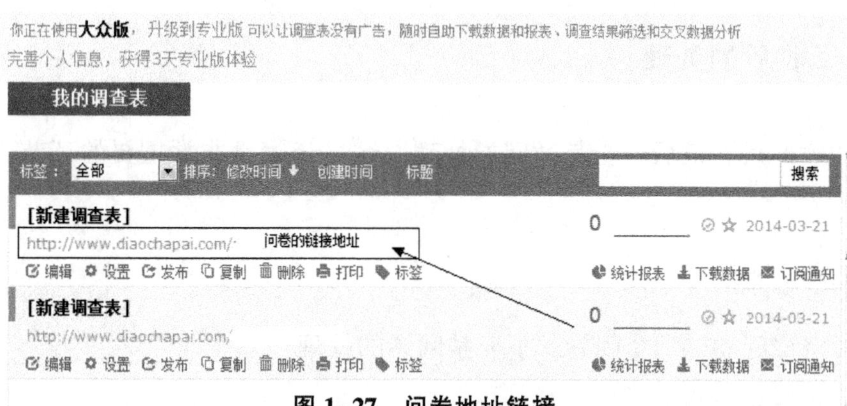

图 1–27　问卷地址链接

【步骤八】将问卷链接通过 MSN、QQ、E-mail 等方式直接发给调查者，或者直接导入被调查对象的邮件地址，系统自动发送邀请邮件。

【步骤九】回收问卷后，对问卷进行数据统计分析，如图 1–28 所示。调查派提供数据统计分析工具，对收回的问卷结果以数据表格、饼状图、柱状图、条形图等形式呈现。统计结果如图 1–29 所示。

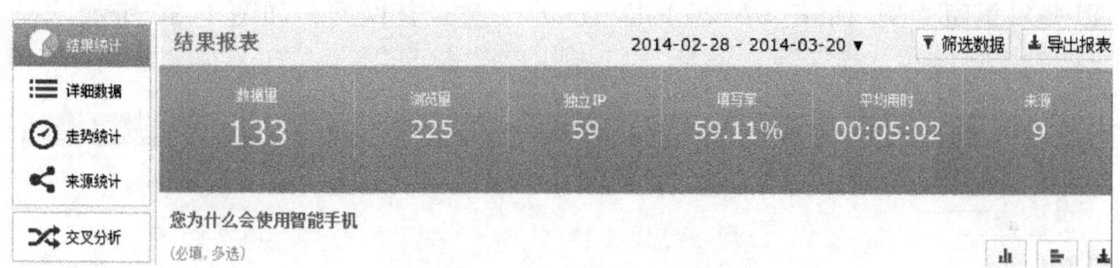

图 1–28　问卷结果统计分析

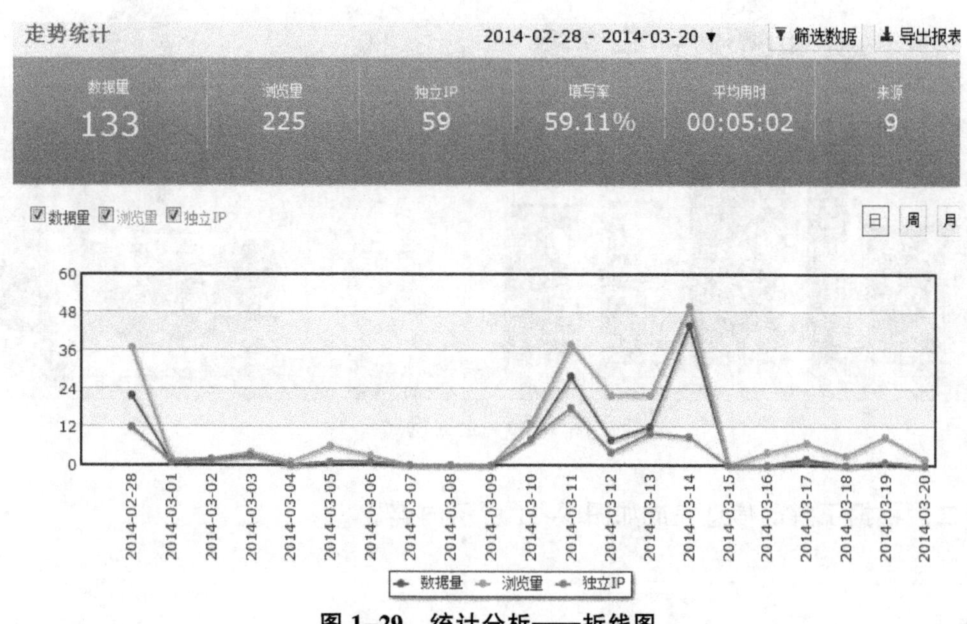

图 1–29　统计分析——折线图

二、问卷回收后的处理

问卷发放并收回后，最后一步是做问卷处理。这一步骤是非常重要的环节，通常的做法包括下列程序：

第一步，初步检查问卷；

第二步，对空白问卷、乱填问卷及不完整问卷的处理；

第三步，对多项答案的处理；

第四步，问卷编码与录入；

第五步，数据检查。

三、网络调研报告的撰写

【步骤一】 选择一家企业，考察该企业的网站情况，利用前文介绍的方法，搜索关于企业的信息，以海尔集团为例（http：//www.haier.com/），登录其网站，如图 1-30 所示。

图 1-30 企业网站

【步骤二】 根据了解的信息完成如图 1-31 所示内容。

企业分析		
企业现状	企业名称	
	企业网站	
	所属行业	
	产品定位	
	同类企业	
企业网站分析		
网络营销现状	网站布局	
	用户体验	
	网站服务内容	
	网站推广	
总结建议		

图 1-31 企业信息

【步骤三】 根据图 1-31 中的填写结果，撰写一篇调研报告，至少包括以下三部分内容。

（1）该企业的发展现状调查。

（2）企业网络营销现状分析。

（3）企业未来发展的建设性意见。

应用案例

可口可乐市场调研策划书

一、前言

可乐市场是很早就兴起来的消费品市场之一，可口可乐遍布世界各地，品种也不断增加。根据预测，该市场需求曲线呈上升趋势。

为了扩大可口可乐在消费者的需求，同时根据市场环境分析（目前在江西、贵州两省的销售情况日益趋好），为了更好地做好销售工作，就必须进行饮料市场调查。

本次市场调查将围绕策划金三角的三个立足点：消费者、市场、竞争者。

二、调查目的

（1）为可口可乐在湖南、江西、贵州市场进行营销策划提供客观依据。具体如下：

1）了解这3个省的市场状况。3省经济发展基础不同，消费水平不一样。

2）了解湖南、江西、贵州3省消费者的人口、家庭等统计资料，测算市场容量及潜力。

3）了解消费者对可口可乐饮料的消费观点、习惯、偏好以及建议等。

4）了解竞争对手的广告策略、销售策略。

5）了解消费者的年龄分布。

（2）为该公司（湖南中粮可口可乐有限公司）总体营销提供有关的市场信息，为更好地实行生产、销售管理以及新产品的研发提供客观的依据。

三、市场调查内容

（一）消费者

（1）消费者统计资料（年龄、性别、收入、文化程度、家庭构成等）。

（2）消费者对可口可乐饮料的消费形态（食用方式、花费、习惯、看法等）。

（3）消费者对可口可乐饮料的购买形态（购买过什么、购买地点、选购标准、购买品种等）。

（4）消费者对理想的可口可乐公司描述。

（5）消费者对可口可乐饮料类产品广告、促销的反应。

（二）市场

（1）湖南、江西、贵州3省饮料的数量、品牌、销售状况。

（2）湖南、江西、贵州3省消费者需求及购买力状况。

（3）湖南、江西、贵州3省市场潜力测评。

（4）湖南、江西、贵州3省可口可乐饮料销售渠道状况。

（5）湖南、江西、贵州3省的物流情况。

（三）竞争者

（1）湖南、江西、贵州3省市场上现有哪几类饮料，饮料的品牌、定位、档次等。

（2）市场上现有可口可乐的销售状况。

（3）各品牌、各类型可口可乐的主要购买者描述。

（4）竞争对手的广告策略及销售策略。

四、调查对象及抽样

目前，市场上饮料琳琅满目，知名品牌也有很多，所以，在确定调查对象时，需点面结合，有所侧重。

调查对象及抽样如下：

消费者：家庭月收入3000元以上的占50%；家庭月收入3000元以下的占30%；其他占20%。

竞争对手：20家，其中最大的是百事可乐公司。

消费者样本要求：

（1）家庭成员中有无在可口可乐公司或者相关行业工作的。

（2）学生（大学生）对品牌的意识。

（3）家庭亲戚是否有人在做相关的市场营销工作。

（4）学生对广告的印象。

名人名言

抛弃时间的人，时间也抛弃他。

——莎士比亚

职业能力训练

一、单选题

1. 不属于互联网直接调研的方法是（　）。

A. 互联网搜索法　　　　B. 电子邮件调查法

C. 在线问卷调查法　　　D. 专题讨论法

2. 互联网问卷调查法获得的原始信息，按网络商务信息来源分类属于（　）。

A. 免费商务信息　　　　B. 互联网直接信息

C. 互联网间接信息　　　D. 较低费用信息

3. 对消费者的购买动机，包括理智动机、感情动机和偏爱动机的调查，属于（ ）。

A. 市场需求调查研究
B. 用户及消费者购买行为调查研究
C. 营销因素调查研究
D. 竞争对手调查研究

4. 下列调查问卷中的问题最恰当的是（ ）。

A. 这种酱油很润口吧

B. 最近两个月你从这家电器商店购买了哪些家电产品

C. 请问你每天看杂志的平均时间为（ ）小时（ ）分

D. 你的教育程度：①不识字②小学③中学④大学⑤大学以上

二、多选题

1. 互联网市场调研的主要内容包括（ ）。

A. 市场需求调研
B. 用户购买行为调研
C. 网络营销因素调研
D. 宏观环境调研
E. 竞争对手调研

2. 在线调查问卷与纸质调查问卷的基本结构类似，分为（ ）部分。

A. 其他
B. 前言
C. 主体
D. 附录

3. 互联网市场调查结果的可靠性和客观性，是由（ ）所保障的。

A. 被调查者在完全自愿的原则下参与调查

B. 调查问卷的填写是自愿的，而不是“强迫式”

C. 调查过程中不受天气和距离的限制

D. 被访问者在完全独立思考的环境中接受调查，未受其他外在因素误导干预

观念应用训练

某公司在企业内部开展的问卷调查

产品满意度调查 *

	5分	4分	3分	2分	1分	根本不关注	完全不知道
1. 您认为数字电视产品内容丰富、节目更新频率高吗?							
2. 您认为数字电视内容满足您的订购需求吗?							
3. 您觉得数字电视增值产品的满意度如何?（如家银通、游戏、点点乐园等）							
4. 您觉得宽带产品在观看在线影视或者享受在线音乐时的速度怎么样?（如优酷、搜狐、QQ音乐等）							
5. 您觉得宽带产品在玩游戏时的网络速度怎么样?							
6. 请您对公司营业厅/营业网点的综合服务给出一个评价，您觉得应该打几分?							
7. 请您对公司服务热线96371/96171的综合服务给出一个评价，您觉得应该打几分?							
8. 请您对公司的维修服务给出一个评价，您觉得应该打几分?							
9. 您对您想要使用的宽带上网和数字电视收看服务一定有一些自己的要求或期望(比如网络质量、机顶盒质量、售后服务等)，那么，您觉得公司为您家庭提供的各项产品满足您当时的要求了吗?							

图 1–32　产品满意度调查

思考：围绕你学习的课程，针对学生的学习情况制作一个问卷，通过 QQ 或者 E-mail 发给大家完成。

情景模拟训练

报喜鸟西装的市场调查研究

成立于 1996 年的报喜鸟集团已连续 6 年进入全国西服销售收入前 10 名，主导品牌报喜鸟被认定为“中国驰名商标”。但是在报喜鸟集团刚组建时，并不为人所知，因此创立品牌成为迫切任务。

在经过市场调研后，报喜鸟从细分市场角度看，价位在 1800~2000 元的中端市场少有人涉足。由此切入，可以避免同国内实力雄厚的品牌正面竞争，同时这也是有发展的市场。

采用明星代言品牌，可以把品牌内涵通过人格化的传播方式传递给目标消费者，树立衣着品位榜样。同时，明星也是新闻人物，对于进行服装宣传很有帮助。

根据报喜鸟的经验，企业选择品牌代言人应注意三点：

（1）品牌代言人的性格情趣符合品牌主张；

（2）品牌代言人的外形气质体现品牌形象；

（3）双方在品牌推广活动中很好配合。

任达华曾被评为香港十大杰出衣着男士，做过模特，对服装有独到品位，富有现代男人魅力。而报喜鸟着力要打造的正是追求时尚、唯美的品牌内涵，强化了报喜鸟是具有一定衣着品位、事业相对成功、经济实力较强人群首选品牌的归属感。

报喜鸟根据品牌发展阶段性需要不断为品牌代言活动注入新内涵：

（1）“明星+名师”模式。1999 年，在品牌知名度打响后，企业注意到其与国际品牌的差距主要体现在产品工艺的细微处。报喜鸟以百万元年薪聘请意大利名师安东尼奥担任首席工艺师。由此形成了任达华与安东尼奥组合进行品牌推广活动，展示报喜鸟形象与品质并重的品牌内涵。

（2）“明星+名模”模式。2000 年，在品质提升之后，企业注意到代言时尚品位应成为品牌的新主张。企业通过参加专业的服装博览会，确立报喜鸟引领时尚的前卫形象，传达“东情西韵、古风新律”的品牌文化风格。

报喜鸟在启用明星淘得第一桶金之后，国内服装企业争相效仿。大大小小的“星星”对报喜鸟的既定套路构成了干扰。新的兴奋点在哪儿呢？1999 年，报喜鸟公开宣布全国统一价不打折。打折压力十分强大，接受打折甚至成为国内服装品牌进入大商场的必要前提。在如此重压下，一些品牌采取了虚标价格的做法。报喜鸟则采取成本定价的策略，报喜鸟不打折基于以下考虑：

（1）对特定消费群体的锁定作用。

（2）保值作用。

（3）保证产品的高品质。

（4）防止串货。

报喜鸟的430家专卖店遍及全国200多个城市，形成了国内男装企业规模最大、管理最规范的连锁专卖体系。报喜鸟承诺每年推出一个新的技术产品。凭借其强大的设计力量，企业连续推出新风格西服、挺柔西服、非粘合衬西服等新产品，不断引领潮流，给消费者以最大价值。2001年，企业组建报喜鸟时尚俱乐部，该俱乐部是与消费者进行一对一沟通的亲情化组织，为消费者提供更加完善、细致的服务。

思考：在整个经营发展过程中，报喜鸟集团的市场营销调研活动是怎样的？对市场管理有什么意义？

思维拓展训练

某服饰大学生市场调研报告

一、调查目的

调查有关某女装的各种信息，并与美特女装做对比，在比较中了解该品牌的市场前景，并作为学习市场营销课程的一次实践。

二、研究方法

通过市场调查、问卷调查、采访、查阅相关资料等方式搜集资料，并对搜集的资料进行分析汇总，从而得出大学生追求名牌的心理基础，端正大学生的消费观念。

三、研究要点

（1）大学生在名牌消费中的比例。

（2）商家及消费者对大学生追求名牌现象的看法。

（3）家长帮孩子买名牌的心理。

（4）学生谈自己购买名牌服饰的心理。

四、调查内容

某女装在众多人群中持一般的态度高达60%，那么他们是喜欢还是不喜欢呢？据调查，喜欢的人占28%，而不喜欢的占12%，由此可见该女装有很大的市场发展潜力。在这些人群中有很多类型的组合，其中大多数为高中生及大学生，他们的年龄在16~20岁的占32%，20~25岁的占15%，25岁以上的占3%，消费者在结构上呈现低龄化的态势。调查结果显示，青年学生是购买的主体，是消费的主力军，在这些青年的人眼里，某女装哪些地方吸引他们呢？又是哪些地方导致一些人不喜欢呢？据调查结果显示，60%的人是因为该女装时尚的款式而购买，40%的人则因为它的价格太高而不喜欢购买。由此可见，该女装完全可以在市场上大量销售，但因为价格太高，让其在市场上落了一大截，可见其不适宜于普通市民的消费，也就是个人收入与消费不成比例，而导致有56%的人对该产品的女装抱有无所谓的态度，对其品牌所设计的款式都无所谓，没有喜欢也没有不喜欢。因为价格太高，有70%的人认为该品牌的女装价格在500元以下才能令更多的人接受。因为价格太高而导致另一种隐患，即有62%的人对该女装的未来发展也不太关注。

人们在了解该女装的时候，是通过许多渠道得知的，其中有48%的人通过朋友，32%的人通过广告，12%的人通过网络，8%的人通过传单。说明知道它的人还是不多，该女装应该加大宣传力度、扩展范围，让更多的人知道。价格适中会吸引更多的顾客，而通过各种渠道让更多的人知道并了解该品牌则销售量会更高。

选择专业化战略与整体市场战略，让不同的人拥有不同款式的衣服，这样会提高市场营销机会，更有吸引力。那么在定价方面进行分层次式的定位并抓住顾客的心理，针对消费者的不同消费心理，制定相应的价格以满足不同类型消费者的需求。

从以上调查分析来看，该女装若想在市场上立足，不但要加大力度做好宣传工作，还应让更多的人对该女装有更清楚的了解。

因为有更多的人认为穿牛仔裤对身体有害，因此，只要该女装从价格和款式上进行改进，重新定位，那么该女装销量肯定能上升，有62%的人对该女装将来的发展持有无所谓的态度，所以该女装要加倍努力，取长补短。

五、调研结论

（1）不但要加大力度做好宣传工作，让更多的人对该女装有更清楚的了解，对自己的款式也应该有更到位的宣传，让人们都知道穿该女装的好处。

（2）只要对该女装在价格和款式上进行改进，重新定位，那么该女装销量肯定能上升。

（3）在告知、咨询、销售各个环节，该女装通过信息化管理可避免管理上可能出现的混乱。

（4）可以预计，未来该女装的开发热点仍然以高端产品为主。

六、调研的缺陷

由于本次调研发放的问卷份数有限以及市场营销的知识尚少，制作的问卷难免粗糙，希望在接下来的学习中能学习到更多的市场营销方面的知识，为将来写出更高水准的调研报告做好准备。

七、进一步研究的建议

举行一些延伸活动：

（1）在校举行成果展示活动，活动方式有黑板报、手抄报、电子刊物、图片展、影像资料等。

（2）主动帮助同学解除炫耀和盲目攀比的心理。

（3）组织学生宣传正确的消费心理和消费观念。

项目二

网络推广策划

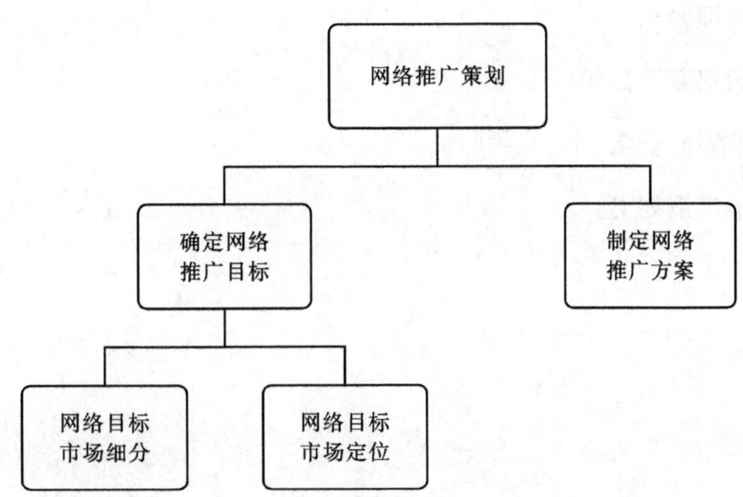

学习目标

知识目标

了解、掌握网络推广和网络目标市场的概念；

掌握网络市场细分的方法与程序；

了解网络目标市场的定位；

掌握网络产品的定位；

了解如何制定网络推广方案。

技能目标

学会了解市场状况；

掌握如何做市场细分；

根据市场需求确定营销目标；

了解网络推广策划的步骤；

学会撰写网络推广策划书。

任务 1　确定网络推广目标

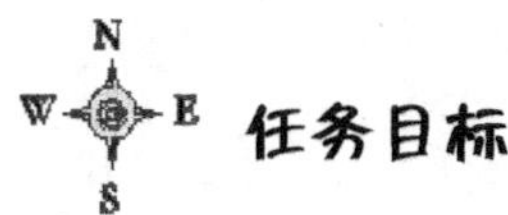

任务目标

通过本次任务实训，让学生了解网络推广策划方面的知识，掌握网络推广，网络目标市场是什么，如何进行网络市场细分，如何确定网络推广的目标。

项目任务书

<table>
<tr><td>任务名称</td><td>确定网络推广目标</td><td>任务编号</td><td></td><td>时间要求</td><td></td></tr>
<tr><td>要求</td><td colspan="5">1. 了解什么是网络目标市场
2. 了解如何进行网络市场细分
3. 掌握网络目标市场的定位</td></tr>
<tr><td>重点培养的能力</td><td colspan="5">动手操作能力，认真学习能力，了解市场状况的能力</td></tr>
<tr><td>涉及知识</td><td colspan="5">网络推广的概念，网络目标市场的概念、网络目标市场定位的概念</td></tr>
<tr><td>教学地点</td><td>教室、机房</td><td>参考资料</td><td colspan="3"></td></tr>
<tr><td>教学设备</td><td colspan="5">投影设备、投影幕布、能联网的电脑</td></tr>
<tr><td colspan="6">训练内容</td></tr>
<tr><td colspan="6">1. 听教师讲解案例及相关的知识（时间约　　分钟）
2. 了解任务训练要求，要达到什么样的目的（时间约　　分钟）
3. 掌握什么是市场，什么是网络目标市场
4. 了解网络目标市场细分的标准，如何对网络目标市场进行细分，网络目标市场如何定位</td></tr>
<tr><td colspan="6">训练要求</td></tr>
<tr><td colspan="6">在完成任务的过程中能自主学习并掌握网络推广的有关知识；能够在规定的时间内完成网络市场的分析，掌握网络市场细分与目标市场定位的方法，为下一步制定网络推广方案做准备</td></tr>
<tr><td colspan="6">成果要求及评价标准</td></tr>
<tr><td colspan="6">成果要求：需提交下列书面文件。
1. 本小组成员分工的情况
2. 小组成员对选定产品的市场分析状况
评价标准：
1. 对网络推广的知识十分了解，对市场状况的分析认真全面，对网络目标市场的概念、网络目标市场的细分方法、网络目标市场的细分程序完全了解
2. 对网络推广的知识基本了解，对市场状况的分析基本合理，对网络目标市场的概念、网络目标市场的细分方法、网络目标市场的细分程序有一定的认识
3. 对网络推广的知识不熟悉，对市场状况的分析模糊
4. 不知道什么是网络推广，对任务要求不清楚
符合上述标准 1，成绩为优秀，可得 90~100 分；符合标准 2，成绩为良好，可得 70~80 分；符合标准 3，成绩及格，可得 60~70 分；符合标准 4，成绩为不及格，得分 60 分以下；介于这几种标准之间的，可酌情增减分</td></tr>
<tr><td rowspan="8">任务产出一</td><td rowspan="8">成员姓名与分工</td><td colspan="2">成　员</td><td>学　号</td><td>分　工</td></tr>
<tr><td>组　长</td><td></td><td></td><td></td></tr>
<tr><td>成员 1</td><td></td><td></td><td></td></tr>
<tr><td>成员 2</td><td></td><td></td><td></td></tr>
<tr><td>成员 3</td><td></td><td></td><td></td></tr>
<tr><td>成员 4</td><td></td><td></td><td></td></tr>
<tr><td>成员 5</td><td></td><td></td><td></td></tr>
<tr><td>成员 6</td><td></td><td></td><td></td></tr>
</table>

续表

<table>
<tr><td rowspan="2">任务产出二</td><td>1. 网络市场细分的方法、程序
<table><tr><td>网络市场细分的方法</td><td>市场细分的依据</td><td>市场细分的步骤</td></tr><tr><td></td><td></td><td></td></tr><tr><td></td><td></td><td></td></tr><tr><td></td><td></td><td></td></tr></table></td></tr>
<tr><td>2. 选择一家感兴趣的企业，了解公司的情况，确定网络目标市场
<table><tr><td>公司名称</td><td></td></tr><tr><td>公司的目标客户</td><td></td></tr><tr><td>目标客户的互联网行为</td><td></td></tr><tr><td>公司产品的推广市场定位</td><td></td></tr><tr><td>实训心得</td><td></td></tr></table></td></tr>
</table>

项目组评价		总分	
教师评价			

情景导入

网络促销对品牌推广作用大

2013 年 11 月 25 日，海南生鲜农产品第一次集中“触网”预演。聚划算汇聚海南之“海南厨房”活动，挑选出了七仙金葵黄秋葵、呀子美椰子饭等 13 个特色农产品进行促销。3 天共售出琼中绿橙 44 吨、藻花香猪 7 吨、黄椒 4 万瓶、黄秋葵 5000 份……成交量 2409 万元。仅椰子饭一项，3 天售出了以往线下全岛一年总销量的 63%。

琼中佳佳绿橙专业合作社种了 1.6 万多亩绿橙。2013 年首次与电商合作，通过互联网销售绿橙 20 多万斤。“我们的绿橙不打催熟剂，品质好，消费者可通过二维码追溯质量，所以卖得特别火。”合作社负责人廖孝文说。

2013 年 12 月 12 日，2013 年中国（海南）国际热带农产品冬季交易会期间，海南举行网络冬交会，开通“淘宝网·特色中国海南馆”，建设常态性的网络促销平台。互联网促销成为本届“冬交会”的最大亮点。

知识链接

一、网络推广

网络推广（Network Promotion）广义上讲是企业或者个人通过网络宣传的方式进行的企业或者网络营销技术，企业或者个人利用网络让更多的人了解产品，从而使产品在网络上获得订单。如图 2–1 所示。

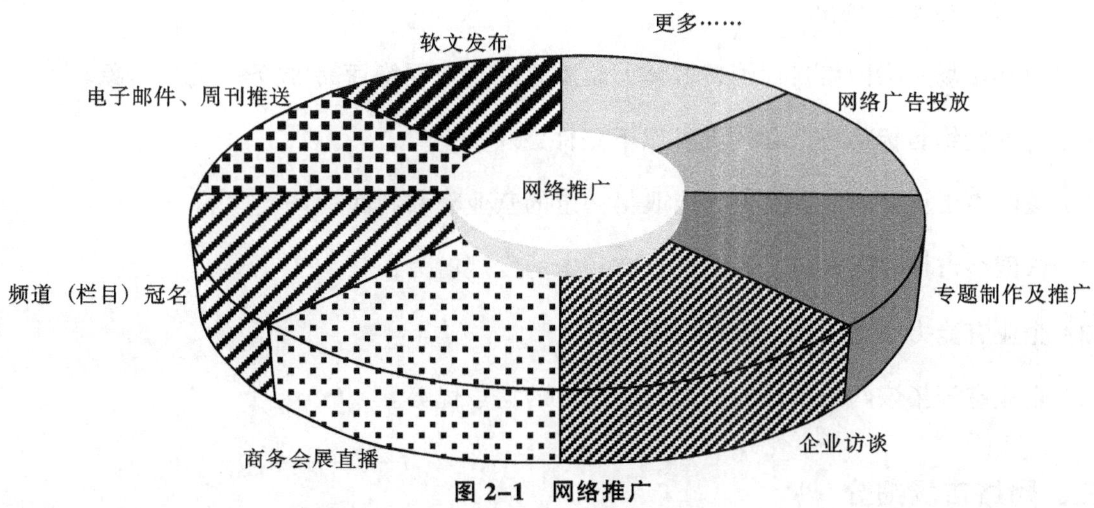

图 2–1　网络推广

网络推广狭义地说是通过互联网推广，离开了互联网的推广就不是网络推广，同时做好自身的用户体验，即利用口碑和互联网平台工具进行推广。

二、网络目标市场

1. 认识市场

市场起源于古时人类对固定时段或地点进行交易场所的称呼。发展到现在，市场具备了两种定义，一种定义是交易场所，如传统市场、股票市场、期货市场等；另一种定义是交易行为的总称。

其包括三个主要因素，如图 2–2 所示，即有某种需要的人、为满足这种需要的购买力、购买欲望。

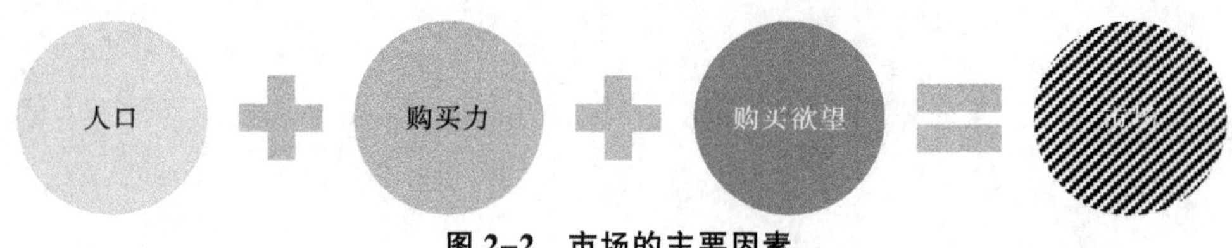

图 2-2　市场的主要因素

2. 目标市场的概念

目标市场指企业在市场细分的基础上，为满足现实或潜在需求的消费者及用户，依据企业自身的经营条件而选定或开拓特定需要的市场。

3. 网络目标市场的概念

网络目标市场是指网络目标消费群体，也就是指企业网络商品/服务的消费对象。

一个好的网络目标市场，必须具备以下条件：

（1）该网络市场有一定购买力，能取得一定的营业额和利润；

（2）该网络市场有尚未满足的需求，有一定的发展潜力；

（3）企业有能力满足该网络市场的需求；

（4）企业有开拓该网络市场的能力，有一定的竞争优势。

三、网络市场细分

网络市场细分是指企业在调查研究的基础上，依据网络消费者的需求、购买动机与习惯爱好的差异性，把网络市场划分成不同类型的消费群体的过程。每个消费群体构成了一个细分市场。在同一细分市场内部，网络消费者需求大致相同；不同细分市场之间，网络消费者则存在着明显的差异性。

（1）网民地理区域细分市场。互联网打破了传统的地理区域限制，但购买者所处不同地理区域之间的人口、文化、经济等差异将会长期存在，是企业在网络市场细分过程中需要考虑的一个重要因素。

从地域特征看，网民购物需求较大的是广东、山东、江苏、北京、浙江等人口密集、经济发达、物流业发展迅速的省市地区，如图 2-3 所示。

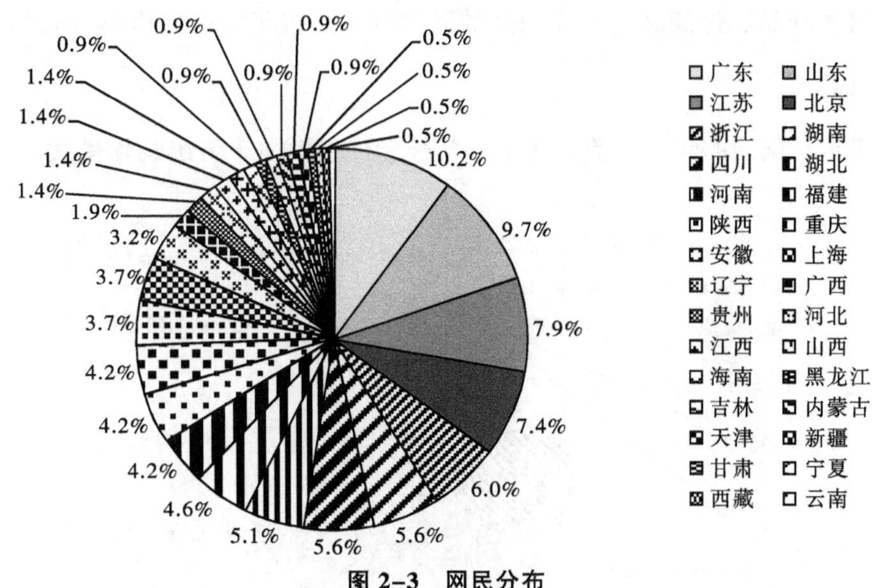

图 2-3　网民分布

（2）网民人口特性细分市场。如网民的年龄、性别、家庭规模、家庭生命周期、收入、职业、教育程度、宗教、种族、国籍等。网络消费者需求、偏好与人口统计变量有很密切的关系。

网民人口特性因素包括以下几类：

第一，消费者性别。男性与女性在网络商品需求与喜好上有很大差别，对产品的市场细分有截然不同的要求，如在服装、鞋帽、化妆品等方面的需求，市场的差异性明显，如图 2-4 所示。

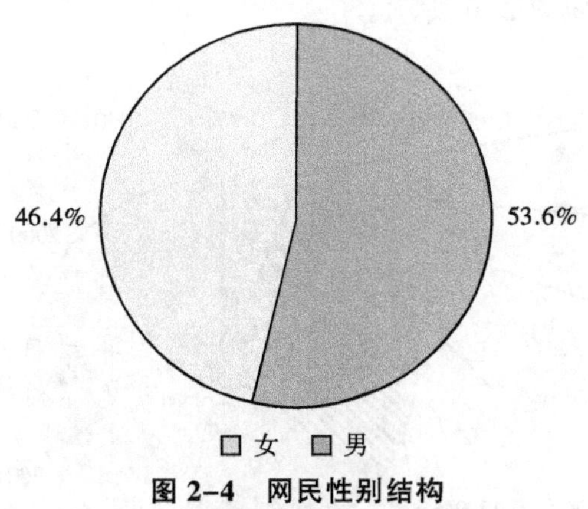

图 2-4　网民性别结构

根据抽样调查数据显示，我国网络消费者的男女比例为 5.4∶4.6，男性消费者的比例略高。也就是说网络的便捷性、省时性成为男性消费者网购的主要因素。

第二，消费者年龄。不同年龄的消费者对商品需求的特征也有着明显的差异。一般而言，儿童对玩具、食品、童装、幼儿读物等商品需求较大；青年则对体育、娱乐、创意的商品需求较大；年长者对营养品、保健品、医疗用品的需求较多。按年龄细分市场，有利于满足各年龄层消费者的特点需求。

如图 2-5 所示，网购的年轻消费者居多，年长者依然倾向于传统购物模式。

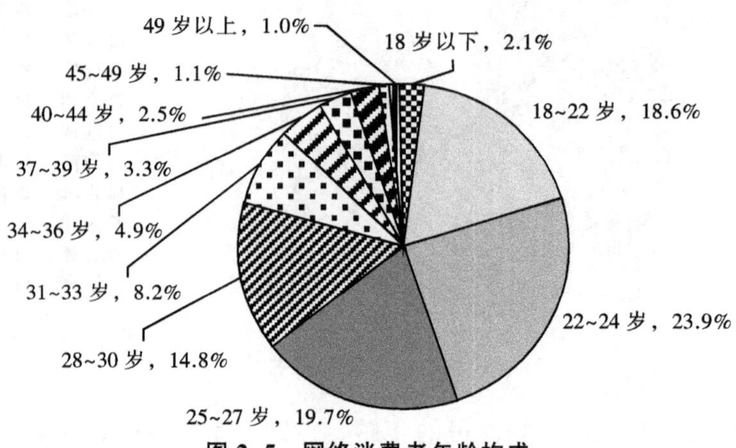

图 2-5　网络消费者年龄构成

第三，消费者收入。不同收入的消费者对商品的需求存在明显的差异。一般而言，低收入者对商品的价格比较敏感，需求多定位在生活必需品，而高收入者更看重商品的品质，需求多定位在奢侈品和高档商品。

网购消费者中，高收入家庭不到 5%，低收入消费者的数量众多，购物需求旺盛，成为推动网络销售模式的主力军，如图 2-6 所示。

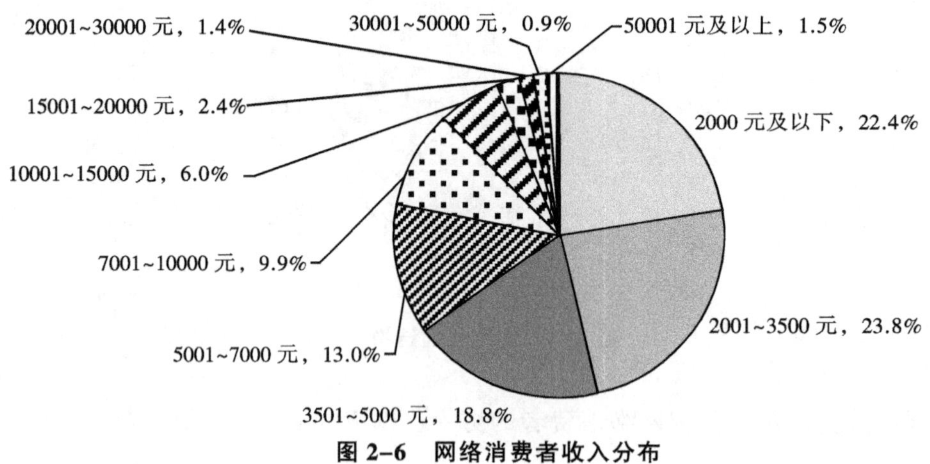

图 2-6　网络消费者收入分布

网络营销与市场营销的区别如表 2-1 所示。

表 2-1 网络营销与市场营销的区别

	网络营销	传统市场营销
营销观念	由大规模目标市场向个人目标市场转化	大规模的目标市场
沟通方式	利用交互式营销沟通模式，最大程度地促进与购买者和潜在购买者之间的信息沟通	提供单向的信息传输，企业难以及时得到消费者的反馈信息
便捷性	消除了传统营销中的时空限制，使各方相隔的时差几乎不复存在，能够提供 24 小时服务	受时空限制，不能迅速、快捷地达到营销目标
技术性	较高的计算机技术要求	没有特殊的技术性要求
成本	成本相对降低，只要求一次的计算机技术投资	成本相对较高，但基本不需要技术投资
营销策略	4C（Customer's wants and needs，Cost to satisfied wants and needs，Convenience to buy，Communication）	4P（Product，Price，Place，Promotion）

应用案例

不需要柜子

一位家具商人对正在闲逛的莫斯特高声喊道：“莫斯特先生，快买下这个柜子吧，很便宜，只要原来的一半价钱。”

“我要柜子做什么？”

“您可以在里面挂衣服。”

莫斯特笑着说：“难道你要我光着身子到处跑么？”

案例分析：

产品定位消费群体也就是目标市场定位问题：正常的思路应该是，首先，研究自己的产品能给客户带来什么价值，有什么优点和特点，能够区别于同类产品或者有更好的卖点。

其次，定位消费群体。找到产品所对应的市场就是潜在客户。

最后，对产品进行包装宣传，针对潜在客户进行营销或者促销活动。当然还要考虑一些随意性的购买行为。

再仔细看这个案例，首先，柜子给客户带来的价值是里面可以挂衣服，没有很明显的卖点，唯一的卖点就是比以前便宜一半的价钱；其次，柜子是通用消费品，消费群体应该是没有柜子或者想替换原来柜子的客户；再次，客户要有购买的能力；最后，找到客户进行营销。

这个营销失败的案例是因为前期的销售准备工作没有做好，莫斯特先生应该是有这个需求的，因为比较穷，或许还没有买柜子。同时，这个家具商人应该对莫斯特先生很熟悉，能对闲逛的莫斯特高声呼喊他的名字，说明对他很了解，而且了解他的生活情况和经济情况。对一个没有购买能力的客户进行销售是没有意义的。

思考：什么是目标市场，如何选择目标市场？

名人名言

推销是你找客户，营销是客户找你。

——西门子家电全球营销总监

职业能力训练

一、单选题

1. 从我国互联网网民的年龄结构看，占比较多的群体是（　）。

A. 不到 18 岁　　B. 18~24 岁

C. 25~30 岁　　D. 31~35 岁

2. 无论商业网站还是个人主页，都必须给人们提供（　）才能留住访问者。

A. 帮助　　B. 娱乐节目

C. 免费邮箱　　D. 有一定价值的内容

二、多选题

1. 一个好的网络目标市场，必须具备的条件有（　）。

A. 该网络市场有一定购买力，能取得一定的营业额和利润

B. 该网络市场有尚未满足的需求，有一定的发展潜力

C. 企业有能力满足该网络市场的需求

D. 企业有开拓该网络市场的能力，有一定的竞争优势

2. 网络市场细分的作用，主要体现在（　）。

A. 有利于分析网络市场，挖掘新的网络市场

B. 有利于集中使用企业资源，增强企业应变能力

C. 有利于满足千差万别且不断变化的网络社会消费需求

D. 提供普遍适用的产品或服务

3. 网络营销把市场细分推向极致，可以按照（　）等要素进行市场细分。

A. 职业　　B. 性别

C. 年龄　　D. 收入

E. 婚姻

4. 网络目标市场营销由（　）等步骤组成。

A. 网络营销　　B. 网络市场细分

C. 网络目标市场选择　　D. 网络目标市场定位

5. 以下提法中正确的有（　）。

A. 网络目标市场定位的起点是网民的消费心理

B. 市场定位和产品定位是同一概念

C. 确定目标市场的基础是市场细分

D. 市场细分的基础是顾客需求的差异性

观念应用训练

百事可乐的市场细分

百事可乐作为世界饮料业两大巨头之一，100 多年来与可口可乐上演了一场蔚为大观的“两乐之战”。两乐之战的前期，也即 20 世纪 80 年代之前，百事可乐一直惨淡经营，由于其竞争手法不够高明，尤其是广告的竞争不得力，所以被可口可乐远远甩在后面。然而经历了与可口可乐无数次交锋之后，百事可乐终于明确了自己的定位，以“新生代的可乐”形象对可口可乐实施了侧翼攻击，从年轻人身上赢得了广大的市场。如今，饮料市场

份额的战略格局正在悄悄地发生变化。

百事可乐的定位具有其战略眼光。因为百事可乐配方、色泽、味道都与可口可乐相似，绝大多数消费者根本喝不出二者的区别，所以百事在质量上无法胜出，百事选择的挑战方式是在消费者定位上实施差异化。百事可乐摒弃了不分男女老少“全面覆盖”的策略，而从年轻人入手，并且通过广告树立其“年轻、活泼、时尚”的形象。

百事可乐完成了自己的定位后，开始研究年轻人的特点。通过精心调查发现，年轻人现在最流行的东西是“酷”。百事可乐抓住了年轻人喜欢酷的心理特征，推出了一系列以最酷明星为形象代言人的广告。

在美国本土，1994 年百事可乐用 500 万美元聘请了流行乐坛巨星迈克尔·杰克逊做广告。此举被誉为有史以来最大手笔的广告运动。在中国，继邀请张国荣和刘德华做其代言人之后，百事可乐又力邀郭富城、王菲、珍妮·杰克逊和瑞奇·马丁四大歌星作为形象代表，迷倒了全国无数年轻消费者。在全国各地百事可乐销售点，我们无法逃避的是郭富城那执着、坚定、热情的渴望眼神。不过，因为两个外国歌星在中国的知名度并不高，也造成了资源的浪费，在这点上，百事做得稍逊于可口可乐。即使如此，百事可乐那年轻、活力的形象已深入人心。在上海电台的一次 6000 人调查中，年轻人说出了自己认为最酷的东西。他们认为，最酷的是郭富城、王菲，而最酷的饮料是百事可乐，最酷的广告是百事可乐郭富城超长版。现在年轻人最酷的行为就是喝百事可乐。比如，1997 年北京饮料市场百事可乐与可口可乐占有率为 1：10，到 1999 年这一比例升至 1：2.5，其中绝大部分贡献是由年轻人做的。总而言之，我们认为百事可乐以新生代喜欢的超级巨星做形象代言人是其广告策略最成功的一点。

百事可乐以“新一代的选择”、“渴望无限”作为广告语。这两句富有活力的广告语很快赢得了年轻人的认可。也配合了百事可乐的广告语，百事可乐广告内容一般是音乐、运动。百事可乐还善打足球牌，特意推出了百事足球明星，可谓充满洞察力。

百事可乐作为挑战者，没有模仿可口可乐的广告策略，而是勇于创新，通过广告树立了一个“后来居上”的形象，并把品牌蕴含的积极向上、时尚进取、机智幽默和不懈追求美好生活的新一代精神发扬到百事可乐所在的每一个角落。百事可乐是受人尊崇的，百事可乐的广告策略也是值得推崇的。

思考：百事可乐的市场细分的划分因素是什么？

情景模拟训练

“万宝路”的市场定位

20世纪20年代的美国，被称为“惘的时代”，经过第一次世界大战的冲击，“万宝路”问世了。“万宝路”这个名字也是针对当时的社会风气而定的。“MARLBORO”其实是“Man Always Remember Lovely Because of Romantic Only”的缩写，意为“男人们总是忘不了女人的爱”。其广告口号是“像五月的天气一样温和”。

为了显示对女烟民的关怀，莫里斯公司把“MARLBORO”香烟的烟嘴染成红色，以期广大爱靓女士被这种无微不至的关怀所感动，从而打开销路。然而热烈的期待不得不面对现实中尴尬的冷场。

“万宝路”从1924年问世，直至20世纪50年代，始终默默无闻。它温柔气质的广告形象似乎也未给广大淑女们留下多少利益的考虑。这样的广告定位虽然突出了自己的品牌个性，也提出了对某一类消费者（这里是妇女）特殊的偏爱，但却为其未来的发展设置了障碍，导致它的消费者范围难以扩大。香烟是一种特殊商品，它必须形成坚固的消费群，重复消费的次数越多，消费群给制造商带来的销售收入就越大。而女性往往由于其爱美之心，担心过度抽烟会使牙齿变黄，形象受到影响，在抽烟时较男性烟民要节制得多。“万宝路”的命运在上述原因的作用下，日趋黯淡。

20世纪30年代，烟民对“万宝路”的反应始终很冷淡。抱着心存不甘的心情，公司派专人请利奥—伯内特广告公司为“万宝路”做广告策划，以期打出“万宝路”的名气销路。一个崭新大胆的改造“万宝路”香烟形象的计划产生了。产品品质不变，包装采用当时首创的平开式盒盖技术，并将名称的标准字（MARLBORO）尖角化，使其更富有男性的刚强，并以红色作为外盒的主要色彩。

广告的重大变化是：“万宝路”的广告不再以妇女为主要对象，而是用硬铮铮的男子汉。这个理想中的男子汉最后集中在美国牛仔这个形象上：一个目光深沉、皮肤粗糙、浑身散发着粗犷、豪气的英雄男子汉，在广告中袖管高高卷起，露出多毛的手臂，手指总是夹着一支冉冉冒烟的“万宝路”香烟。它给“万宝路”带来巨大的财富。仅1954~1955年，“万宝路”销售量便提高了3倍，一跃成为全美第十大香烟品牌之一，1968年其市场占有率上升到全美同行第二位。

现在，“万宝路”每年在世界上销量是3000亿支，用5000架波音707飞机才能装完。世界上每吸4支烟，其中就有1支是“万宝路”。是什么使名不见经传的“万宝路”变得如此受人青睐呢？美国金融权威杂志《富比世》专栏作家布洛尼克1987年与助手们调查了1546个“万宝路”爱好者。调查表明：烟民们真正需要的是“万宝路”包装带给他们的满足感。

“万宝路”的包装广告所赋予“万宝路”的形象已经像服装、首饰等各种装饰物一样成为人际交往的一个相关标志。而“万宝路”的真正口味在很大程度上依附于产品所创造的美国牛仔形象之上的附加因素。这正是人们真正购买“万宝路”的动机。从“万宝路”两种风格广告戏剧性的效果转变中，我们可以看到广告的魔力。广告塑造了产品形象，增添了产品的价值。采用“集中”的策略，定位目标市场，使“万宝路”成长为当今世界品牌。

思考： 1. 万宝路原来的市场定位存在什么问题？

2. 万宝路的重新定位为何能够成功？

思维拓展训练

美国西南航空公司市场定位

一、市场定位

（1）产品：民航运输。

（2）市场：自费外出旅游者和小公司的商务旅行者。

（3）地域：达拉斯—奥斯汀—休斯敦，减少门到门的旅行时间。

（4）需求：轻松活泼的旅行生活，低费用的旅行费用。

二、营销措施

（1）飞机：全部选用“波音737”。

（2）定票：电话定票，不通过旅行社（过程：需要什么票—信用卡号—确认）。

（3）登机：报姓名—打出不同颜色卡片—以颜色依次登机—自选座位。

（4）机上：没有头等舱，不提供行李转机服务，不提供餐饮服务。

三、效果

（1）办理登机时间比别人快2/3。

（2）飞机在机场的起落只需25分钟（其他飞机起落要40分钟）。

（3）去掉头等舱（3排×3个=9个座位），增加经济舱（4排×6个=24个座位）。

四、取消餐饮服务

服务人员从标准配置的4个人减少到2个人。（每人年薪为4.4万美元，且工资占公司用于员工成本费用的1/4或1/5）

（1）取消机上餐饮设备，可增加6个座位。

（2）不提供餐饮服务，原着陆后15分钟的清洁时间也取消。

（3 ）增加了航班量（其他公司6趟，西南航空公司8趟）。

（4）机票售价只要60~80美元，远低于其他公司的180~200美元。

思考：美国西南航空公司改变营销策略的依据是什么？

任务2 制定网络推广方案

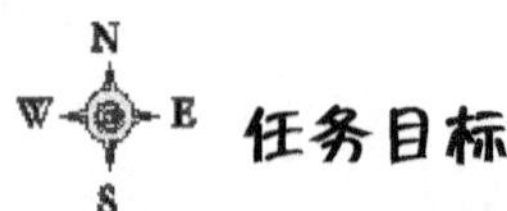

任务目标

通过本次任务实训，让学生掌握什么是网络推广方案，了解网络推广方案的撰写方法及要求，学会根据企业或个人营销的目标制定推广方案。通过本任务的完成，为未来从事网络营销推广方面的工作打下技能基础。

项目任务书

<table>
<tr><td>任务名称</td><td>制定网络推广方案</td><td>任务编号</td><td></td><td>时间要求</td><td></td></tr>
<tr><td>要求</td><td colspan="5">1. 掌握网络推广方案的定义
2. 了解网络推广方案应该包括的内容
3. 选择一家你感兴趣的企业，并了解企业的经营状况
4. 确定网络推广的方向
5. 完成一份网络推广方案</td></tr>
<tr><td>重点培养的能力</td><td colspan="5">实践操作能力，团队合作能力，快速学习能力</td></tr>
<tr><td>涉及知识</td><td colspan="5">网络推广方案等</td></tr>
<tr><td>教学地点</td><td>教室、机房</td><td>参考资料</td><td colspan="3"></td></tr>
<tr><td>教学设备</td><td colspan="5">投影设备、投影幕布、能联网的电脑</td></tr>
<tr><td colspan="6">训练内容</td></tr>
<tr><td colspan="6">1. 听教师讲解案例及相关的知识（时间约　　分钟）
2. 制订工作计划，了解团队要做什么，要达到什么样的目的（时间约　　分钟）；组长进行分工安排，每个人在自己的项目任务书相应栏进行记录（时间为　　分钟），组员开始行动
3. 网络推广方案：分小组选择一家企业或感兴趣的网店（时间约　　分钟），分析查到企业或网店的经营状况（时间约　　分钟）；根据营销需求制定推广方案。整理成书面文档（时间约　　分钟）</td></tr>
<tr><td colspan="6">训练要求</td></tr>
<tr><td colspan="6">在完成任务的过程中掌握网络推广方案的撰写方法，了解方案主要组成部分的分析和总结，并选择、设计适合企业状况的推广方式。能够在规定的时间内完成相关信息的查找、整理、分析；能够在规定的时间内撰写出方案报告</td></tr>
<tr><td colspan="6">成果要求及评价标准</td></tr>
<tr><td colspan="6">成果要求：需提交下列书面文件
1. 确定一家企业，分析企业的经营现状
2. 完成一份简单的网络推广方案
评价标准：
1. 对企业或网店的经营情况的调查工作认真，熟悉网络推广方案的概念和撰写方法，并针对企业营销目标提出相应的推广方式
2. 对调查基本认真，对网络推广方案的概念和撰写方法基本掌握，能通过小组共同讨论提出自己的观点和看法
3. 进行了企业情况调查，但对网络推广方案的撰写步骤不清晰
4. 对企业的调查不认真，对知识点的掌握差
符合上述标准1，成绩为优秀，可得90~100分；符合标准2，成绩为良好，可得70~80分；符合标准3，成绩及格，可得60~70分；符合标准4，成绩为不及格，得分60分以下；介于这几种标准之间的，可酌情增减分</td></tr>
</table>

续表

<table>
<tr><td rowspan="8">任务产出一</td><td rowspan="8">成员姓名与分工</td><td colspan="2">成　员</td><td>学　号</td><td>分　工</td></tr>
<tr><td>组　长</td><td></td><td></td><td></td></tr>
<tr><td>成员 1</td><td></td><td></td><td></td></tr>
<tr><td>成员 2</td><td></td><td></td><td></td></tr>
<tr><td>成员 3</td><td></td><td></td><td></td></tr>
<tr><td>成员 4</td><td></td><td></td><td></td></tr>
<tr><td>成员 5</td><td></td><td></td><td></td></tr>
<tr><td>成员 6</td><td></td><td></td><td></td></tr>
<tr><td>任务产出二</td><td colspan="5">1. 企业竞争对手情况表
<table><tr><th>主要竞争者指标</th><th>内容</th></tr><tr><td>企业名称</td><td></td></tr><tr><td>成立时间</td><td></td></tr><tr><td>企业规模</td><td></td></tr><tr><td>主要产品</td><td></td></tr><tr><td>是否有独立的网站，效果如何</td><td></td></tr><tr><td>主要的网络推广方式</td><td></td></tr></table>2. 竞争对手主要采用的网络推广方式
<table><tr><th>公司名称</th><th>主要推广方式</th><th>推广效果如何</th></tr><tr><td></td><td></td><td></td></tr><tr><td></td><td></td><td></td></tr><tr><td></td><td></td><td></td></tr></table>3. 依要求撰写网络推广方案（不少于 2500 字）</td></tr>
<tr><td colspan="2">项目组评价</td><td colspan="2"></td><td rowspan="2">总分</td><td rowspan="2"></td></tr>
<tr><td colspan="2">教师评价</td><td colspan="2"></td></tr>
</table>

情景导入

戴尔的网络营销

大家知道，戴尔是通过自己的官方网站进行直销的。这样就带来一个问题，它经常会有新产品出来，也经常有促销活动，仓库里的产品也经常变动，但这些信息仅仅在自己的网站上公布，具有局限性，影响的人群不够多。戴尔的做法是在 Twitter 上注册许多账号，每个账号负责专门的内容，如产品信息的账号专门发产品信息，指定给专门的受众看，这样就不会骚扰其他人了。这是戴尔的一个特点。戴尔在 2007 年 3 月注册 Twitter 后，现在已经有了 150 万粉丝。

戴尔在产品账号上经常发布的信息内容是：①经过翻修的二手产品信息，价格诱人，并且有库存数据；②超低价格的清仓甩卖活动信息；③新产品信息；④优惠信息。

在每年的节假日，戴尔会向 Twitter 上的 150 万粉丝发送独家折扣大优惠，有 12000 名购买戴尔新产品的人享受了七折优惠。戴尔在 Twitter 上发给客户的折扣礼券，可以链接到专门的网页，在订购产品时享受优惠。通过 Twitter，戴尔在全球已经直接创造了近 700 万美元的营业额。

我们再介绍一下戴尔在 Twitter 上的分组情况。目前戴尔在 Twitter 上已经拥有 65 个群组，每个群组都由专人负责管理，像一个个一对多的在线客服窗口一样，让客户能得到丰富而实时的信息，同时客户还能看到其他用户的问题解答。在新浪微博，戴尔中国于 2007 年 3 月 7 日上线。戴尔的客服用轻松活泼的方式与大家谈家常，分享最新的促销打折信息，经常搞一些互动活动。在戴尔中国微博的背后是一张张鲜活的面孔，它们来自戴尔员工。

知识链接

一、网络推广方案的概念

广义：网络推广方案是指企业、组织、政府部门或机关、个人在以网络为工具的系统性的经营活动之前，根据自身的需求、目标而定制个性化的、高性价比的网络推广方案。

狭义：网络推广方案是指企业或个体经营者根据当前的实际状况，制定出在未来一段时间内的网络影响战略战术策划方案，用以制定公司未来网络推广工作。

策划书包括公司简介，公司目标，市场营销战略，网络营销策略，网络营销的客户服务、管理，网络推广效果评估以及改进等。

二、网络推广方案策划的原则

（1）系统性原则。

（2）创新性原则。

（3）操作性原则。

（4）经济性原则。

（5）协同性原则。

三、网络推广计划的制定

网络推广的成功更多地取决于网络推广的前期策划工作，网络推广是网络营销成功的关键所在。如何更好地策划网络推广方案，形成真正可执行的网络推广方案呢？

1. 分析自身与竞争对手的网络营销现状

“知己知彼，百战不殆。”在做任何网络推广方案之前，都必须对自身与竞争对手有详细了解，如自己优势在哪里，自己哪些方面不如竞争对手，竞争对手做了什么，竞争对手正在做什么，它们下一步又想做什么等。

2. 列出潜在客户群体

找出我们潜在的客户群体，并对相关群体进一步的细化，如年龄大小、性别、数量、学历、收入情况、兴趣爱好、互联网习惯等，根据目标人群的习惯等制定网络推广方案。

3. 选择网络推广方法及策略

根据收集资料分析，确定网络推广方法及策略，详细列出将使用哪些网络推广方法，如搜索引擎推广、博客推广、邮件群发营销、QQ 群通信、论坛社区发帖、撰写软文宣传、活动推广、网络广告投放等，对每一种网络推广方法的优劣及效果等做分析，并确定具体如何实施。

4. 明确每一阶段目标

（1）网站每天访问量、浏览量。

（2）各搜索引擎收录多少。

（3）外部链接每阶段完成多少。

（4）关键词多少、各搜索引擎排名情况如何。

（5）网络推广实际转化的客户多少。

（6）网络品牌形象如何。

5. 工作进度及人员安排

好的方案还要有好的执行团队，应依据方案制作详细的计划进度表，控制方案执行的进程，对推广活动进行详细罗列，安排具体的人员负责落实，确保方案得到有效的执行。

6. 确认网络广告预算

网络推广方案的实施，必然会有广告预算，应通过规划控制让广告费用发挥最大的网络推广效果，同时定期分析并优化账户结构，减少资金浪费，让推广的效果达到最大化。

7. 效果评估监测

安装监控工具，对数据来源、点击等进行监测跟踪，帮助企业及时调整推广的策略，并对每一阶段进行效果评估。

8. 预备网络推广方案

市场并非一成不变，当计划跟不上变化时，能够及时应对。如果提前制作风险预备方案，当市场变化时，才不至于手忙脚乱。

计划没有变化快，真正可执行的网站推广方案不是一成不变的，作为网络营销的策划者要时刻关注这些变化。针对市场的变化、行业的变化、企业的变化应实时调整、优化方案，让网络推广效果达到最大化，好的网络推广方案加上有效的执行团队才能达到预期效果。

企业网络推广方案的制定

一、任务背景资料

内蒙古伊利实业集团股份有限公司（以下简称“伊利”）是中国乳业行业中规模最大、产品线最健全的企业，国家520家重点工业企业之一；是农业部、国家发展和改革委员会等八部委首批认定的全国151家农业产业化龙头企业之一；是唯一一家同时符合奥运会及世博会标准的乳制品企业。

二、任务要求

为了有效完成网络推广任务，要求按照以下步骤规划网络推广内容。

（1）确定网络推广的主要目标。

（2）分析竞争对手的网站及推广方式。

（3）确定网络推广的目标市场。

（4）选择恰当的网络推广方式。

三、任务步骤

【步骤一】确定网络推广的主要目标：①网络推广的整体目标；②网络推广的具体目标。

【步骤二】分析竞争对手的推广方式。

例如，内蒙古蒙牛乳业（集团）股份有限公司（以下简称“蒙牛”）是伊利最大的威胁，两者有很多相似之处，蒙牛和伊利两者的竞争主要集中在奶源、经销商和终端。从产品线和销售额看，蒙牛的快速成长给伊利造成了很大的竞争威胁。通过网站了解蒙牛公司的网站，获取相关信息：

第一，网站内容丰富，更新较快，如图 2–7 所示。

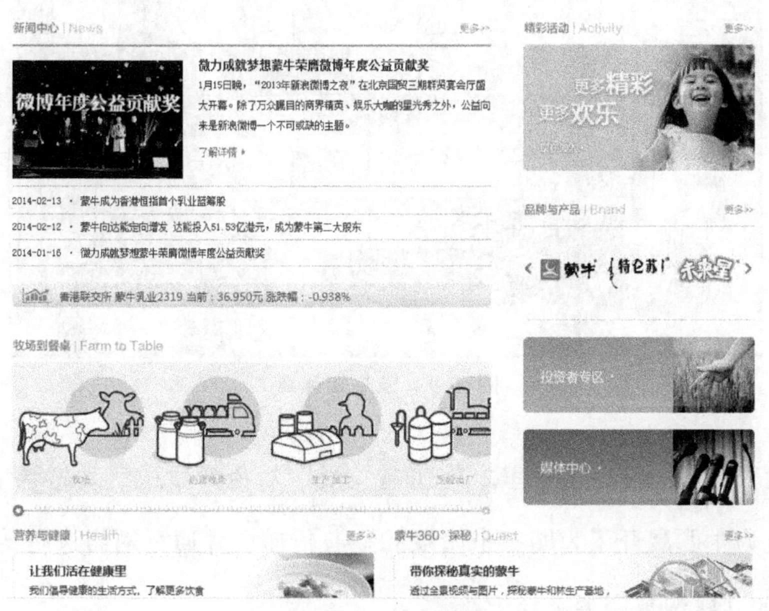

图 2–7　蒙牛网页

第二，视觉效果充满科技感，与品牌内涵一致，结构框架合理。如图 2–8 所示。

图 2–8　蒙牛网站结构

第三，网络推广的痕迹处处可见。

第四，蒙牛的主要网络推广方式。

联手 Sohu 最美少女活动，冠名湖南卫视的超级女声节目——蒙牛和湖南卫视超级女声的合作中，顺势利用网络媒体进行了系统的宣传。更在百度中创立了“张含韵吧”。同时，由张含韵演唱的《酸酸甜甜就是我》在百度 MP3 歌曲 TOP500 强中排名第 10 位。

互动游戏——“蒙牛连连看”与“超级 FANS”，如图 2-9 所示。这两款小游戏在蒙牛乳业网站及相关活动网站均提供下载，使品牌效应更深刻地植根于消费者心中。

图 2-9 蒙牛连连看

蒙牛的病毒性营销——一场“千里之外速递关爱”的免费派送活动席卷大半个中国，蒙牛以主打产品冠益乳为主题展开了为期三个阶段的爱心传递，并通过网络进行传播。

【步骤三】行业互联网推广策略分析。

【步骤四】总结主要竞争公司的网络推广方式，并得出结论。

【步骤五】确定网络推广的目标市场，分析主要的消费者及消费者行为。如产品购买者、影响产品购买的人群、潜在客户的互联网行为。

【步骤六】选择适合的网络推广方式。如网络广告推广、软文推广、网络炒作、利用 QQ 群做网站推广、申请友情链接。

应用案例

×××网站推广策划方案

一、背景分析

介绍网站的基本情况、服务项目、主要访问量、排名情况和竞争对手等。

二、推广目标

推广目标包括品牌形象设计和访问量，如访问量的提高或者达到一定的高度。同时还包括排名情况、市场占有情况、海内推广和海外推广确定。

三、目标客户分析

目标客户主要群体、群体的基本行为特点、群体的重要分布、群体对不同媒介的喜好等。

四、推广策略

推广策略包括互联网推广策略和网下推广策略，互联网、网下推广策略的主要方式，推广的主要思路，如海内推广和海外推广等，点对点推广和轰炸推广等。

五、推广实施

1. 网下推广方案

（1）主要策略。

（2）各种媒介。

（3）活动策划。

（4）时间、地点、人物、主题、费用。

2. 互联网推广方案

（1）搜索引擎推广。

（2）交换链接。

（3）社区营销。

（4）邮件营销。

（5）病毒性营销。

（6）网络广告。

思考： 1. 网络推广策划的重点是什么？

2. 你所了解的网络推广方式有哪些？

名人名言

必须先去了解市场和客户的需求，然后再去找相关的技术解决方案，这样成功的可能性才会更大。

——马　云

职业能力训练

一、单选题

1. 根据互联网消费者行为的统计数据，访客平均要重复访问网站（　）才会转化为该网站的顾客，此统计结果与人们的消费行为基本是吻合的。

A. 5 次　　B. 6 次

C. 7 次　　D. 8 次

2. 一些信息服务商为了扩大本身的影响，从产生的社会效益上得到回报，会推出的一些方便用户的信息，如在线免费软件、实时股市信息等，这类信息属于（　）。

A. 免费的商务信息　　B. 较低费用的信息

C. 标准费用的信息　　D. 优质优价的信息

3. 无论商业站点还是个人主页，都必须给人们提供（　）才能留住访问者。

A. 帮助　　B. 娱乐节目

C. 免费邮箱　　D. 有一定价值的内容

4. 一个好的网络目标市场应具备以下条件：该网络市场有尚未满足的需求，有一定的发展潜力；企业有能力满足该网络市场需求；企业有开拓网络市场的能力，有一定竞争优势。同时还应具有（ ）。

A. 有一定购买力　　B. 有一定人口密度

C. 有一定购买欲望　　D. 有一定人口数量

二、多选题

1. 企业网站（ ）。

A. 是开展网络营销的根据地　　B. 代表着企业的互联网品牌形象

C. 是一个信息载体　　D. 是营销工具和销售渠道

2. 在线推广企业网站的方法有（ ）。

A. 报纸、广播　　B. 交换链接

C. E-mail　　D. 专业（行业）门户网站注册

E. 在线广告　　F. 引擎的登录与注册

观念应用训练

王老吉的目标——降火

选择好市场定位，必须采取适当的切实步骤把理想的市场定位传达给目标消费者，企业所有的市场营销组合都必须支持这一市场定位战略。对于网络营销企业，可以采用传统市场和网络市场相结合的方式传递市场定位，以保证其市场定位深入人心。如知名饮品“王老吉”，其市场定位是具备清火功能的功能性饮料，摒弃了不被大多数中国人接受的“凉茶”概念，以一句“怕上火，喝王老吉”的广告语作为宣传口号，通过电视广告、广播、杂志、网络广告等媒体宣传，使此定位深入人心。在国人渐渐接受并喜欢上此类产品后，其后的同类竞争产品便开始以“凉茶”进行品牌形象定位，这就要求企业除了选择传统宣传观念进入市场外，将“老字号”、传统、正宗等作为诉求重点进行宣传，也取得了较好的效果。因此我们看到，同类产品在进行市场定位时，不一定只有一种定位标准，应按照当时的市场情况进行最准确、恰当的定位。

网络营销企业的市场定位除了产品、服务对象外，还要通过网站设计、特色服务等将定位有效传递给目标对象，这一步是企业定位中的关键环节，也是企业定位策略得以最大化实施的前提。

思考：王老吉的目标市场定位以什么为依据？

情景模拟训练

网络市场定位的特点

互联网营销与一般营销有较大的区别，因此其市场定位也有其独特的特点。企业需注意以下几点：

（1）产品或服务是否适合在互联网进行营销。一般说来，标准化、数字化、品质容易识别的产品或服务适合在互联网进行营销。

（2）分析互联网竞争对手。互联网的竞争对手往往与现实中的竞争对手一致，竞争对手的分析不可拘泥于互联网，必须确定其在各个领域的策略、营销手法等。

（3）目标市场客户应用互联网的比例。目标市场客户应用互联网的比例，无疑是一个非常重要的参数，假若目标市场的客户基本不使用互联网，那在互联网上营销显然是不值得的。

（4）确定具体的营销目标。互联网营销的目标总体上应与现实中的营销目标一致，但由于网络面对的市场客户有其独到之处，网络的应用不同于一般营销所采用的各种手段与媒体，因此具体的互联网市场目标确定应稍有不同。互联网营销刚刚起步之时，目标不应定得过高，重点应在于如何使客户接受这种新颖的营销手段。

（5）准确的市场定位决定着营销方式。定位是整个互联网营销的基础，由此决定网页的内容和营销形式，企业进行营销的产品、服务通过网页实现，而网页建设的质量则直接影响营销方式的成功。

思考：传统营销市场定位与网络营销市场定位的主要差异是什么？

思维拓展训练

波司登的服装市场细分与目标市场定位

波司登国际控股有限公司（以下简称“波司登”）是中国最大的品牌羽绒服生产商，主要从事自有羽绒服品牌组合的开发和管理，包括产品的研究、设计、开发、原材料采购、外包生产及市场营销和销售。核心品牌有“波司登”、“雪中飞”、“康博”、“冰洁”、“双羽”和“上羽”。

一、市场细分

由于羽绒服的产品特性以及引导消费者的需求，大部分羽绒服品牌都是从传统商场起步，高档商场较少。波司登羽绒服在经营好商场的同时，也锁定个体经销商和农村市场，将市场细分为一、二、三线，并根据不同市场的个性规律及其在消费者心目中的定位，采取不同的营销策略。通过有针对性的市场活动加强与售点消费者的沟通，增强了目标消费者的购物忠诚度，也保证了与售点伙伴的共同成长。

二、目标市场

羽绒服：“波司登”定位为中国羽绒服市场第一高端品牌，产品类型及款式注重时尚、优质、休闲及经典，目标客户是消费能力较强及追求潮流时尚设计的人士；集团第二大品牌“雪中飞”，定位为休闲运动羽绒服主要品牌，目标客户为迎合有活力激情的顾客；集团的“冰洁”和“康博”则以中低端广大消费者为对象，其中“冰洁”定位为年轻、时尚、活力、亲和的潮流品牌，目标客户为80后、90后的年轻人，并以女装为主，“康博”主要提供基本款式，并以男装为主。

非羽绒服：“波司登男装”以“品位生活”作为定位，目标客户为28~45岁的都市男士，产品类型大比例覆盖休闲类与商务休闲类，小比例配有正装，致力为都市男士提供不同场合的着装。

三、消费者分析

主体消费群体为24~45岁的成熟男性，其中24~30岁占20%，30~35岁占60%，35~

45岁占20%。消费群体有品位，追求时尚与个性，休闲简洁、典雅平和，具有东方男性的浪漫和典雅，又有西方男性的热情奔放，在生活中挥洒自如的成熟男人，乐于投资构筑自我形象，追求时尚、表现为自信与从容、成熟与稳重，在合理价位上拥有明智的消费意识，对美好事物、生活有更高境界追求的新都会成功男士。

四、目标客户

客户群体以中高收入现代男士为主。首先，“波司登”商务男装的定位具有独特的文化内涵。无论是风格定位还是消费群定位，均体现出文化与创造力相结合的时尚精神。一方面是“自信、轻松、写意”的风格，展现出现代男性活力飞扬的精神风貌；另一方面是消费者定位，“波司登”品牌将目标消费群定位在25~45岁，成熟、有品位、追求时尚与个性化，能够领导时尚的现代新都会成功男士，准确找到了服饰文化取向和消费群之间的契合点。同时，不断提升品牌文化内涵，营造品牌文化氛围。

五、风格定位

集团将全面整合旗下品牌风格定位、设计研发、渠道市场等，确保产品风格不同，以满足各层次消费者需求，把“波司登”打造成名副其实的国际知名品牌；同时，全力驱动“雪中飞”、“康博”、“冰洁”等优势品牌（包括通过并购、代理、合营、渠道互换等方式新纳入本集团旗下的其他品牌）的独立成长。

六、品牌定位

2009年，波司登公司根据市场动态及品牌定位的需要，设计出了更受消费者青睐、更有市场前景的产品，进一步明确“年轻、时尚、活力、精彩”的品牌定位，强化了“有梦想，更精彩”的品牌理念，突出了“挡不住的韩流”的独特营销策略，从策略上逐步体现了“冰洁”羽绒服品牌的专业性。集团依据品牌定位、围绕消费者需求，通过“一定位、二开发、三评选、四筛选、五挑选、六调整”的方法做好产品开发，真正做到了品牌定位的准确性和市场需求的客观性的有力结合，让代理商无论在哪个地区都能找到更加适合消费者的产品。

思考：了解波司登品牌市场定位的过程，试总结网络市场定位的一般步骤。

项目三

网络推广

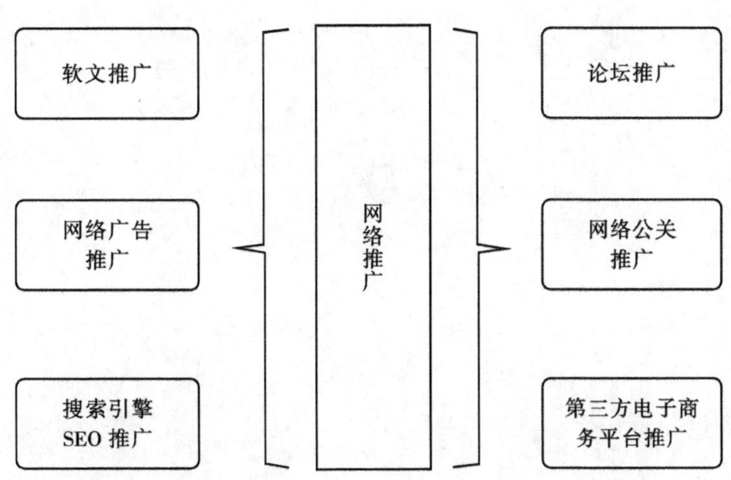

学习目标

知识目标

了解、掌握各种推广手段的相关知识以及操作步骤和技巧。

技能目标

熟悉各种网络推广的方式方法；

利用各种平台进行网络推广；

设计有效的、针对性的网络推广方案；

掌握多项网络推广的步骤及技巧；

学会运用多种网络推广方式进行网络营销。

任务1 软文推广

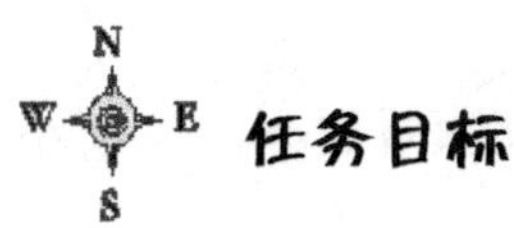

任务目标

通过本次任务实训，让学生了解和掌握软文推广的概念、推广方法和推广效果。

项目任务书

任务名称	软文推广	任务编号		时间要求	两课时
要求	1. 查找最近的网络时事热点 2. 依据登录网站搜索到的相关时事热点，写出具有吸引力的标题 3. 编写的文章排版清晰，巧妙分布小标题突出重点；广告内容自然融入，切勿令用户反感 4. 带有锚文本或者其他链接方式指向自己				
重点培养的能力	动手操作能力，认真学习能力，信息筛选能力				
涉及知识	网络软文推广的概念、分类、推广方法和推广效果				
教学地点	教室、机房	参考资料			
教学设备	投影设备、投影幕布、能联网的电脑				
训练内容					
1. 听教师讲解案例及相关的知识（时间约 分钟） 2. 了解任务训练要求，要达到什么样的目的（时间约 分钟） 3. 登录网站搜索相关网络时事热点 4. 以小组为单位，汇总查找到的相关信息。对这些信息进行分类，完成不同标题和软文的编写					
训练要求					
在完成任务的过程中能了解和掌握软文推广的概念、推广方法和推广效果。最终达到预想设计的软文推广效果					
成果要求及评价标准					
成果要求：需提交下列书面文件 1. 本小组成员分工的情况 2. 小组成员查找到的信息汇总 评价标准： 1. 查找到的网络时事热点的热度、关注度 2. 软文的标题是否具有吸引力 3. 编写的文章是否做到：排版清晰，广告内容自然融入，带有锚文本或者其他链接方式指向自己 符合上述标准1，成绩为及格，可得60~70分；符合标准2，成绩为良好，可得70~80分；符合标准3，成绩优秀，可得80~90分；介于这几种标准之间的，可酌情增减分					
任务产出一	成员姓名与分工	成员	学号	分工	
		组长			
		成员1			
		成员2			
		成员3			
		成员4			
		成员5			
		成员6			
任务产出二	1. 查找到的网络时事热点的热度、关注度 2. 编写的文章是否做到：排版清晰，广告内容自然融入，带有锚文本或者其他链接方式指向自己				
项目组评价				总分	
教师评价					

情景导入

一篇好的软文能够起到非常好的推广作用，现在很多企业都非常重视软文推广。

蒙牛在运用软文推广上很有一套。蒙牛在创立之初为了与同行竞争，罗列出自己的一套的优势，找到让顾客选择自己的理由，然后编写软文把自己的优势推广出去。

蒙牛编写的软文是《女人不美，男人要负一半的责任》，这个标题本身就很吸引人。这篇小品文让蒙牛走进了很多消费者的内心，其实伊利、光明这些品牌的牛奶与蒙牛是不分上下的，如何让消费者从众多的乳制品中最后选择本企业的产品是需要很多技巧的。

消费者很少买没有听说过的品牌的乳制品，同时，消费者在熟知多家不错的乳制品品牌的情况下会选择相对有好感的，这个好感就是通过品牌推广得来的。

知识链接

一、软文推广的概念及分类

（1）软文是相对于硬性广告而言，由企业的市场策划人员或广告公司的文案人员负责撰写的“文字广告”。软文，精妙之处就在于一个“软”字，它追求的是一种春风化雨、润物无声的传播效果。如果说硬广告是外家的少林功夫，那么，软文则是绵里藏针、以柔克刚的武当拳法，软硬兼施、内外兼修，才是最有力的营销手段，也是论坛推广、博客推广的基础。

（2）软文之所以越来越受到企业的青睐，一是因为受众信息的敏感度越来越高，使得传统硬广告的效果越来越差；二是因为在广告效果下降的同时，广告费用却不断上涨，企业不得不尝试其他性价比更高的营销手段。由于软文在不影响用户体验的基础上能达到既定的广告效果，自然备受推崇。

不同的企业，背景和需求各不相同，使得软文的表现形式多种多样。但是万变不离其宗，不管如何变化，总有规律可循。根据传播渠道及受众的不同，软文大体可以分为三类：新闻类软文、行业类软文、用户类软文（产品软文）。

二、新闻类软文编写及推广

新闻类软文是软文发展初期常用的手法，也是最基本的一种软文形式。此类软文的形态主要以新闻报道为主，比如常说的媒体公关稿、新闻通稿或新闻公关稿即属于此范畴。此类软文的写作手法可以归纳为以下三类：

1. 新闻通稿

新闻通稿是公关与营销界人士最耳熟能详的一个词，它原本是新闻媒体中的术语，是指媒体在采访到一些重要新闻后，以统一的文章方式发给全国需要稿件的媒体。后来，很多企业在对外发布新闻时，为统一宣传口径，也会组织新闻通稿，以提供给需要的媒体。

新闻通稿涉及的技巧相对来说较少，基本上只要文字流畅、语言准确、层次清晰、逻辑性强，能把事情表述清楚，表达完整即可。如下面的范例：

×××网北京2010年10月12日电（记者××）：第八届中国国际网络文化博览会将于10月21日至24日在北京展览馆举行。

文化部文化市场司副司长在12日的新闻发布会上表示，网博会为促进我国网络文化健康的发展起了重要的推动作用。他还透露，本次的网博会上将会详细阐释8月开始正式实施的《网络游戏暂行管理办法》相关内容。

2. 新闻报道

此类软文都是以媒体的口吻、新闻的手法对某件事情进行报告，甚至直接聘请真正的记者编写。文章完成后，与正常的新闻报道一样，发布到相关媒体的新闻栏目。由于其夹杂在正常新闻中间，且完全用新闻体组织正文结构，让人防不胜防，对于非专业人士，根本无从分辨。在此与大家分享一篇被称为“软文模式范本”的经典案例。

曝光“洗之朗”热销背后

如何改变人们的便后清洁方式？如何实现以洗代擦？一种名为“洗之朗”的产品近日在西安悄然兴起。

据悉，“洗之朗”学名为智能化便后清洗器，是一种安装在马桶上用于便后用温水清洗的家用电器。洗之朗最早源于日本，目前在日本家庭的普及率已高达90%以上。这种电器能够在人们方便之后，通过按键实现温水冲洗下身。它代替了传统的纸擦方式，更卫生、更科学。

记者采访了家住紫薇花园的牛先生。谈到使用体会时，他说："起初孩子说日本人都使用这个产品，要往家里的马桶上安装洗之朗。我曾坚决反对，总以为不习惯。但几天下来对使用后的效果不得不折服。我有痔疮，而且家中还有高龄老人，对洗之朗的使用体验都感到很满意！"

3. 媒体访谈

凡客诚品（VANCL）是最具影响的互联网时尚品牌之一。之前，笔者却从来没有想过要成为凡客的顾客。因为出于职业敏感，对于广告产品有一定抵触心理，特别是面对凡客铺天盖地的广告和软文时，笔者决定避而远之。但是在半个月前，看了一篇关于凡客诚品 CEO 陈年的访谈后，笔者毅然决然地成为了 VANCL 的用户。因为笔者被访谈中陈年的精神及凡客的理念所打动。

通常在企业中，容易挖掘到新闻亮点的地方主要有以下七条。

（1）产品。如"印度要造百元电脑"的新闻，曾在全球 IT 界红极一时。

（2）服务。如消费者到商场选购家电时，除了关注产品本身的价钱、质量以外，还尤为关注售后服务的范围、时间和内容，而这些往往是影响其最终选购的关键。

（3）技术。科技改变世界，人之所以能够成为地球的主宰，很大程度在于我们懂得创造和发明。所以，对于技术的追求是人类进步的源泉。

（4）文化。如一些成功企业的经营理念、管理方法等都是人们关注的焦点。

（5）事件。比如曾经的联想收购 IBM，吉利收购沃尔沃，都占据了大量的媒体头条。又如互联网历史上的里程碑事件 QQ 与 360 之战，更是轰动一时。

（6）活动。对于有特点、有意义、有影响的活动，大都会引起媒体的关注和报道。

（7）人物。其实普通大众也都渴望了解这些成功人士背后的故事。

三、行业类软文编写及推广

行业类软文，即指面向行业内人群的软文，此类文章的目的通常是为了扩大行业影响力，奠定行业品牌地位。一家企业的行业地位直接影响到其核心竞争力，甚至会影响最终用户的选择。比如当我们在为企业建设网站时，一定愿意选择那些行业知名度高且具有一定影响力的公司。

根据经验，行业软文从以下五点去切入，更容易建立知名度与影响力。

1. 经验分享

此类文章以传播知识与经验为主，实际上是利用心理学中的“互惠原理”去感染人、影响人，继而建立品牌地位。在这里简单解释一下“互惠原理”。

中国有句俗语，叫“吃人嘴软，拿人手短”，任何人在接受了别人的馈赠后，都会想着要回报对方。这是全人类基因中一条共同的特质。假如正在读本书的您，有一天来到北京，恰巧在公交车上遇到了素不相识的我。通过交谈，发现我们是老乡，而且你是第一次来北京，人生地不熟，无依无靠。于是我义务当起了向导，不仅帮你安顿好住宿，请你吃饭、出游，甚至还帮你解决了工作问题。这时，你会怎么样？肯定是把我当成非常好的朋友，并且总想着要好好地回报我，因为你认为我免费给予你的太多了。而对于我，可能只是举手之劳。

好的公关、营销和销售人员，都善于利用心理学中的一些原理做工具，并为自己服务。而“互惠原理”就是其中常用的一条。

分享型软文也是基于此原理的，当你分享经验的同时，其实是在免费给予读者知识，帮他们少走弯路、解决问题。而读者免费接受了你的馈赠和帮助后会如何？肯定想着回报你。但是他又不认识你，如何回报你？那只能是回报给你口碑，向身边的朋友、同事、同行去推荐你、赞美你。在这个过程中，你的知名度与影响力自然就建立起来了。

2. 观点交流

如果说经验分享类的文章是以知识服众，那么观点交流型的文章就是以思想取胜。而且相对于前者来说，此类文章更好写，不需要有太多的经验，只要有思想，善于思考和总结即可。此类文章通常都是以独到的见解、缜密的分析、犀利的评论为主，让读者在心理上产生共鸣，继而建立品牌地位和影响力。

大家可以随便打开一些行业网站内的专家专栏，很多文章都以此为主。对于那些不擅长写软文的朋友，在这里告诉你一条捷径：你可以围绕某篇具体的文章进行评论，对它的内容加以点评、修正与补充，最后以此组织成文章。

3. 权威资料

无论哪个行业，几乎都有一个共同的需求，就是迫切需要各种行业的调查数据、分析报告、趋势研究等资料，比如 CNNIC 每次发布互联网调查报告时，大家都趋之若鹜。甚至有些行业报告，千金难求。假如我们有条件进行一些分析调查、数据研究等工作，或是有条件得到一些独家的资料，那完全可以发布一些基于这些数字、报告的软文，必将大受欢迎。

4. 人物访谈

对于不擅长写作的人，“写”是件比较痛苦的事，如何从痛苦中解脱，并能达到相应的效果呢？在这里分享一个解决方案，它就是“人物访谈”。简单地说，就是针对行业内的名人进行访谈，然后将访谈内容整理成文章发布。这么做的第一个好处是，不需要你自己组织大量的内容，只要邀请好访谈嘉宾，准备好问题即可，甚至问题都可以让听众帮你想。第二个好处是，在访谈的过程中，还可以让你积累到许多优质的人脉资源与媒体资源。第三个好处是，快速奠定行业品牌与影响力。

提到访谈，可能很多人会感觉比较遥远，感觉访谈应该是媒体的“专利”。在以前确实如此，我们普通人是根本无法组织和策划这样的访谈活动的，因为我们缺乏平台。但自从有了互联网之后，这种不可能就变成了可能。只要你有一个小小的 QQ 群，就可以打造一个专属的访谈节目。

5. 第三方评论

上述 4 条的主体都是自己，需要企业亲自运作。但是从自己嘴里说出来的东西，总会显得不客观。所以最后一个方法，就是邀请第三方人士，让他们用客观的角度去评价我们。邀请的对象，最好是在业内具有一定知名度和影响力的名博、名人，如果实在邀请不到这样的人，也可以自己创作，成文后以第三方的名义发布。

评论的内容不一定非要限于正面的，负面的也可以。但是如果是负面评论，最后一定要能够再给圆回来。其实有时候，负面内容的传播效果要比正面的好。所谓“好事不出门，坏事传千里”，受众往往更愿意关注一些负面的消息。

比如业内某著名视频网站，在上线初期的推广时，主要用的就是此策略。当时打开相关的网站，铺天盖地全是该网站的负面新闻和文章，这些话题吸引了大量不明真相的群众围观，并围绕这些话题展开讨论。甚至一些博主受此气氛感染，还自发撰写各种评论、文章。该网站又引导这些群众和博主，分成正反两方进行辩论。而吵着吵着，这个网站就火了。

四、用户类软文编写及推广

用户类软文，指面向最终消费者或产品用户的文章，大家经常提到的产品软文即属于此类。这类软文的主要作用是增加产品在用户中的知名度与影响力，赢得用户的好感与信任，甚至引导用户产生消费行为。

这类文章的表现形式多样，但基本原则只有一条：以用户需求为主，具有阅读性。根据具体表现形式和手法的不同，此类软文可以分为六种类型，具体如下：

1. 知识型

知识型软文是以传播与企业或产品相关的知识为主的，而在传播知识的同时，将广告信息有机结合。比如《糖尿病患者请注意：降低糖化血红蛋白可有效控制并发症》就是一篇以普及糖尿病专业知识为主，并成功植入广告信息的软文。

2. 娱乐型

对于网民来说，互联网最大的吸引力就是娱乐。即使那些天天对着电脑的上班族，也会在工作之余情不自禁地看一些娱乐内容。所以如果我们能把软文写得娱乐味十足，将会非常有市场。

如有一个流传于网络中的经典笑话短文，标题叫”一只狮子引发的血案”（或“一只狮子引发的离婚案”），正文大意为：有一个男人出差在外，提前回家，想给老婆一个惊喜，结果在家门口听到屋内有男人打呼噜的声音。男的默默走开，发了个短信给老婆：“离婚吧！！！”然后扔掉手机卡，远走他乡 3 年后他们在另一个城市再次相遇。妻子问：“当初为何不辞而别？”男人说了当时的情况。结果这次妻子转身离去，淡淡地留下一句话：“那是瑞星的小狮子！”

这篇小短文虽然篇幅不长，内容也只是编撰的一个小笑话，但却幽默十足且贴近生活，让大家在开心之余深深地记住了瑞星这个名字。而且还有相当一部分人，通过 QQ 群、论坛、博客等将它传播了出去。

3. 争议型

如果大家关注过近几年出现的网络红人和网络大事件，就会发现一个规律：这些人和事的背后，往往都存在着大量的争议，也因为这些争议，他们才会红，才会火，才会引发关注和讨论。

可以说，“争议”是网络营销中最大的卖点。对于软文也同样如此，如果内容中有足够的争议，同样会达到非常好的效果。这个争议可以是纯粹的话题争议，也可以是事件争议，或者是人物方面的争议。

4. 故事型

将要推广的信息包装到故事里，会收到意想不到的效果。而且以故事的形式，还有利于口碑的传播。比如要是有人问，哪个牌子的打火机最好？那 10 个人中，会有 8 个人告诉你是 ZIPPO。如果再问为什么，那通常对方会流利地和你说起许多关于 ZIPPO 的故事。比如 ZIPPO 挡子弹的故事、ZIPPO 和渔夫的故事、ZIPPO 与飞行员的故事、ZIPPO 和洗衣机的故事、ZIPPO 充当信号灯的故事等。ZIPPO 的品牌在很大程度上是靠一个个小故事树立起来的，这些故事流传的同时，也将 ZIPPO 的品牌理念和形象深深地印入了每一个人的脑海中。甚至这些小故事，现在还在互联网及各种媒体上传播着。

5. 情感型

给大家一道思考题：如果一个男生喜欢上一个女孩子，但对方却不喜欢他，那如何才能把她追到手？我相信大家会说出成千上万种答案，但是其中有一种答案是最好的，我相信女孩子也会非常认可这个答案，那就是想办法感动她。人都有感性与脆弱的一面，特别是女孩子，内心轻柔似水、悲天悯人，没有几个女孩子能够拒绝可以将她内心融化的男孩子。其实在做营销推广时，我们就应该抱着追求女孩子的心态，把用户当成“心仪的对象”来追求。

假如我们的软文能够像写给女孩的情书那样，做到以情感人、以情动人，直接从情感上俘虏对方，怎么可能产生不了好的反响呢？像“能够追到这些的女孩（男孩），你一定要娶她（嫁他）”这样的内容，又有多少人看完后能保持内心平静呢？

6. 资源型

好的资源，人人需要。如果我们能将用户迫切需要的好资源进行汇总并传播，不但不会被人认为是广告，而且还会大受欢迎。比如一篇名为《北京过生日免单优惠餐厅汇总》的文章，被各大网站和论坛转载，甚至笔者还向好友推荐过。

该篇文章没有涉及任何经验和技巧，甚至写此文时，都没经过任何思考，只是将一些可以免费发广告的论坛地址罗列了出来。但是由于这些资源都是大家非常需要的，所以该文成为了博客中最受欢迎的一篇文章。

任务示范

网站推广仅靠自己发论坛链接、博客链接、留言板链接是很辛苦的，怎么样才能让自己不用那么累，而且又能达到很不错的外链效果呢，答案就是：软文。

以下是具体任务操作：

索密克汽配品牌软文推广项目方案案例

一、项目名称

索密克汽配品牌软文推广。

二、项目推广的必要性

（1）索密克是晋江征途汽配公司的核心品牌，已进行了相关的商标注册，并已经成为“泉州知名商标”及“福建省著名商标”，说明其已经具备了一定的品牌基础和品牌效应。在此基础上展开相应的品牌软文推广，将进一步地推进征途的品牌成长提升索密克的品牌知名度和美誉度。

（2）晋江征途汽配公司的索密克品牌目前在网络上的表现尚处于弱势，通过在百度、谷歌等搜索引擎的检索后，其表现形式基本上为一家浙江绍兴的名为“索密克汽车配件有限公司”(索密克汽车配件有限公司是绍兴第二汽车配件厂与国际知名的汽车转向拉杆生产企业、日本索密克石川株式会社和日本丰田通商株式会社三家组建而成的合资企业。专业生产汽车转向拉杆、齿条拉杆、独立悬架摆臂、球头、稳定杆等总成）所占据，而其主要生产产品又同征途的“索密克”雷同。通过此次软文推广项目的实施，我们将在最大程度上树立起征途“索密克”品牌，从软文数量及软文效应两大方面覆盖了已有的浙江绍兴的“索密克”，从而实现“索密克是征途的唯一名片”这一目标。以下列举两个相关实例：

a. 在百度输入“索密克”后的页面如图 3-1 所示。

新闻 网页 贴吧 知道 MP3 图片 视频
索密克 百度一下 结果中找
把百度设为主页

索密克汽车配件有限公司
生产汽车转向拉杆、悬架摆臂、球头、稳定杆连杆的中日合资企业,总投资额26亿元中方占45%,日方占55%,通过ISO/TS16949,产品为汽车IEM市场配套。
www.somic.com.cn/ 3K 2009-9-3 - 百度快照

索密克汽车配件有限公司实行5S管理--新闻
2008年10月11日...索密克汽车配件有限公司把坚持并深入5S管理,作为创新的基础和核心动力,诠释了企业"创新=发展"的正确路线。目前公司已成为全国汽车转向拉杆、悬架摆臂球头总成的生产基地。 索密克汽车配件有限公司的发展过程,是一部创业创新史...
zgkqw.zjol.com.cn/news/system/2008/10/11/ ... 33K 2009-9-6 - 百度快照
zgkqw.zjol.com.cn 上的更多结果

索密克公司情况简介[2007/03/14]
索密克汽车配件公司成立于1994年10月,由绍兴第二汽车配件厂与日本国索密克石川株式会社合资,是一家专业生产汽车转向拉杆上下摆臂球头总成产品的企业,公司总投资1.65亿元,注册资本1.21亿元(其中:日方占55%)。公司现有员工900人,其中:专业...
www.invest0575.gov.cn/portal/message_disp ... 16K 2009-9-11 - 百度快照

图 3–1　在百度输入"索密克"后的页面

b. 在百度输入"索密克汽配公司"后的页面如图 3–2 所示。

新闻 网页 贴吧 知道 MP3 图片 视频
索密克汽车配件有限公司 百度一下 结果中找
把百度设为主页

索密克汽车配件有限公司
生产汽车转向拉杆、悬架摆臂、球头、稳定杆连杆的中日合资企业,总投资额26亿元中方占45%,日方占55%,通过ISO/TS16949,产品为汽车IEM市场配套。
www.somic.com.cn/ 3K 2009-9-3 - 百度快照

浙江索密克汽车配件有限公司; - wydh2007 - 网易博客
索密克汽车配件有限公司(Mon, 20 Oct 2008 12:59:11 +0800)Description:索密克汽车配件有限公司[/color]是绍兴第二汽车配件厂与国际知名的汽车转向拉杆生产企业、日本索密克石川株式会社和日本丰田通商株式会社三家组建而成的合资企业。...
blog.163.com/wydh2007/ 22K 2009-9-17 - 百度快照

索密克汽车配件有限公司 | 索密克汽车配件有限公司网站
索密克汽车配件有限公司,是一家年产汽车转向拉杆、悬架摆臂球头总成500万台套,年生产能力8亿元以上的小型巨人企业。公司总资产5.5亿元,占地面积12
somicqc.cn.gongchang.com/ 9K 2009-9-9 - 百度快照
somicqc.cn.gongchang.com 上的更多结果

索密克汽车配件有限公司 供应稳定杆连杆总成、稳定杆连杆总成、接..
索密克汽车配件有限公司,主要经营稳定杆连杆总成、稳定杆连杆总成、接头总成等产品,如需采购稳定杆连杆总成、稳定杆连杆总成、接头总成等产品请联系我们索密克汽车配件有限公司,我们将为您提供高质量的产品以及最优质的价格!
somicqc.cn.makepolo.com/ 43K 2009-8-14 - 百度快照

绍兴索密克汽车配件有限公司 首页
联系方式绍兴索密克汽车配件有限公司 地址:浙江省绍兴县柯桥镇丁巷村 邮编:312030 电话:0575-4091980 传真:(0551)4073372 手机: 联系人: 详细信息友情链接 51Sole 搜了网推

图 3–2　在百度输入"索密克汽配公司"后的页面

（3）征途汽配公司在网络上及其自身企业网站上都较少体现与品牌文化相关的信息，缺少品牌内涵的外在表现形式。有必要通过本软文推广项目的实施能全方位、立体化地展现征途及索密克的品牌内涵，进而提高其社会认可度与忠诚度。

三、项目推广的目的

（1）提高搜索引擎排名：提高“索密克”及“征途汽配有限公司”在网络搜索引擎上的排名，提升征途“索密克”的社会认可度。

（2）维护商标价值：维护“索密克”的商标价值，传递“索密克”的相关商标注册信息。

（3）提升品牌效应：通过软文的品牌传播，深入阐释“索密克”及“征途汽配公司”的品牌内涵及文化底蕴，从而持续、有效地提升其品牌效应，成就品牌成长。

（4）拓宽销售渠道：利用网络平台信息的高速传播途径，让“索密克”及“征途汽配公司”的相关信息传达到目标群体及目标市场，从而有效地拓宽销售渠道，进一步为企业带来利润。

四、项目推广的规划与实施

本项目第一期工作拟将通过 5 篇软文多角度、全方位地展开品牌攻势，并在 3 个月内完成相关的推广工作（9 月 30 日至 12 月 30 日）。具体规划如下：

（1）商标和品牌的关联阐述：结合索密克的商标来源及征途公司的一些品牌背景知识，放眼整个汽配市场，从而突出索密克品牌与晋江征途汽配的关联并彰显出征途的实力及其在整个汽配市场中的显要地位。

（2）商标来源及企业文化的阐述：主要以索密克的商标故事来源为线索，展现索密克的商标注册史，从而凸显索密克的企业文化内涵，提升品牌效应。

（3）市场效应的阐述：从宏观的角度上分析索密克的市场环境。

（4）科技效果及安全效应的阐述：着重挖掘索密克的科技内涵，全面展示征途汽配公司及其索密克品牌在科技等方面的创举。

（5）品牌管理的综述：从深层次地对征途及其索密克进行品牌植入，征途赢天下靠的就是成熟的品牌运作。

（6）人物专访，事件报道：结合相关的人物专访及事件报道形成软文攻势。

五、项目推广小组的成立

商虎中国将成立5人的专业小组对本项目进行推广操作。小组成员安排如下：1名项目经理负责总协调安排及策划，2名采编记者进行稿件采编及撰写，1名客服人员负责跟踪服务，1名后台技术负责软文的网络运营及数据统计并撰写相关报告。

六、项目推广预算（略）

七、项目推广的效果评估

通过本次的项目推广工作，将有力地提升征途与索密克的品牌价值，维护索密克的商标权，在网络上最大程度地覆盖浙江绍兴的索密克汽配公司的相关信息，从而为征途汽配公司带来一定的实际收益及长期的品牌效应。

应用案例

FASHION FEELING——“九牧王时尚会”剑指2007

年末谋新篇，岁首展鸿图。记者从九牧王（中国）有限公司获悉，九牧王品牌总部店于2007年1月26日在泉州经济技术开发区九牧王工业园盛装开幕。与以往新店开张不同的是，借此次总部店的开幕，九牧王将率先在业界导入品牌终端新理念：FASHION FEELING（九牧王时尚会）。

众所周知，九牧王除了以“西裤专家”享誉中国、以“休闲正装”驰名天下外，在渠道管理、终端建设方面也是成功的典范。九牧王多年来致力于打造以直营销售渠道为主体、间接销售渠道为辅助、多种营销渠道共存的立体交叉营销渠道系统，这是九牧王在激烈的市场竞争中立于不败之地的关键所在。2007年新年伊始，九牧王随即导入“FASHION FEELING”品牌终端新系统，剑指何方？

直营式终端渠道——九牧王品牌根据地

军事谋略中，根据地的建设是攻城略地的坚实基础。同样，建立起一级市场的品牌根据地是市场渗透、稳固与扩张的有力保障，没有品牌基地，一切战略任务的执行将失去了依托。在创业初期，九牧王充分认识到了通过直营创建品牌根据地的重要性。

多年来，九牧王一直坚持直营的方针和精耕细作的运营，努力建立品牌营销根据地。因为九牧王清醒地认识到，只有把关键的骨干网络掌握在自己手中，才更加有利于品牌经营的长期发展。可能在网络拓展的速度上会有一定的影响，但在网络建设的质量上肯定占有较大优势。

经过多年的实践证明和市场考验，印证了九牧王这一重大决策是正确的。发展至今，九牧王直营式终端系统已经十分完善，在九牧王的品牌发展中具有举足轻重的地位。目前，九牧王在全国各省、自治区、直辖市都设置了机构健全、运转顺畅的分公司，并将1000多家的直营售点遍布一级市场的各大商场。

“营销”这两个字强调既要追求结果，也要注重过程，既要“销”，更要“营”。

——马　云

职业能力训练

一、单选题

1. 互联网为顾客提供了更加方便的在线服务手段，如FAQ（常见问题解答）、邮件列表、BBS聊天室等，这属于网络营销的（　）职能。

A. 信息发布　　　　B. 网址推广

C. 顾客服务　　　　D. 顾客关系

2.下列说法不正确的是（ ）。

A. 互联网的发展是网络营销产生的技术基础

B. 消费者价值观的改变是网络营销产生的物质基础

C. 激烈的商业竞争是网络营销产生的现实基础

D. 企业网站是企业信息的载体，是网络营销的基础

3. 网络市场销售的产品除了有形产品、软件外，还包括（ ）。

A. 电子报刊　　B. 服务

C. 航空订票　　D. 信息咨询

二、多选题

1. 可以找到同行业的优质的友情链接的途径是（ ）。

A. 查找竞争对手的链接　　B. 站长论坛寻找

C. 购买的链接　　D. QQ 群寻找

2. 当计算机网络的应用范围具有了国际性之后，人们给它取了一个新的名称，称为（ ）。

A. Internet　　B. 互联网

C. 国际互联网　　D. 因特网

3. 网络营销的同义词包括（ ）。

A. 互联网营销　　B. 在线营销

C. 全球营销　　D. 网络行销

观念应用训练

转　变

老婆很晚回家，这是她近几年少有的。她说：“我参加了一家来自意大利米兰的叫作‘米兰国际时尚设计学院’的服装培训班的服装设计培训，学费 19000 元，给我报名吧！”我心想这下完了，她又被人骗了，深圳的培训学校遍地都是，哪来的意大利的服装培训学校！我说：学了些啥？她很自信地从她的手包里拿出了一张很漂亮的时装手绘稿。我说：

你在哪里捡的破宣传画来骗你老公的钱！老婆火冒三丈：要我出去找点事做的是你，现在说我骗你的也是你！这日子咋过？

第二天我跟踪老婆来到这家服装学院，只见老婆正跟几位老外用外语热情地打招呼，嘿！她什么时间学会了外语？在这家服装职业技术学院的学员作品栏中我看到“王显微”熟悉的三个字，这幅作品不就是昨晚被我称作“破宣传画”的那张吗！

我站在教室外沉思良久，一种危机感油然而生！

情境模拟训练

昂贵的茶叶蛋

有一对夫妇，家里条件还不错，老公喜欢喝茶，就有不少人给他送了很多茶叶。一天，这家的女主人想给忙碌一天的老公做一些茶叶蛋，发现大多数茶叶的包装都很精致，她就没敢用这些茶叶，发现角落里有一个用牛皮纸包装的茶叶，于是她就用这里面的茶叶给老公做了一锅茶叶蛋。

老公回来刚一进屋子，就发现满屋的茶香飘溢，问老婆你做的这是什么啊，这么香，老婆说是为了犒劳他专门给他做的茶叶蛋。当老公看见茶叶蛋时立马就脸色煞白，大喊，你怎么把我的“牛肉”做泡茶叶蛋的辅料。老婆说没有用牛肉啊，我用的是茶叶。老公满面的愁容，说这“牛肉”就是茶叶的名字，是托朋友买回来的，而且来之不易，你怎么这么不小心啊。老婆也不高兴了，我忙了一天给你做的茶叶蛋，你回来却数落我，如果你喜欢，你可以把茶叶捞出来，再泡啊。这时老公缓缓地道出：“牛肉”就是老茶客常说的武夷山牛栏坑肉桂，这种茶起始价就是8000元/斤，稀有异常，不是有钱就能买到的。这时老婆才恍然大悟，原来自己这一锅茶叶蛋花了有近万元啊，真是那个心疼啊。

思维拓展训练

女人不美，男人要负一半的责任

一位名人说过，一个人要为自己的相貌负责。我想，对于女人来说，相貌长成什么样，自己只能负一半的责任，另一半则应由男人来负责。

未出嫁的姑娘，就像苗圃里的树苗，一个个俊俏挺拔。出嫁了，与一个男人终日厮守，男人就成了女人的气候、土壤、环境。男人脾气暴，整日不是狂风暴雨，就是“零下一度”，女人一定憔悴无光；男人修养高，日照朗朗，和风细雨，女人一定热情奔放。养颜乃养性，好男人让女人心境好、心态好、心灵好。

我们总是追求我们所爱的。一个女人爱上什么样的男人，她往往就会变成什么样的人，所谓“跟好人学好人，跟着神汉会跳神”。

所以，女人如果不美，男人至少要负一半的责任。

一个本来很清纯的女人变得越来越恶俗，一定是她的男人档次不高，她“近墨者黑”。

相反，一个本来很一般的女人，相貌越来越可爱，眼睛越来越灵光，说话越来越文雅，举手投足越来越有风度——不用说，她有一个好男人。

男人千万不要以为美与丑只是女人自己的事。她长得美，你有一半的功劳；她不好看，你也有一半的过错。

任务 2 网络广告推广

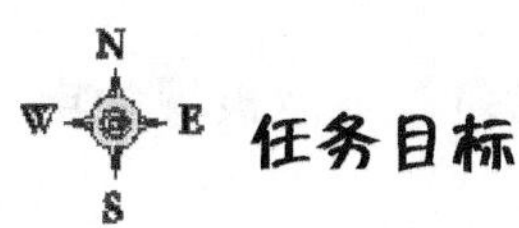

任务目标

通过本次任务实训，让学生了解和掌握网络广告推广的概念、方式方法和特点。

项目任务书

任务名称	网络广告推广	任务编号		时间要求	两课时
要求	1. 登录新浪或者腾讯首页，找出典型的网络广告 2. 参照找出的网络广告，任选一种形式，自行设计一个网络广告 3. 掌握网络广告投放的流程和步骤 4. 按照流程和步骤，试进行网络广告投放				
重点培养的能力	动手操作能力，认真学习能力，信息筛选能力				
涉及知识	网络广告推广的概念、方式方法和特点				
教学地点	教室、机房	参考资料			
教学设备	投影设备、投影幕布、能联网的电脑				
训练内容					
1. 听教师讲解案例及相关的知识（时间约　　分钟） 2. 了解任务训练要求，要达到什么样的目的（时间约　　分钟） 3. 登录网站搜索典型的网络广告 4. 以小组为单位，汇总查找到的相关信息。按照流程和步骤，试进行网络广告投放					
训练要求					
在完成任务的过程中能了解和掌握网络广告推广的概念、方式方法和特点。最终达到预想设计的网络广告推广效果					
成果要求及评价标准					
成果要求：需提交下列书面文件 1. 本小组成员分工的情况 2. 小组成员查找到的信息汇总 评价标准： 1. 查找到的网络广告是否正确、典型 2. 网络广告的设计是否合理并适合网络市场 3. 网络广告投放的流程和步骤是否熟悉掌握 符合上述标准 1，成绩为及格，可得 60~70 分；符合标准 2，成绩为良好，可得 70~80 分；符合标准 3，成绩优秀，可得 80~90 分；介于这几种标准之间的，可酌情增减分					
任务产出一	成员姓名与分工	成 员	学 号	分 工	
		组 长			
		成员 1			
		成员 2			
		成员 3			
		成员 4			
		成员 5			
		成员 6			
任务产出二	1. 查找到的网络广告 2. 网络广告的设计及网络广告投放的效果图				
项目组评价				总分	
教师评价					

情景导入

VANCL 的网络推广

凡客诚品（VANCL）成立于 2007 年，是目前中国最著名的互联网品牌之一。据艾瑞调查报告，凡客诚品已跻身于中国互联网 B2C 领域收入规模前四位。其所取得的成绩，不但被视为电子商务行业的一个创新，更被传统服装业称为奇迹。如图 3–3 所示。

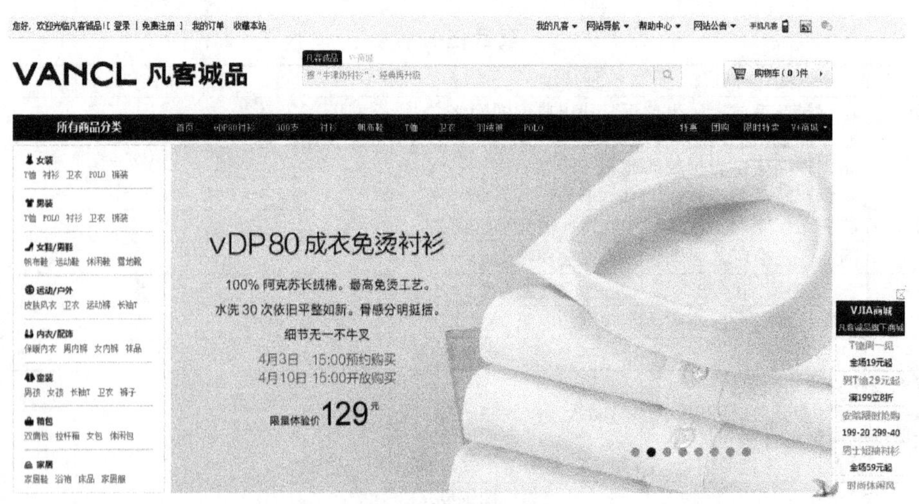

图 3–3 凡客诚品

事实上，凡客诚品的业务全面铺开仅仅半年的时间，已经成为了当仁不让的国内最大的服装 B2C 电子商务网站。凡客诚品的成功之处何在？大规模投放网络广告是最直接的手段。

凡客诚品上线伊始，即强势出击，在新浪、腾讯、网易、搜狐等各大网站大范围地投放广告。不管你喜欢不喜欢，不管你想看不想看，不管你到哪个网站，随处可见凡客诚品的广告。其网络广告之“多”只是一方面，更重要的是广告的“卖点明确、制作精美”，吸引了消费者的眼球，优美的图片加上吸引人的低价，让其产品销售与品牌同步得到提升。曾有人说：“即使记不住 VANCL 或者凡客诚品的称号，但也会依稀记住只需 68 元就可以购买一件 Polo 衫或者购买一件牛津纺衬衫。”

知识链接

一、网络广告概述

1. 网络广告的诞生与发展

网络广告的诞生——1994 年 10 月 14 日，美国杂志 Wired 推出网络版，在其主页上发布了 AT&T 等 14 个客户的广告，宣布了网络广告的诞生。2010 年，美国网络广告收入达到 258 亿美元（福布斯中文网）。

我国网络广告的诞生与发展。我国网络广告从 1997 年起步，当年 3 月，一幅 Intel 公司的 468 × 60 像素的动画旗帜广告贴在了 Cinabyte 网站上，这是中国第一个商业性的网络广告。

2009 年，中国网络广告市场先抑后扬，全年市场规模达 207.3 亿元，同比增长 21.9%。艾瑞咨询估计 2010 年中国网络广告市场规模加速增长，估计突破 300 亿元。

（1）品牌图形与搜索引擎广告占据主导地位，视频、富媒体广告发展迅速。

（2）品牌图形广告市场规模为 90.2 亿元，同比增长 12.2%，仍然占据最大的市场份额，达 43.5%。

（3）搜索引擎广告市场规模达 69.5 亿元，其市场份额位居次席，为 33.5%。

（4）视频广告市场规模为 5.7 亿元，虽然其市场份额仅为 2.8%，但是其同比增速远超其他细分形式，高达 72.0%。

（5）富媒体广告也表现不俗，增速达 37.5%，其市场份额由 2008 年的 5.7%上升至 2009 年的 6.4%。艾瑞咨询分析认为，2009 年视频及富媒体广告的快速发展，主要原因在于作为视频、富媒体广告最主要载体的视频网站在 2009 年实现高速发展。

2. 网络广告的含义

（1）广义的网络广告是指互联网发布的所有以广告宣传为目的的信息，如图像式网络广告、网络联盟广告、关键词广告、邮件广告等。

（2）狭义的网络广告指图像式网络广告。

总的来说，在各种互联网平台上投放的广告，即称为网络广告。如网站中的横幅广告、文本链接广告、视频广告等，这是互联网浪潮催生的一种全新广告模式。

二、网络广告的特点

与传统广告相比，网络广告主要有以下特点和优势：

（1）传播范围广。

（2）性价比高。

（3）表现形式多样。

（4）互动性强。

（5）灵活性好。

（6）精准度高。

（7）效果精确统计。

三、网络广告的形式

1. 网幅广告（Banner）

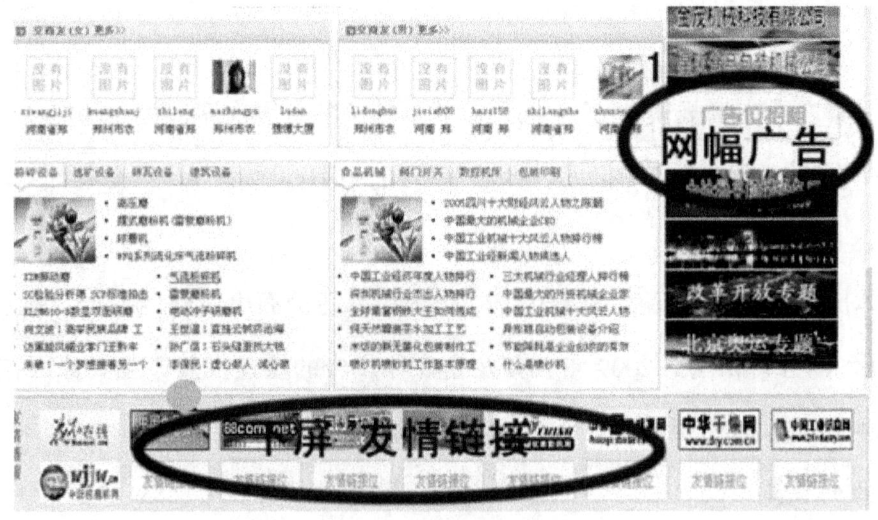

图 3-4　网幅广告

2. 文本链接广告

教育 培训 招生 出国

海外贸学热门赚钱职业集

一年！世界名校硕士文凭！

人大商学院在职研热招

清华 EMBA 招生开放日

北大光华从历史看管理！

北大创办千人私募 PE 班

图 3-5 文体链接广告

3. 富媒体广告

图 3-6 富媒体广告

4. 插播式广告（弹出式广告）

图 3-7 插播式广告

5. 视频广告

图 3-8　视频广告

6. 搜索引擎竞价广告

图 3-9　搜索引擎竞价广告

以上是互联网常见的 6 种广告形式，除此之外，还有一些其他新兴和不是很常见的形式，如翻页广告、祝贺广告、赞助广告等。由于都不是很具有代表性与普遍性，所以就不一一介绍了。

任务示范

欧莱雅——焕肤三部曲

一、广告背景

中国女性一向致力于对于自身肌肤的美白护理，欧莱雅为此专门推出了 WHITE PERFECT PEEL 美白焕肤套装，能够让使用者在家里只需要花 1 个月的时间，通过专业、集中的调理，实现完美净白肌肤。

二、网络广告效果图

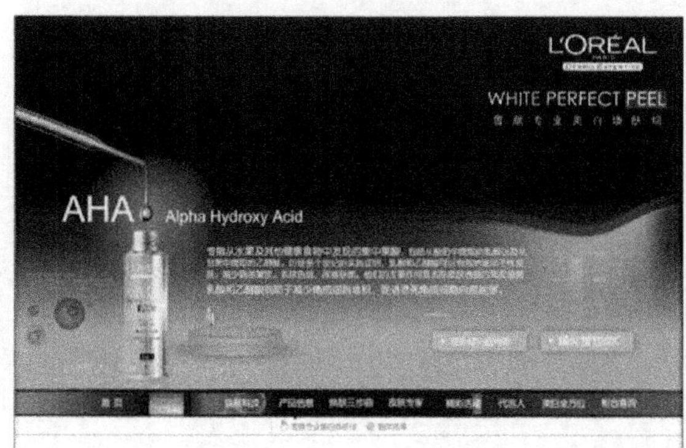

图 3-10 网络广告效果

三、案例点评

（1）活动设计。针对目前中国女性对于美白焕肤的追求，锁定目标受众，欧莱雅通过焕肤三部曲的在线动态演绎配合有奖注册活动提升目标用户的兴趣，同时选择非常有针对性的媒体，通过有效的广告投放聚集海量访问，成功获得预期目标。

（2）广告效果。通过本次推广，在短短的 1 个月活动期间，欧莱雅网站的访问量累计达到 800 万人次，非常好地达到了客户预期的推广目标。

应用案例

淘宝网

众所周知，淘宝网是目前中国最大的C2C交易平台，也是亚洲第一大网络零售商圈。但是在2003年淘宝刚出现时，并不是一帆风顺，甚至一开始就遭遇到了难以想象的困境。

想快速提高知名度与品牌效应，网络广告无疑是最佳选择。而当时的C2C领域，eBay易趣已经一家独大。凭借一份数目不菲的广告合同，eBay易趣与中国的三大门户网站（新浪、搜狐和网易）签署了排他性协议，以阻止其他同类公司在上述3家网站发布广告。当时三大门户占据了中国互联网绝大多数的网站流量，对于淘宝这样一个新生儿，被排除在三大门户之外，无疑是个沉重的打击。

“既然大的网站不能做广告，我们就做小网站的广告。”淘宝的新策略是以较低的成本，在成百上千万个小网站上投放淘宝网的广告，而这些网站是强悍的eBay易趣无法顾及的。因为三大门户的流量虽然高，但是并不是所有的用户都会天天登录。相反，成百上千万的中小网站都是用户天天光顾的对象。而正是这些不起眼的小网站成就了淘宝网的“名声远扬”。

知识拓展

赶集网

赶集网是中国最大、最活跃的本地生活信息门户。自2005年成立以来，赶集网受到广大网民的青睐，迅速普及到大众的日常生活中。经过多年的发展，赶集网的服务已经覆盖了人们日常生活的各个领域，遍及全国各地。截至2010年8月，赶集网日均有30万人发帖，350万人访问，页面访问量达4000万次。赶集网每天的信息都经过专业的反垃圾系统过滤，甚至需要经过严格的人工审核，以确保信息的真实有效。全球知名互联网监测分析机构ComScore公司2009年与2010年第一季度的数据显示，赶集网的用户粘性持续稳居中

图 3-11 赶集网

国分类信息网站之首。

赶集网的成功主要归结于赶集网的经营策略，它属于近些年发展流行的所谓的“近联网”模式。近联网这种商业模式使得整个城市就像一个大社区，城市中的每个人都可以利用互联网提供的免费服务，完成就近交易。也正是由于这种近联网模式，让大部分市民可以免费发布信息，不觉中提高了网站流量，使网站得到推广。

自成立以来，赶集网一直致力于为广大网民解决身边的实际问题，为人们提供免费的信息发布交换平台，让广大网民切身享受到本地近距离的便捷生活信息服务。

2009 年 5 月，伴随 3G 时代的到来，赶集网适时推出了赶集网手机版。随时随地免费发布和浏览海量生活信息是手机赶集网的最大特色，让赶集网与广大用户的联系更加紧密。

真正的广告不在于制作一则广告，而在于让媒体讨论你的品牌而达成广告。

——菲利普·科特勒

职业能力训练

一、单选题

1. 网络广告运作程序的第一步是（　）。

A. 进行广告创意　　B. 确定广告预算

C. 进行广告设计　　D. 明确广告目标

2. 网络营销广告效果的最近直接评价标准是（　）。

A. 显示次数　　B. 浏览时间

C. 点击率　　D. A 和 C

3. 网络营销首先要（　）。

A. 进行市场调研　　B. 制定营销计划

C. 做好宣传　　D. 建立营销系统

二、多选题

1. 网站推广计划至少应包括（　）。

A. 网站推广阶段目标　　B. 网站推广方法

C. 网站推广策略控制　　D. 网站推广效果评价

2. 网络营销的基本职能有（　）。

A. 网络品牌、网络广告　　B. 信息发布、互联网销售

C. 顾客关系、顾客服务　　D. 互联网调研、销售促销

3. 广告投放中会影响网络广告的效果的是（　）。

A. 网络广告资源的选择　　B. 网络广告的生命周期

C. 只追求点击率　　D. 网络广告媒体的服务水平

观念应用训练

彪悍的小y

在短短两天时间里抢占了天涯近3000个沙发；在天涯的单网点击超过1300万次，网友回复超过17000楼；在《上海晨报》、《南方周末》及新浪等网络主流媒体的评论中，迅速蹿红，它便是“彪悍的小y”。

它紧密地抓住了网民猎奇的心理，凭借着抢沙发和凡帖必复的彪悍行径引发了公众的广泛关注和追捧，在天涯搭起了“万丈高楼”，并创下千万点击。巧妙地利用抢沙发和凡帖必复等社区文化及网络新兴名词进行产品的推广，使得“彪悍的小y”的种种彪悍行为与Ideapad Y450产品彪悍的性能高度契合，从而为企业的产品营销带来了良好的效果，极大地拉动了销售，实现了网络营销的主旨。

该笔记本的定位强调“彪悍”，拥有较强的配置和较高的性价比，深得广大消费者的认可。2009年，联想Ideapad Y450笔记本国内总销售量超过130万台，成为了2009年最火的一款笔记本电脑。而“彪悍的小y”更是从此成为了人们对联想Ideapad Y系列笔记本的亲切昵称。

情境模拟训练

世界上最好的工作

为宣传大堡礁，推动当地旅游业的发展，澳大利亚昆士兰旅游局通过互联网招聘岛屿看护员。被录取者不仅可享受碧海银沙的梦幻生活，而且6个月合约的薪金可达15万澳元（约合75万元人民币），并能免费居住海岛别墅以及享受免费往返机票。昆士兰旅游局在专为招聘设立的网站上说，看护员从2009年7月1日至2010年1月1日期间在汉密尔顿岛工作。工作的主要内容是探索大堡礁各个岛屿，每周通过更新博客和互联网相册、上传视频、接受媒体采访等方式，向外界报告自己的探奇历程。看护员还需要喂海龟、观鲸鱼，并担任兼职邮差，这可以让他或她有机会乘坐水上飞机从高空俯瞰大堡礁美景。另外，还有帆船航行、独木舟、浮潜、潜水、远足等多项活动需要看护员完成。

这个被称为“世界上最好的工作”吸引了全球30万人浏览，导致网站瘫痪，总共吸引了3.3万多人参加招聘，引发了全球性的话题。由于工作环境是在世界著名旅游胜地，虽然是一个人的世界，并且需要每天用英语在网络上发布博客和播客，但半年合约且有重金酬劳，在经济不景气的岁月里，简直是上帝的礼物。所以，公开招聘以来，竞争激烈，娱乐八卦新闻不断，再次炒热了大堡礁，此地名声空前大振，昆士兰旅游局成为最大赢家。

思维拓展训练

五岳归来不看山

一篇《五岳归来不看山！中国必须选出新的五岳！》的帖子在互联网激起了千层浪，芒果网为此专门开辟了“新五岳”评选活动专栏，供网友各抒己见，评选出中华新五岳。所有参加投票与讨论的用户，均有机会参加幸运抽奖，获得丰厚奖品！通过推广在短期内提升芒果网的注册量，形成对芒果网的品牌关注，促进消费。

结合对芒果网的品牌分析和目标受众定位，通过构思“新五岳”有奖评选活动积累第一阶段的人气，在此基础上设计“城市笔记”性格测试游戏盘活人气并且促进了第二轮的主动传播。以奖品刺激注册用户成为芒果网的消费用户。

任务3　搜索引擎推广

任务目标

通过本次任务实训，让学生了解和掌握搜索引擎推广的操作、推广方法。

项目任务书

<table>
<tr><td>任务名称</td><td>搜索引擎推广</td><td>任务编号</td><td></td><td>时间要求</td><td>两课时</td></tr>
<tr><td>要求</td><td colspan="5">1. 模拟进行搜索引擎推广营销——了解产品/服务针对哪些用户群体（例如：25~35岁的男性群体;规模在50~100人贸易行业的企业）
2. 了解目标群体的搜索习惯及目标群体经常会访问哪些类型的网站（目标群体习惯使用什么关键词搜索目标产品）
3. 竞价广告账户及广告组规划（创建谷歌及百度的广告系列及广告组；需要考虑管理的便捷，及广告文案与广告组下关键词相关性）
4. 相关关键词的选择（我们可以借助谷歌关键词分析工具，及百度竞价后台的关键词分析工具，这些工具都是根据用户搜索数据为基础的，具有很高的参考价值）</td></tr>
<tr><td>重点培养的能力</td><td colspan="5">动手操作能力，认真学习能力，信息筛选能力</td></tr>
<tr><td>涉及知识</td><td colspan="5">了解、掌握搜索引擎推广的操作、推广方法</td></tr>
<tr><td>教学地点</td><td>教室、机房</td><td>参考资料</td><td colspan="3"></td></tr>
<tr><td>教学设备</td><td colspan="5">投影设备、投影幕布、能联网的电脑</td></tr>
<tr><td colspan="6">训练内容</td></tr>
<tr><td colspan="6">1. 听教师讲解案例及相关的知识（时间约　　分钟）
2. 了解任务训练要求，要达到什么样的目的（时间约　　分钟）
3. 模拟进行搜索引擎推广营销</td></tr>
<tr><td colspan="6">训练要求</td></tr>
<tr><td colspan="6">在完成任务的过程中能了解、掌握搜索引擎推广的操作、推广方法。最终达到预想设计的论坛推广效果</td></tr>
<tr><td colspan="6">成果要求及评价标准</td></tr>
<tr><td colspan="6">成果要求：需提交下列书面文件
1. 本小组成员分工的情况
2. 小组成员查找到的信息汇总
评价标准：
1. 了解产品/服务针对哪些用户群体？了解目标群体的搜索习惯及目标群体经常会访问哪些类型的网站
2. 创建谷歌及百度的广告系列及广告组；需要考虑管理的便捷，及广告文案与广告组下关键词相关性
3. 相关关键词的选择是否准确有价值
符合上述标准1，成绩为及格，可得60~70分；符合标准2，成绩为良好，可得70~80分；符合标准3，成绩优秀，可得80~90分；介于这几种标准之间的，可酌情增减分</td></tr>
<tr><td rowspan="8">任务产出一</td><td rowspan="8">成员姓名与分工</td><td>成　员</td><td>学　号</td><td colspan="2">分　工</td></tr>
<tr><td>组　长</td><td></td><td colspan="2"></td></tr>
<tr><td>成员1</td><td></td><td colspan="2"></td></tr>
<tr><td>成员2</td><td></td><td colspan="2"></td></tr>
<tr><td>成员3</td><td></td><td colspan="2"></td></tr>
<tr><td>成员4</td><td></td><td colspan="2"></td></tr>
<tr><td>成员5</td><td></td><td colspan="2"></td></tr>
<tr><td>成员6</td><td></td><td colspan="2"></td></tr>
</table>

续表

任务产出二	1. 创建谷歌及百度的广告系列及广告组 2. 相关关键词		
项目组评价		总分	
教师评价			

情景导入

全球著名 SEOMoz 公司的创始人 Randfish 说："所有的搜索引擎不外乎两个要素：满足搜索引擎友好性和关键词研究。"关键词策划在搜索引擎优化和竞价广告中具有提纲挈领的作用，重要性怎么强调也不过分。

关键词策划的基础是关键词研究，我们遇到的最大挑战是信息的零散和隐藏，要找出真相，理出脉络，需要有侦探般的技术和思维。

"汽车音响"关键词策划研讨，提出了一些有价值的思路。

一、关键词的族谱

不同人的建议导致结果差异很大，这也是目前关键词研究的常态。是否存在一种标准化的流程，不同经验水准的人，只要依据此流程，所得的结果大致差不多？就像工厂的流水线那样，只要工人经过大致培训，就能生产出基本一致的产品，而不是把握在少数资深技工手里？

大家提出了一种"族谱法"的流程化思路，如图 3-12 所示。

二、搜索动机

关键词研究的重点是潜在用户产生与本站服务相关的需求时会怎样检索，哪些检索词带来的访客对本站具有最大的价值。因此，不同关键词背后的用户搜索动机比流量更重要。选择关键词，首先是选择搜索动机。在与搜索动机选择匹配的关键词规划方面，"关键词族谱"能够起到很好的指引作用。例如，大量高价值的人群并非直接搜索目标关键词而来，而是搜索其"孙子词"而来（如搜索下级产品）。

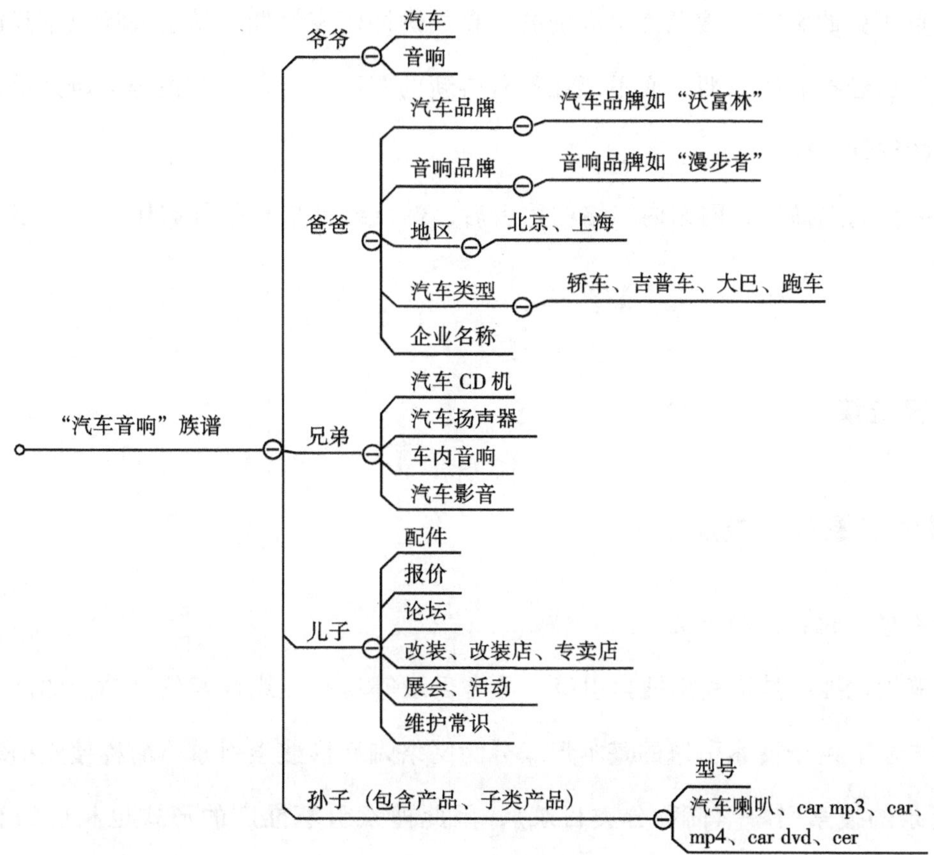

图 3-12　"族谱法"的流程化思路

三、引擎信息利用

引擎提供的相关关键词推荐，提供了很重要的信息，遗憾的是，引擎的相关词推荐只能找到与字面相关的词。"族谱法"能够通过分析相关站点找到与字面完全不相关的高价值词。百度等引擎的相关关键词提供了检索量暗示，这个很重要，但也经常误导目标不清晰的分析者，过多地考虑流量指标而非有效度。

我们建议关键词分析要从访客需求结构性入手，不要把注意力放在流量上，也不要把过多注意力放在公认的关键词或客户提议的关键词上。在关键词选择中，一定要注意搜索的中文分词技术可能会把你的关键字词分成若干的词语。

四、对站点统计信息的利用

经常见到文章强调站点统计信息对于关键词策划的作用。然而，对自己拥有的站点的统计数据，受站点历史的影响，信息是不准确的。在关键词研究早期，站点统计数据只能让你在改革中避免丢掉已经拥有的东西，而不能让你获得新的东西。所以，在关键词研究早期没必要过多理会原来的统计数据。

在新的关键词选择好、网站内容结构重组后，站点统计信息就很有用了，可以起到很好的检查作用。

知识链接

一、搜索引擎推广概述

1. 搜索引擎优化推广的含义

搜索引擎优化推广是指利用搜索引擎、分类目录等具有在线检索信息功能的网络工具进行网站推广的方法。由于搜索引擎的基本形式分为网络蜘蛛形搜索引擎（简称搜索引擎）和基于人工分类目录的搜索引擎（简称分类目录），因此搜索引擎推广的形式也相应的有基于搜索引擎的方法和基于分类目录的方法。前者包括搜索引擎优化、关键词广告、固定排名、基于内容定位的广告等形式，而后者则主要是在分类目录合适的类别中进行网站登录。随着搜索引擎形式的进一步发展变化，也出现了其他一些形式的搜索引擎，不过大都是以这两种形式为基础的。

搜索引擎推广的方法分为多种不同的形式，常见的有：登录免费分类目录、登录付费分类目录、搜索引擎优化、关键词广告、关键词竞价排名、网页内容定位广告等。从目前的发展趋势看，搜索引擎在网络营销中的地位依然重要，并且受到越来越多的企业认可，同时，搜索引擎营销的方式也在不断发展演变，因此应根据环境的变化选择搜索引擎营销的合适方式。

2. 网站推广方式中搜索引擎优化的意义

第一，自然结果的商机更大。

第二，节省费用。

第三，增加被检索到的机会。

第四，获得更佳用户体验。

3. 搜索引擎优化的必要性

网站要聚集人气，必须要有足够的访问量，而网络上的信息数以亿计，网站容易被淹没在浩瀚的信息流中。通过对多个网站的综合统计，搜索引擎是网站访问量来源的重要部分，占到70%~80%。并且，至少85%的搜索者在搜索时根本不会去看50名以后的网站。这就是说，如果网站想发展，就必须通过网站推广将自己的网站排到搜索引擎搜索结果的前面，越靠前，就越可能被更多的潜在客户发现。

在一个搜索引擎关键词查询结果中，排名前10位的页面检索将掠去此关键词访问量的60%~65%；排名位于11~20位的页面检索将掠去20%~25%的访问量；而排名在21名后的所有页面检索只能分享10%~20%的访问量，因此对搜索引擎的优化研究是必要的，而接下来将对搜索引擎的理论和现状进行研究。如图3-13所示。

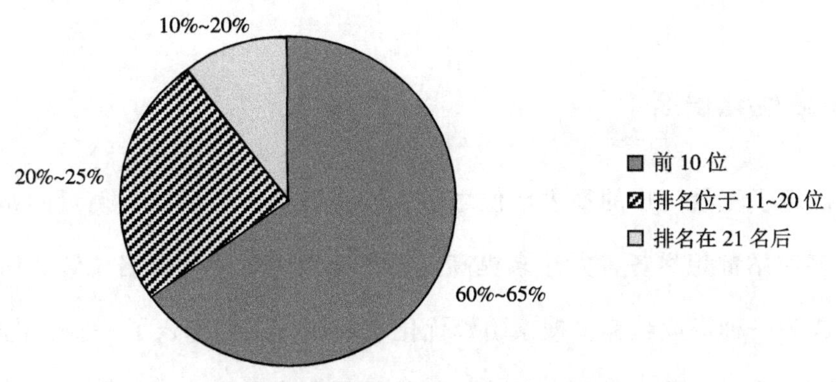

图3-13　网站在搜索引擎排名和访问量对照（百分比表示访问量）

二、搜索引擎中的理论研究和现状

1. 搜索引擎中的理论研究

搜索引擎中的名词术语。要研究搜索引擎的优化，必须了解相关的名词及术语，才能深入了解搜索引擎优化的具体部分，本书的名词术语表部分多数引自定义，少数自己总结所得。如表3-1所示。

2. 搜索引擎中的现状

表 3-1 搜索引擎中必要名词术语

名词	解释
搜索引擎	搜索引擎指是根据一定的策略、运用特定的计算机程序搜集互联网的信息，在对信息进行组织和处理后，为用户提供检索服务的系统。比较出名的如百度、Google
搜索引擎营销	搜索引擎营销就是基于搜索引擎平台的网络营销，利用人们对搜索引擎的依赖和使用习惯，在人们检索信息的时候尽可能将营销信息传递给目标客户。搜索引擎营销追求最高的性价比，以最小的投入，获最大的来自搜索引擎的访问量，并产生商业价值
搜索引擎优化	搜索引擎优化是针对搜索引擎对网页的检索特点,让网站建设各项基本要素适合搜索引擎的检索原则,从而获得搜索引擎收录尽可能多的网页，并在搜索引擎自然检索结果中排名靠前,最终达到网站推广的目的
关键词	关键词就是希望访问者了解的产品、服务或者公司等内容名称的用语。比如搜索电子商务论文，“电子商务”就是一个关键词
蜘蛛机器人	蜘蛛机器人就是一个爬行程序，一个抓取网页的程序
白帽技术	白帽技术是以正当方式优化站点，使它更好地为用户服务并吸引爬行器的注意的一种搜索引擎优化技术
黑帽技术	黑帽技术是用垃圾技术欺骗搜索引擎，以伪装、欺诈和窃取的方式骗取高排名的一种搜索引擎优化技术
转化率	转化率是指访问某一网站访客中，转化的访客占全部访客的比例

三、搜索引擎优化误区

自搜索引擎确定了流量门户的霸主地位之后，搜索引擎排名就成为衡量网站知名程度的重要标准之一。许多网站都想尽各种方法来提高自己在搜索引擎中的排名位置，所以搜索引擎优化迅速走红，并成为一种产业趋势，搜索引擎优化的发展让人们陷入了一些优化的误区。

通过实例证明了搜索引擎优化的实用，但是并不是所有的搜索引擎优化都是正确的，用于实例中的方法都是搜索引擎优化中的白帽。当然，有白自然就有黑，优化技术方法中也有黑帽，所谓黑帽方法，笼统地说，所有使用作弊手段或可疑手段达到提升网站排名，增加访问流量的方法，一般都是用欺骗和隐藏等方法对网页、链接、关键词等进行处理。黑帽优化方法虽然可以在短时间内将网站排名拉升，不过搜索引擎对这种优化方法并不认同，如果被搜索引擎查出，网站就会遭到搜索引擎封杀、列入黑名单等相应的惩罚。有时候黑帽优化手段和白帽优化手段非常的相似，比如在描述性标签和关键词标签中添加相关的关键词描述是允许的，但是当过度添加时就会被怀疑是关键词的堆砌，所以优化时需要把握一个度。

四、结论与建议

本部分主要通过分析和证明搜索引擎对于网站建设的重要性，通过对实例的关键词优化和网站结构优化的研究证明这两部分在搜索引擎收录过程中的重要性。当然，网站内容的原创和质量才是最重要的，这是好马需要配好鞍，好鞍一定需要好马的问题。

应用案例

SEO（搜索引擎优化）和百度竞价推广比较

百度推广是一种按点击付费的网络竞价推广方式，用少量的投入就可以给企业带来大量的潜在客户，有效提升企业销售额和品牌知名度。搜索引擎优化与百度推广相比，其主要优点有：

一、计费方式

百度推广按点击次数付费；搜索引擎优化按商定的价格包年计费。

二、延续性

百度推广没有可延续性，搜索引擎优化效果可持续性强。

三、访问流量来源

百度竞价推广的访问流量来源仅仅局限于Baidu单一的搜索引擎。而搜索引擎优化的访问来源更广，搜索引擎优化能让网站优化的关键词的排名在全搜索引擎中保持24小时稳定在高位排名。

四、内容

百度推广只负责流量，不负责网站内容及询盘；有经验的搜索引擎优化服务不仅带来流量，更注重为客户丰富网站内容，提升互动性，最终带来询盘量和成交量。

五、范围

百度推广只对您付费的搜索引擎有排名，而搜索引擎优化却是对任何搜索引擎都是有排名的。

六、意义区别

只要不是非法的词，任何公司或个人都能做竞价，而搜索引擎优化就不一样了，搜索引擎优化排名是抽象的。举个例子，正在互联网搜索IBM，排在第一的是IBM的官方网站，为什么不是其他公司的网站呢？中国有那么多公司都正在出售 IBM 电脑，为什么他们的网站没有排在第一呢？由于好的排名是一种权威的象征，最权威的网站才有更多的机会获得好的排名。

七、推广有恶意点击，搜索引擎没有影响

搜索引擎竞价存在一些同行的，或者推销者的恶意点击。而做搜索引擎不会出现这样的情况，做的是自然排名，你点击越多，流量越大，人气越旺。

八、预算控制

竞价广告可以设置每天的广告预算，超出预算则广告不被显示。这个规则看起来能够帮助企业节约成本，但这是建立在浪费潜在合作机会的基础上的。网站优化排名不会受这一规则的影响。

知识拓展

丘仕达“奇虎361网”的搜索引擎分析

丘仕达：“seo 资料站”的站长，长期从事关键字及排名实战研究，是国内实战派 SEOer。旗下主站“seo 资料站”长期占据百度“seo”排名第一的位置，在单页面优化特别是关键字分词实战应用方面有独到见解。大家可以自己联网了解一下他们的实战应用部分，这里就不详述了。

名人名言

在购买时，你可以用任何语言；但在销售时，你必须使用购买者的语言。

——玛格丽特·斯佩林斯

职业能力训练

一、单选题

1. 在下列网络营销工具中，最基本、最重要的是（　）。

A. 搜索引擎　　B. 企业网站

C. 电子邮件　　D. 网络广告

2. 网站注册搜索引擎的目的是（　）。

A. 建立营销渠道　　B. 进行营业推广

C. 扩大营销成果　　D. 以上三项都是

3. 在网站内容的合理定位中，首要任务是（　）。

A. 为顾客提供服务　　B. 取得更大利润

C. 以产品为中心设计网页　　D. 提高服务质量

二、多选题

1. 网络营销服务商的主要服务内容中属于网站推广服务的是（　）。

A. 域名注册　　B. 网络实名

C. 网站建设　　D. 门户网站搜索引擎

2. 网络市场定位的内容包括（　）。

A. 市场定位　　B. 产品定位

C. 竞争定位　　D. 售后服务定位

3. 收集销售商的报价的方案为（　）。

A. 查询销售商站点中的报价　　B. 查询政府品类专卖的价格

C. 通过商务谈判中定价　　D. 聊天室和 BBS

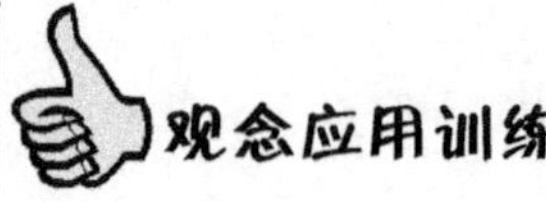

观念应用训练

凡客营销两部曲

一、巩固品牌，提升知名度

建立 Google Site Link，以抓住品牌忠实网民，全面地展现品牌形象。在 Google 搜索凡客，搜索结果拥有 Site Link，即表明 Google 将凡客判定为凡客搜索项方面的权威网站，起到类似百度品牌专区的效果，提升品牌知名度。Site Link 一方面使得用户快速加深对凡客品牌以及凡客产品的认知；另一方面也使网站多几倍的访问入口，视觉上的醒目大大提高了网站访问量。

另外，通过关键词创意优化提升活动推广力度与深度。

二、放量投放，提升销售

根据消费者的购买思路，不断扩充通用词、竞品词、品牌相关词等带动品牌词的转化（有效关键词增加 4 倍），有效增加广告曝光量，提升客户品牌知名度及销售额。

配合内容网络的投放，以提升品牌词转化，并对到访网站用户进行再营销。

思考：凡客营销两部曲具有什么特点？

情境模拟训练

美联航空

美国联合航空公司（United Airlines）充分利用搜索营销手段，在消费者形成机票购买决策前与其充分互动，将消费者最想预先知晓的机票信息做最有效的传达，在广告预算没有增长的情况下，搜索营销产生的销售业绩增长超过两倍。

美联航空通过调研获知，有 65%的消费者在做出旅行决定前，会进行至少 3 次的搜索；有 29%的消费者会进行 5 次以上的搜索。而用户关注的信息主要体现在三个层面：价格、服务和关于航空公司的详细信息。因此，针对这三个层面的信息，分别对关键词的选择以及结果的呈现方式做了优化，使消费者在决策前知晓相关的信息，从而带动了机票销量的促进。

美联航空的案例告诉我们，搜索营销能够告知客户在购买周期内关注的细节是什么，而如何把握这些细节，例如能在营销活动中提升与客户的信息传达能力，并且时刻优化这些信息的呈现，让市场营销人员和用户保持互动循环，就能对销售产生实际的促进意义。

思考： 1. 美联航空的营销手段有什么优势？

2. 这个案例给你什么启发？

思维拓展训练

麦包包

麦包包诞生于2007年9月，由意大利近百年历史的箱包家族集团VISCONTI DIFFUSIONE SNC提供天使基金设立而成。致力于打造箱包快速时尚新模式，为中国的消费者提供高性价比的多品牌时尚箱包产品。

麦包包是国内近年迅速成长起来的在线零售电子商务网站，其销售额每年都以几何级的数字在增长：2008年380万元、2009年4000万元、2010年冲击到4亿元。而作为销售型的电子商务网站，最重要的是获取庞大的潜在客户，而搜索引擎成为其主要来源。麦包包能取得如此好的销售业绩，很大程度上取决其搜索引擎营销上的成功。目前，麦包包网站的“女包”、“淘宝”、“淘宝网”、“淘宝商城”、“开心网”等非常热门的高流量词汇在百度、Google等主流搜索引擎均有非常好的排名，这些热搜词为麦包包网带来了每日数以亿计的访问和无数的潜在客户。

思考： 1. 你了解麦包包这个电子商务网站吗？通过什么渠道？

2. 麦包包搜索引擎什么样的特点？

任务4 论坛推广

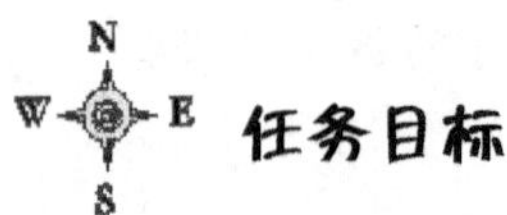

任务目标

通过本次任务实训，让学生了解和掌握论坛推广的阶段和操作步骤。

项目任务书

<table>
<tr><td>任务名称</td><td>论坛推广</td><td>任务编号</td><td></td><td>时间要求</td><td>两课时</td></tr>
<tr><td>要求</td><td colspan="5">1. 根据自己的实际情况和产品特点，策划一个小型的论坛推广活动
2. 至少覆盖3个以上的论坛
3. 至少策划两篇以上推广帖</td></tr>
<tr><td>重点培养的能力</td><td colspan="5">动手操作能力，认真学习能力，信息筛选能力</td></tr>
<tr><td>涉及知识</td><td colspan="5">论坛推广的阶段和操作步骤</td></tr>
<tr><td>教学地点</td><td>教室、机房</td><td>参考资料</td><td colspan="3"></td></tr>
<tr><td>教学设备</td><td colspan="5">投影设备、投影幕布、能联网的电脑</td></tr>
<tr><td colspan="6">训练内容</td></tr>
<tr><td colspan="6">1. 听教师讲解案例及相关的知识（时间约　　分钟）
2. 了解任务训练要求，要达到什么样的目的（时间约　　分钟）
3. 策划一个小型的论坛推广活动
4. 以小组为单位，汇总查找到的相关信息。完成两篇以上推广帖，至少覆盖3个以上的论坛</td></tr>
<tr><td colspan="6">训练要求</td></tr>
<tr><td colspan="6">在完成任务的过程中能了解和掌握论坛推广的阶段和操作步骤。最终达到预想设计的论坛推广效果</td></tr>
<tr><td colspan="6">成果要求及评价标准</td></tr>
<tr><td colspan="6">成果要求：需提交下列书面文件
1. 本小组成员分工的情况
2. 小组成员查找到的信息汇总
评价标准：
1. 策划的小型论坛推广活动的具体实施情况
2. 是否至少覆盖了3个以上的论坛
3. 是否至少策划了两篇以上推广帖
符合上述标准1，成绩为及格，可得60~70分；符合标准2，成绩为良好，可得70~80分；符合标准3，成绩优秀，可得80~90分；介于这几种标准之间的，可酌情增减分</td></tr>
<tr><td rowspan="8">任务产出一</td><td rowspan="8">成员姓名与分工</td><td>成　员</td><td>学　号</td><td colspan="2">分　工</td></tr>
<tr><td>组　长</td><td></td><td colspan="2"></td></tr>
<tr><td>成员1</td><td></td><td colspan="2"></td></tr>
<tr><td>成员2</td><td></td><td colspan="2"></td></tr>
<tr><td>成员3</td><td></td><td colspan="2"></td></tr>
<tr><td>成员4</td><td></td><td colspan="2"></td></tr>
<tr><td>成员5</td><td></td><td colspan="2"></td></tr>
<tr><td>成员6</td><td></td><td colspan="2"></td></tr>
<tr><td>任务产出二</td><td colspan="5">1. 策划的小型论坛推广活动的具体实施方案
2. 至少覆盖3个以上的论坛，以及策划两篇以上推广帖</td></tr>
<tr><td colspan="2">项目组评价</td><td colspan="2"></td><td rowspan="2">总分</td><td rowspan="2"></td></tr>
<tr><td colspan="2">教师评价</td><td colspan="2"></td></tr>
</table>

情景导入

对于每一家刚开业的淘宝店，论坛推广越来越成为一个“鸡肋”，花费巨大精力去论坛里发帖回帖，而实际效果却很差，不要说销售量了，就连帖子的点击量都没有多少。难道论坛推广真的不起作用了吗，现在的论坛推广该怎么做呢？

第一步：分析目标需求，策划论坛帖。

第二步：寻找热点论坛，科学设计发帖内容。

第三步：打造专业博客，将论坛流量引导到博客中。

论坛推广的一个秘诀就是“引”，将论坛的大流量引导到博客，然后把博客的流量引导到我们的店铺或网站，通过两轮筛选，我们留下的都是需求非常明确的流量，同时我们的博客提供了高质量的知识，对我们的品牌提升也起到了非常大的作用。

知识链接

一、论坛推广概述

以论坛、社区、贴吧等网络交流平台为渠道，以文字、图片、视频等为主要表现形式，以提升品牌、口碑、美誉度等为目的，通过发布帖子的方式进行推广的活动就叫论坛推广，也被称为发帖推广。

论坛叫 BBS。网络上 BBS 的英文全称是 Bulletin Board System，中文译为“电子公告板”。BBS 最早是用来公布股市价格等分类信息的，当时 BBS 连文件传输的功能都没有，而且只能在苹果计算机上运行。早期的 BBS 与一般街头和校园内的公告板性质相同，只不过是通过电脑来传播或获得消息的。到个人计算机开始普及之后，有些人尝试将苹果计算机上的 BBS 转移到个人计算机上，BBS 才开始逐渐普及开来。在中国，1991 年即有了第一个个人 BBS 站点，当时是通过调制解调器登录并发表帖子的，但是用户极少。

1995 年是中国 BBS 历史上最重要的里程碑，这一年，个人搭建的业余 BBS 网渐渐地形成了一个全国性的电子邮件网络 China FidoNet（中国惠多网）。这个网站的一些使用者现在已经是业界的精英，如腾讯的CEO马化腾等。而第一个建立在全国公众网络（CERNET）上的BBS站点——清华大学水木清华站也在该年正式开通。之后，随着互联网的发展，特别是各种免费论坛程序的出现，BBS逐渐成为互联网最受欢迎的应用之一，并一直发展到今天。

二、论坛推广特点

论坛推广是现在主流的网络营销手段之一，不管是专业的网络营销公司，还是各大企业厂商，都非常热衷，主要是因为它有以下几个特性：

（1）论坛推广针对性强。

（2）论坛推广氛围好。

（3）口碑宣传比例高。

（4）投入少，见效快。

（5）掌握用户反馈信息。

比如网络广告，我们根本无法知道谁看了我们的广告，也不知道用户看完广告后有何意见和想法。而如果我们掌握到用户的这些反馈信息后，就可以及时调整宣传策略及战术，避免走弯路，使方案或计划执行得更顺畅，使效果得到更大的提升。

应用案例

“安琪酵母”论坛营销的成功案例

安琪酵母股份有限公司是国内最大的酵母生产企业。酵母，在人们的常识中是蒸馒头和做面包用的必需品，很少直接食用。而安琪酵母公司却开发出酵母的很多保健功能，并生产出可以直接食用的酵母粉。

安琪公司首选论坛进行推广。于是，它们开始在新浪、搜狐、TOM等有影响力的社区论坛里制造话题。之所以这样做，是因为在论坛里，单纯的广告帖永远是版主的“眼中钉”，也会招来网友的反感，制造话题比较让人能够接受。

2008年6月，当时有很多关于婆媳关系的影视剧在热播。因此，公司策划了《一个馒头引发的婆媳大战》事件。帖子发出来后，引发了不少的讨论，其中就涉及了酵母的应用。这时，由专业人士把话题的方向引入到酵母的其他功能上去，让人们知道了酵母不仅能蒸馒头，还可以直接食用，并有很多的保健美容功能。由于当时正值6月，正是减肥旺季，而减肥又是女人永远的关注点。于是，论坛上的讨论，让这些关注婆媳关系的主妇们同时也记住了酵母的一个重要功效——减肥。为了让帖子引起更多的关注，公司选择有权威的网站，利用它们的公信力把帖子推到好的位置。当时，公司选择新浪女性频道中关注度比较高的美容频道，把相关的帖子细化到减肥沙龙板块等。果然，有了好的论坛和好的位置，马上引发了更多普通网民的关注。

除了论坛营销，安琪酵母又在新浪、新华网等主要网站发新闻，而这些新闻又被网民转到论坛里作为谈资。这样，产品的可信度就大大提高了。在接下来的两个月里，安琪酵母公司的电话量陡增，安琪酵母获得了较高的品牌知名度和关注度。

通过安琪酵母在互联网推广的案例，我们可以得出一个结论：论坛营销的真正价值在于互动，真正好的网络传播一定是网友自动顶帖或者转帖率高的传播。

知识拓展

巧用论坛，推广O2O模式

O2O模式，即Online to Offline，是将线下商务与互联网结合在一起，让互联网成为线下交易的前台，这样线下服务就可以用线上揽客，消费者可以用线上筛选服务，还有成交可以在线结算。随着互联网本地化电子商务的发展，信息和实物，线上和线下之间变得愈加紧密。O2O让电子商务进入了一个新的阶段。团购是O2O的冰山一角。

这种模式现在也越来越多地被采用，在端午节期间，为了在互联网推出一款名叫五色素食点心，让消费者通过互联网购买，一场论坛营销开始了。

帖子内容：在网易上看到的五色点心，女朋友想吃，但不知道哪里能够买齐这五种颜色的，请帮忙提供一下线索。一开始以为很容易找到，但是想不到以前经常吃的水晶饼都找不到了，十万火急，请大家帮帮忙~~~（请附上产品图片）。

这个活动首先在网易上发了一篇关于五色素食的帖子，然后把帖子上面的内容在广州各大论坛上公布，这样的攻势很快吸引了大批观众。推广5天之后，访问次数达到5152次，回帖共45帖，水晶饼大卖，效果大大超过预期值。

案例分析：

（1）虽然效果偏离预期，毕竟当初推荐的是五色素食，结果其中之一的水晶饼大卖，带来了预料之外的灵感。

（2）这篇帖子是以一个男孩为女朋友找点心为主题，得到许多女生回帖，在一定程度上使许多女生心理上形成落差，这会促使一部分男性去购买。

（3）水晶饼是传统小吃之一，勾起了许多80后的回忆，对促进销售具有一层心理上的触动。总的来说，这次推广是十分成功的。

名人名言

营销是没有专家的，唯一的专家是消费者，就是你只要能打动消费者就行了。

——史玉柱

职业能力训练

一、单选题

1. 关于服务策略中，下面说法不正确的是（　）。

A. 网络营销中，企业为消费者在产品购买后提供服务

B. 企业充分向消费者展示产品的有关性能与指标

C. 建立自动网络服务系统

D. 在互联网建立消费者论坛，也是为消费者提供服务的一种方式

2. 顾客通过某种方式获得服务所提供的东西，属于服务质量的（　）。

A. 职能质量　　B. 技术质量

C. 作业质量　　D. 感受质量

3. 网络营销作为新的营销方式和手段，内容非常丰富，以下的（　）不是其主要内容。

A. 互联网产品和服务策略　　B. 网络公关关系

C. 网络广告与网络促销　　D. 及时性

二、多选题

1. 网络营销服务商的主要服务内容中属于网站推广服务的是（　）。

A. 域名注册　　B. 网络实名

C. 网站建设　　D. 门户网站搜索引擎

2. 客户电子邮件商务信息分类整理的基本方式包括（　）。

A. 将联系人信息添加到通讯簿　　B. 邮件自动分类整理

C. 添加联系人的数字标识　　D. 定期进行整理

3. 网络促销的一般形式有（　）。

A. 网络广告　　B. 销售促进

C. 站点推广　　D. 关系营销

观念应用训练

摘自张书乐《实战网络营销》

她有一家茶叶实体店，生意一般，能够维持而已。她想到了互联网销售，开了家淘宝店，价格自然优惠，货品也很齐全，可就是没人光顾，1个月下来，成交量为零。虽然她也花钱在网站上打了广告，可依然无效。当问起我怎么办之时，我只是说了“论坛”二字。

我让她到一些茶叶爱好者聚集的论坛里去发点帖子，发些关于自己创业的经历，还有如何选择好茶叶的经验，发一个帖子后，隔几天自己再更新内容。那个月她正好去浙江收春茶，每天我都让她到固定论坛里去发布关于自己如何选茶叶的过程，而且还发布了一些照片，让大家看看茶叶，品评一下是否选对了，价格是不是合适。同时会留下些破绽，让那些茶叶爱好者认为小丹同志的茶叶买贵了，这个茶叶不值这个价！

当然，事实上并不是真的买错了，这只不过是个破绽，当然破绽绝对不会是原则性的，而是要让大家觉得都在帮助我的朋友，帮助她进步，帮助她创业。一来二去，她和这些论坛里的人都成为了朋友，她“成长”得很快，短短半个月的收茶过程中，她就成为论坛里的茶道高手。自然她的店铺也在这些人中有了口碑，一个真正茶道高手的店铺，价格又便宜，自然受欢迎。而这些论坛里的朋友也开始喜欢到她的网店里订购一些茶叶，同时介绍自己的朋友去买茶。

刚开始不过是一包茶叶的小单，之后逐步开始有大单，一订就是几万元。短短几个月，生意红火起来，来自全国各地的订单让朋友每天都在发货，忙得不亦乐乎。其实就这么简单，这一次推广营销基本没花钱，效果却比花钱好上百倍。

思考：从案例中可以看出论坛营销与网站上打广告对比，有什么特色？

思维拓展训练

封杀王老吉

2008 年 6 月 18 日，CCTV 赈灾晚会成为史上收视率最高的节目。而在本次晚会中以一介民营企业身份，用 1 亿元巨款捐助灾区的王老吉饮料，引起了众多国人的注意。第二天，在国内著名的互动网络论坛天涯 BBS 上，一篇“封杀王老吉”的帖子引起了网民的注意。

在国难当头之下，封杀一个捐献了亿元巨款的企业，难道不是冒着天下之大不韪么？这篇帖子在短短数小时内点击量飙升到数百万，回帖数以万计，转帖无数，遍及互联网各个角落，影响空前。但其内容却用极为简短的几句话，借亿元捐款，号召大家以实际行动回报慷慨的王老吉。很多人看到标题本想驳斥，看到内容后却会心一笑，并被煽动起当时情境下特有的激情，不但导致网友疯狂地主动转载传播，更直接鼓励网民对于王老吉的购买热情。于是，互联网一度爆出不少王老吉饮料在商场供不应求的新闻，许多网民自发组织购买，导致王老吉在多个城市终端出现了断货的情况。

这个帖子借时势用反话成功诱导了网民的心理，这是个成功的网络论坛营销案例，是一个成功的标题、一次完美的策划。

思考：1. 这个帖子利用了网民怎么样的心理？

2. 你觉得成功之处在哪里？

任务5　网络公关推广

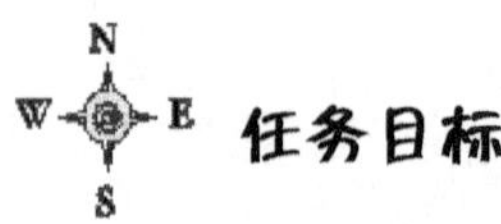

任务目标

通过本次任务实训，让学生了解和掌握网络公关推广的特点及技巧。

项目任务书

<table>
<tr><td>任务名称</td><td>网络公关推广</td><td>任务编号</td><td></td><td>时间要求</td><td>两课时</td></tr>
<tr><td>要求</td><td colspan="5">1. 通过网络找寻到针对网络公关在现代网络购物中的运用实例
2. 依据找寻到的网络公关的含义、特点、现状和原因，提出一系列网络公关的运用方法
3. 预防和解决网络购物中存在的问题</td></tr>
<tr><td>重点培养的能力</td><td colspan="5">动手操作能力，认真学习能力，信息筛选能力</td></tr>
<tr><td>涉及知识</td><td colspan="5">了解和掌握网络公关推广的特点及技巧</td></tr>
<tr><td>教学地点</td><td>教室、机房</td><td>参考资料</td><td colspan="3"></td></tr>
<tr><td>教学设备</td><td colspan="5">投影设备、投影幕布、能联网的电脑</td></tr>
<tr><td colspan="6">训练内容</td></tr>
<tr><td colspan="6">1. 听教师讲解案例及相关的知识（时间约　　分钟）
2. 了解任务训练要求，要达到什么样的目的（时间约　　分钟）
3. 学习和掌握网络公关推广的特点及技巧</td></tr>
<tr><td colspan="6">训练要求</td></tr>
<tr><td colspan="6">在完成任务的过程中能了解、掌握网络公关推广的特点及技巧。最终达到预想设计的网络公关推广效果</td></tr>
<tr><td colspan="6">成果要求及评价标准</td></tr>
<tr><td colspan="6">成果要求：需提交下列书面文件
1. 本小组成员分工的情况
2. 小组成员查找到的信息汇总
评价标准：
1. 网络公关在现代网络购物中的运用实例是否准确典型
2. 提出的一系列网络公关的运用方法情况
3. 预防和解决网络购物中存在的问题情况
符合上述标准1，成绩为及格，可得60~70分；符合标准2，成绩为良好，可得70~80分；符合标准3，成绩优秀，可得80~90分；介于这几种标准之间的，可酌情增减分</td></tr>
<tr><td rowspan="8">任务产出一</td><td rowspan="8">成员姓名与分工</td><td>成　员</td><td>学　号</td><td colspan="2">分　工</td></tr>
<tr><td>组　长</td><td></td><td colspan="2"></td></tr>
<tr><td>成员1</td><td></td><td colspan="2"></td></tr>
<tr><td>成员2</td><td></td><td colspan="2"></td></tr>
<tr><td>成员3</td><td></td><td colspan="2"></td></tr>
<tr><td>成员4</td><td></td><td colspan="2"></td></tr>
<tr><td>成员5</td><td></td><td colspan="2"></td></tr>
<tr><td>成员6</td><td></td><td colspan="2"></td></tr>
<tr><td>任务产出二</td><td colspan="5">1. 网络公关在现代网络购物中的运用实例
2. 提出的一系列网络公关的运用方法
3. 预防和解决网络购物中存在的问题</td></tr>
<tr><td colspan="2">项目组评价</td><td colspan="2"></td><td rowspan="2">总分</td><td rowspan="2"></td></tr>
<tr><td colspan="2">教师评价</td><td colspan="2"></td></tr>
</table>

情景导入

作为新兴的行业，网络公关也一度制造了很多热点话题，成功地取得了公众的关注，取得了良好的效益。网络公关非常出名也被网络公关人津津乐道的莫过于“封杀王老吉”的案例。这个由新浪2008年制造“封杀”王老吉事件，一夜之间使王老吉品牌深入人心，超市专柜出现了疯狂抢购行为。

在央视为四川地震举行的赈灾晚会上，王老吉品牌的运作方加多宝集团捐出了高达1亿元的善款。而互联网紧随其后出现了一条名为“让王老吉从中国的货架上消失！封杀它！”的帖子，这个引人注目的标题引起了被加多宝义举所感动的公众的愤怒。但打开帖子再看，发帖者所指的“封杀”其实是要表达“买光超市的王老吉！上一罐买一罐！”的意思。

正话反说产生的强烈反差刺激了无数公众跟帖留言，“今年夏天不喝水，要喝就喝王老吉”、“加多宝捐了1亿元，我们要买光它的产品，让它赚10亿元”，类似这样的跟帖出现在大量网站的论坛上。数日后，互联网甚至出现了王老吉在一些地方卖断货的传言。网络上激起惊人的讨论、转载和点击量。

知识链接

一、网络公关推广概述

网络购物以快捷、便利以及足不出户的优势，吸引了诸多消费者。但是网络购物对消费者来说存在一定的风险，无论是在售前还是售后都存在风险。如何让消费者买得放心、用得放心以及提高商品的销售量，网络公关的运用具有关键作用。

1. 网络公关推广的概念

网络公关推广是一种软推广，是一种能让潜在群体成为企业忠诚用户的推广，是一项细水长流的推广。当然，在有重要活动时可以重点推广，但平时也不能空白。

2. 网络公关推广的效果

（1）网络公关推广可提升广告效果。

（2）网络公关推广的效果被无限分散化。

（3）网络公关推广的效果不好量化。

（4）网络公关推广的效果体现需要信息量的沉淀，同时也需要网站的支持。

二、网络公关的含义和特点

1. 网络公关的含义

网络公关笼统的说法就是发生在网络上的公关关系。一个是网络，另一个是公共关系，两者的结合逐步形成了我们所说的网络公关。网络公关通常也被称为在线公关或 E 公关，它是以互联网为平台，通过各种网络传播手法与企业的内外公众进行沟通，为企业创造商机，并塑造良好的企业形象的公共关系活动。

网络公关——“线上公关，不包括线上广告、电子商务以及户外分众传播和移动传播”。

网络公关——“网络公关（PR on line）又叫线上公关或 E 公关，它利用互联网的高科技表达手段营造企业形象，为现代公共关系提供了新的思维方式、策划思路和传播媒介”。

通过上面两个概念的解释，我们可以很直观地了解到网络公关的基本含义：第一，网络公关是线上的公关；第二，网络公关的活动在互联网；第三，其不同于一般的传播活动。

2. 网络公关的特点

（1）快速性与及时性。

（2）针对性与低成本。

（3）互动性与个性化。

三、网络公关的运用

在网络购物中，网络公关的运用主要体现在三个方面，即售前、售后、品牌推广。三个方面都需要网络公关积极参与。

1. 网络购物售前的公关运用

（1）网络广告的宣传。消费者是无法直观地了解到每一个商家商品的。那些质量有保障的商家应该运用网络广告进行宣传。网络广告是由网络公关公司进行设计并放在网页上让潜在顾客观看的，可以让消费者直观地看到商品的质量信息和用途。在网站的首页或者搜索同类商品的首页都可以直接看到。消费者本来就对商品的信息不是很了解，一看到网络广告的精彩介绍便基本了解了此商品的信息。

因此，在网络销售前必须做好对商品的信息宣传，网络公关就是为其制作网络广告并收集点击率反馈，才能更好地在商品销售前把握先机。

（2）对消费者的咨询及时正确的回应。如果消费者在互联网浏览之余对某商品产生了兴趣或者想要购买某商品但却存在疑惑，这时消费者会咨询商家，如果商家能及时正确地回答，既体现了商家对消费者的尊重又体现了商家的信誉。商家的真诚信誉在售前是靠网络公关对消费者咨询的回应得到的。

2. 网络购物售后的公关运用

（1）售后服务的保障与跟踪。消费者对商家的好感或者说是对商家的信任其实大部分都来自于商家的售后服务。网络公关此时承担的责任是解决纠纷，保障服务。

（2）对消费者信息的保护。商家保护消费者信息不被泄露其实也是保护了自己的利益，保留住了回头客。

（3）增强消费者的正面口碑交流和消费体验。在网络购物售后中，消费者与消费者之间的交流往往是互相影响的，彼此交流消费体验。网络公关可以通过加强网络社区的建设和管理来增强消费者的正向口碑和消费体验。

网络公关是要引导社区消费者正确的网络购物理念，让消费者对商家、对网络购物平台累积好感。在售后时也能激发潜在的消费者进行购物。

3. 品牌推广的公关运用

（1）网络新闻的发布会。为了让更多的人了解网络购物，了解网络购物平台，企业必须运用网络公关举办网络新闻发布会，向潜在的消费者传递企业的信息。网络公关此时的工作就是开展好网络新闻发布会，与网民互动，解答网民的疑惑，向网民宣传网络购物平台的品牌。

（2）建立社区论坛 BBS。在网络企业品牌推广时，为了能让更多人了解平台品牌，网络公关要做的是建立一个专属的品牌推广论坛，引导言论并且回答网民的咨询。

（3）举行网络公关活动。在网络购物平台的品牌推广时，应举行网络公关活动，在各大门户网站、各大视频网站举行抽奖促销、视频征集活动、在线问答活动等。网络公关与各大门户网站合作共赢，一方面宣传了品牌，另一方面又为网站提供了丰富的资源。

任务示范

汶川地震1周年　满园菊花悼逝者

“5·12”就快到了，我们为纪念那些逝者、为了鼓励生者，做些什么吧……

（1）请在5月9日在自己菜地种上菊花，68小时成熟期，刚好可以在5月12日开放。

（2）5月12日这一天，请大家不要在任何人的菜地里偷窃菊花。

（3）请大家把这份帖子转贴下去……

4月28日，开心网上一位名叫孙娜的网友发起了《(菊花行动）5月9日，请在菜地里种上菊花》的转帖活动，号召大家在开心网庄园种植黄色菊花，以此怀念在“5·12”汶川地震中遇难的同胞。短短一周时间不到，该帖已经累计转贴408811次，累计浏览1344565次。

点评：之所以将开心网的“菊花行动”作为笔者心目中的十大经典案例，除了哀悼逝者之外，主要是因为开心网这个新生的商业机构通过此次事件，极大地提高了其商业品牌价值，同时，为众多企业如何在互联网展开CSR行动提供了成功的案例。病毒式营销，是网络公关的核心，也是网络公关从业者所追求的梦想之一。往往我们在构想好一切执行方案和细节之后，却发现行动是多么的难。从该案例中，我们也许能获取些启发，那就是：一个好的主题，能够触动人的灵魂深处，在一个特定的环境下，面向一个特定的人群，表达一种情绪、情感、信念……从网民角度出发，通过企业需求与网民之间的火花碰撞，最终碰出精髓，还原每一个人的多重社会角色和多重心理需求。2008年，奥运火炬传递过成功的“红心”签名和可口可乐的QQ“火炬传递”事件，都是如此。

应用案例

娃哈哈“接过爱心教鞭，托起明天希望”公益行动

“我们学校在‘5·12’地震中也受损严重……希望你们能为我们学校、学区的教育事业捐助……”一份来自四川省阿坝州松潘县镇江关五里村小学的卢光一老师给娃哈哈集团寄

来的一封带着地震余波的信件触动了整个娃哈哈集团。集团随后便启动了“接过爱心教鞭，托起明天希望”的公益行动，面向全社会招募的首批志愿者人数为100名，前往四川、贵州贫困地区进行为期一年的支教行动，并为每人提供2万元的年度补贴。娃哈哈将此次宣传重点选择了互联网，通过在天涯社区开辟专版（http://zhijiao.tianya.cn），借助媒体报道。据统计，在招募计划发起之后，有近4000名志愿者报名，场面火爆，而随后选出的100名志愿者在四川和贵州支教过程中，也通过互联网时时传递支教信息，娃哈哈的企业社会责任形象大幅提升。至今，我们只要登录支教专区论坛，都能感受到那些志愿者与孩子们感动的瞬间。

案例分析：

之前我们看到一个雪佛兰粉笔计划，通过互联网招募车主支教1周，这个被更多的人看作是一种作秀。但同样是CSR，同样是借助互联网，在这个案例中，我们又看到网络公关的另外一种魅力：重大社会性事件，只要利用的巧妙，不仅可以达到企业品牌推广的良好效果，同时也能为社会做出应有的贡献。作为网络公关从业者，笔者有幸参与了整个事件的策划与推广，当笔者看到志愿者们胸戴大红花坐上前往支教路上的大巴时，当笔者看到那些志愿者忍着寒冷和寂寞坚守在工作岗位上的时候，当笔者看到志愿者们发来支教感言与网民分享的时候，再次感到网络力量的强大。娃哈哈“接过爱心教鞭，托起明天希望”的公益行动，通过开辟专区论坛方式，不仅提供给志愿者一个好的沟通平台，更重要的是，通过与高人气网站的商业性质的合作（广告投放、专区维护），巧妙地避开炒作、渲染以及灌水、无休止的发帖等人为因素，为后来者提供了一个良好的借鉴。同样的案例诸如李宁互动社区的推广与运营，索爱粉丝社区等。

知识拓展

贾君鹏事件

2009年7月16日10时59分，一个名不见经传被成千上万网友称为“贾君鹏”的网友，突然在短短几小时走红网络。许多网友在百度知道、新浪爱问纷纷悬赏寻问“贾君鹏”为何人，更有不少网友加入恶搞队列，组成异常庞大的“贾君鹏家庭”。有网友把“贾君鹏”事件戏称为“一句吃饭引发的血案”。而“贾君鹏”在这么短的时间内走红于中文网络堪称是一个奇迹。百度“魔兽世界吧”的“贾君鹏，你妈妈喊你回家吃饭”近乎调侃式的话，在短短的5个小时便引来了超过20万名网友的点击浏览，近万名网友参与跟帖。许多网友把自己的网名改为“贾君鹏的妈妈”、“贾君鹏的姥爷”、“贾君鹏的二姨妈”、“贾君鹏的姑妈”……形成异常庞大的“贾君鹏家庭”。截至2009年10月24日14时25分，此帖达到13178页，回复395335条，楼401901层，突破40万条。

现在无法考证这个事件到底是人为策划还是网民自发的行动，贾君鹏成为2009年最受关注的网络红人，这一点是不可争议的："贾君鹏"已从网络世界走向现实，无数的人都在借此恶搞或表达情绪。“哥做的不是××，是寂寞”这句话也成为贾君鹏事件之后的衍生网络热门词汇。后来有很多人出来认亲，自称是贾君鹏事件的幕后策划者，足见该事件的火爆程度。这个案例，让正在审批过程中的“魔兽”成为最大的赢家，也许，他们一分钱的推广费用都没有花。不仅如此，该事件引起各领域专家的关注、评论，以及境外媒体的聚焦。有人如此给它下定义：一句呼喊，喊出了千千万万寂寞的灵魂。一个虚拟人物，一个没有任何技术含量的帖子，却能成为2009年的经典，值得我们深思。那些资深的网络公关策划专家，资深的网络文案写手，从这里能学到点什么吗？虚拟人物形象的推广，已经有成功的案例供我们借鉴，诸如联想的酷酷熊、兔斯基、张小盒等，但如何将企业需求用一句经典的网络流行语结合起来，还需要我们继续努力。

名人名言

推销的要点不是推销商品，而是推销自己。

——乔·吉拉德

职业能力训练

一、单选题

1. 当计算机网络的应用范围具有了国际性后，人们给它取了个新的名称 Internet，又称为（ ）。

A. 国际互联网　　B. 局部计算机

C. 城市计算机　　D. 高速信息火车

2. 互联网为顾客提供了更加方便的在线服务手段，如 FAQ（常见问题解答）、邮件列表、BBS、聊天室等，这属于网络营销的（ ）职能。

A. 信息发布　　B. 网址推广

C. 顾客服务　　D. 顾客关系

3. 下列说法不正确的是（ ）。

A. 互联网的发展是网络营销产生的技术基础

B. 消费者价值观的改变是网络营销产生的物质基础

C. 激烈的商业竞争是网络营销产生的现实基础

D. 企业网站是企业信息的载体，是网络营销的基础

二、多选题

1. 一个精准关键词的“基础三度”包括（ ）。

A. 相关度　　B. 流行度

C. 竞争度　　D. 相似度

2. 可以找到同行业的优质的友情链接的途径是（ ）。

A. 查找竞争对手的链接　　B. 站长论坛寻找

C. 购买的链接　　D. QQ 群寻找

3. 下面属于网络广告策略的是（ ）。

A. 心理策略　　B. 目标市场策略

C. 互动策略　　D. 时间策略

观念应用训练

马云一元捐款危机

马云在一个公众场合讲话时抛出“捐一元钱就够了”的言论，被某记者歪曲成“马云只捐了一元钱”，并被新华网报道，瞬间激起网友极大的反应和激烈的声讨，许多论坛和关于马云此举的帖子都上了首页。

面对这次危机，当天晚上阿里巴巴就发表了官方言论，证明此言论纯属谣言，并广泛地在互联网进行发布。

与此同时，阿里巴巴集团宣布，决定再投入2500万元作为专项基金，专用于灾后重建，帮助灾区恢复元气，该基金将根据灾后重建的情况陆续汇入地震灾区。阿里巴巴集团同时还宣布成立“阿里重建工作小组”，该小组由阿里巴巴集团董事会主席马云担任组长，CPO彭蕾担任小组常务副组长，员工志愿报名参加。阿里巴巴方面称，该小组将务实、持久地制定工作方向和具体行动方案，并负责在实施过程中的所有跟进及与志愿者员工沟通。

而对于此事的传播，马云运用了“自媒体”传播方式，通过网民散播、口口相传的方式进行的，既避免了被人指责是“被逼无奈之举”，又避免了“作秀”的指责。

在这个时候，群众看到的是面对危机阿里巴巴迅速做出反应为灾区做贡献而不是向王石那样教育民众。由此可见，作为公众人物，顺应民心是非常重要的。危机事件在处理的过程中顺应民心，避免冲突，拿出自己的诚意是非常重要的！

思考： 1. 你认为阿里巴巴处理此次危机的高明之处在哪里？

2. 如果是你，面对此次危机，你会如何处理？

思维拓展训练

奇骏南极之旅

2008 年 12 月 10 日，国家海洋局极地考察办公室与东风日产乘用车公司联合召开新闻发布会，宣布东风日产与国家海洋局结成合作伙伴关系。同时，11 月初上市的东风日产智能全模式城市 SUV 奇骏，将成为“中国南北极科考独家专用乘用车”及第 25 次南极科考建站活动的后勤保障用车。

2009 年 1 月 5 日，奇骏将随同南极科考队员启程奔赴南极。东风日产的奇骏南极之旅活动在网络公关宣传方面以博客营销为主要宣传方式，建立官博 3 个，东风日产随队人员个人博客 3 个。本项目核心博客为新浪官博和腾讯官博。在博主推广、BBS/社区推广、网站编辑推荐、QQ 群/MSN 群推广、EDM 推送、博客圈推广、博客底层链接推广等推广手段的综合应用下，新浪官博和腾讯官博的点击量在短短 50 天内达到了 220 万次，回复量达到了 1.8 万次，转载量达到了 8 万次。

思考： 1. “奇骏南极之旅”营销的成功之处在哪里？

2. 请你为东风日产构想一个另类的营销活动。

任务 6　第三方电子商务平台推广

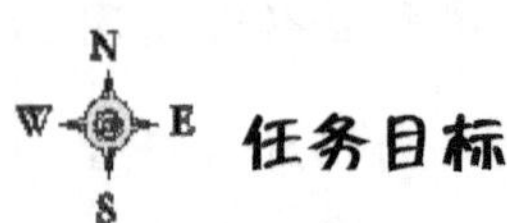

任务目标

通过本次任务实训，让学生了解和掌握第三方电子商务平台推广的分类及特点等。

项目任务书

<table>
<tr><td>任务名称</td><td>第三方电子商务平台推广</td><td>任务编号</td><td></td><td>时间要求</td><td colspan="2">两课时</td></tr>
<tr><td>要求</td><td colspan="6">1. 查找较大的第三方电子商务平台
2. 分别登录不同模式的第三方电子商务平台，分析各网站主页产品的推广形式
3. 结合案例，给出利用第三方电子商务平台进行推广的具体方案</td></tr>
<tr><td>重点培养的能力</td><td colspan="6">认真学习能力、信息筛选能力、思考分析能力、动手操作能力</td></tr>
<tr><td>涉及知识</td><td colspan="6">第三方电子商务平台推广的分类及特点</td></tr>
<tr><td>教学地点</td><td>教室、机房</td><td>参考资料</td><td colspan="4"></td></tr>
<tr><td>教学设备</td><td colspan="6">投影设备、投影幕布、能联网的电脑</td></tr>
<tr><td colspan="7">训练内容</td></tr>
<tr><td colspan="7">1. 听教师讲解案例及相关的知识（时间约　　分钟）
2. 了解任务训练要求，要达到什么样的目的（时间约　　分钟）
3. 登录网站搜索相关第三方电子商务平台
4. 以小组为单位，汇总查找到的相关网站，对这些网站进行分类，分析网站主页上的各类推广方式</td></tr>
<tr><td colspan="7">训练要求</td></tr>
<tr><td colspan="7">在完成任务的过程中能了解和掌握第三方电子商务平台推广的分类及特点，最终达到预想设计的第三方电子商务平台推广的效果</td></tr>
<tr><td colspan="7">成果要求及评价标准</td></tr>
<tr><td colspan="7">成果要求：需提交下列书面文件
1. 本小组成员分工的情况
2. 小组成员查找到的信息汇总
评价标准：
1. 查找到的第三方电子商务平台的热度、关注度
2. 对找到的第三方电子商务平台进行推广方式上的分析，检验是否正确
3. 假设你有一家公司，准备加大推广力度以提高公司的关注度，促进销售，分析可行的网络推广方式，看是否有利于达到预想的效果
符合上述标准 1，成绩为及格，可得 60~70 分；符合标准 2，成绩为良好，可得 70~80 分；符合标准 3，成绩优秀，可得 80~90 分；介于这几种标准之间的，可酌情增减分</td></tr>
<tr><td rowspan="8">任务产出一</td><td rowspan="8">成员姓名与分工</td><td colspan="2">成　员</td><td>学　号</td><td colspan="2">分　工</td></tr>
<tr><td>组　长</td><td></td><td></td><td colspan="2"></td></tr>
<tr><td>成员 1</td><td></td><td></td><td colspan="2"></td></tr>
<tr><td>成员 2</td><td></td><td></td><td colspan="2"></td></tr>
<tr><td>成员 3</td><td></td><td></td><td colspan="2"></td></tr>
<tr><td>成员 4</td><td></td><td></td><td colspan="2"></td></tr>
<tr><td>成员 5</td><td></td><td></td><td colspan="2"></td></tr>
<tr><td>成员 6</td><td></td><td></td><td colspan="2"></td></tr>
</table>

续表

<table>
<tr><td rowspan="2">任务产出二</td><td colspan="3">1. 第三方电子商务平台推广职位信息表

信息来源	职位所在地	数量	职位名称

2. 职位基本要求

职位名称	职位责任要求	人员素质要求
</td></tr>
<tr></tr>
<tr><td>项目组评价</td><td></td><td rowspan="2">总分</td><td rowspan="2"></td></tr>
<tr><td>教师评价</td><td></td></tr>
</table>

情景导入

建设社会主义新农村是“十一五”期间的重大任务，随着市场经济的不断深入推进和加入世界贸易组织的竞争压力，一些农业经济发达地区，正在从以往单纯的生产者的角色转变为生产经营者，直接面对国内、国际两个复杂市场的残酷竞争。但是，由于我国农业生产整体上还没有从传统小农经济的环境中解脱出来，生产规模小，信息技术采用难以形成规模效应，这给农业电子商务的发展带来一定的难度。

众所周知，我国农业问题关键在于“小农户与大市场”的矛盾。要将分散的独立生产者所生产的大宗农产品汇集到城市中去，分销给众多的消费者，需要一套有组织的、完善的销售网络体系，也就是要建立完善的物流配送体系。但是，单个农户作为农业生产经营的基本组织单元，无法支撑起日益庞大的农副产品市场化的发展，单个农户和市场之间缺乏有效的连接机制，即中介缺失而非市场缺失。

而连接市场需要建立在信息流和物流之上，这显示出农业发展电子商务的必要性。电子商务可以将农业生产的产前、产中、产后诸多环节有机地结合起来，解决农业生产与市场信息缺乏沟通的问题。开展农业电子商务，能有效解决农产品流通、农业信息鸿沟问题，从而形成农业信息的商务化、数字化和网络化。

但是，要在我国农村开展电子商务，还必须解决一系列问题。首先，大多数农民文化素质不高，难以掌握 PC 终端的使用与互联网功能；其次，农民经济条件有限，很难购买和使用现代化网络设备；最后，农业生产者多居住分散，信息渠道不畅通，同时我国农村大部分地区交通不便，要建立与维护现代信息系统将会非常艰难。

在这种情况下，建立第三方农业电子商务平台将是一种有效的手段。在社会力量和政府支持下，第三方农业电子商务平台以区域为中心，为本区域的农产品提供电子商务服务，同时辐射周边区域、省市，可以有效地为本区域内农户提供电子商务支持。在农业信息网站的基础之上，第三方农业电子商务平台可以提供更强大的农产品交易服务，包括农产品需求信息、价格信息、物流配送、农资信息等。

目前，我国农业网站建设的速度很快，但提供农业电子商务服务的仅有几个，例如深圳市中农网电子商务有限公司、山东寿光蔬菜输出基地等类似的网站。这几个农业电子商务网站，已经为周边地区的农业生产带来了巨大的效益，交易额均已过亿元。事实上，我们并不缺成功案例，但对第三方农业电子商务平台的认识却还需要更长一段时间。

知识链接

第三方电子商务平台，也可以称为第三方电子商务企业，一般由相关机构或中介建设，主要面向各类企业提供产品的采购、信息和销售等方面的服务。独立、公平是第三方电子商务平台最突出的特点。在我国，应用比较成熟的第三方电子商务平台的主要代表有淘宝网、京东商城及一些行业平台网站。

一、第三方电子商务平台的特点

（1）独立性。

（2）依托网络。

（3）专业化。

二、第三方电子商务平台的分类

1. 按照行业划分

（1）专业性。其业务只专注于一个行业，或者与该行业相关性比较强的若干行业。

（2）综合性。涉及行业比较广泛，不拘泥于某个固定行业，有规模效应。

2. 按地域划分

（1）地方性。一般以一个国家或地区，或者更小的范围，特别是以省份为主，根据范围内需求或者供应的特殊行业开设的平台，其中以省份为单位的平台多以政府为主导。

（2）全球性。该平台与地方性的主要区别是涉及多个国家或地区，主要特点是平台功能要设计语言翻译、报关服务和全球货运。

3. 按功能划分

（1）全程电子商务平台。能够全面参与到企业发生经济行为的“信息流”、“资金流”、“物流”等流程中，从信息的采集到货物运送，再到资金的支付，能够在一定程度上帮助企业开展业务。其主要特点是功能全面，而且平台上的辅助功能或者说辅助性业务单元较多，甚至可以与企业内部的管理系统（如 ERP）相对接。

（2）部分电子商务平台。称某些电子商务平台为“部分电子商务平台”是在全程电子商务平台的概念出现以后，为了加以区别而改的。这种电子商务平台不会全程地参与到企业开展的业务之中，而是与企业本身具有的商务行为相结合，为其提供商业活动中的某些特定服务。

4. 按模式划分

分为 B2C（Business to Consumer）、B2B（Business to Business）、C2B（Consumer to Business）、C2C（Consumer to Consumer）、B2G（Business to Government）、BMC（Business Medium Consumer）、ABC（Agents Business Consumer）等经营模式。其中，主流模式有 B2B、B2C、C2C。

（1）B2B。B2B 是商家与商家建立的商业关系。比如阿里巴巴网（见图 3-14）、慧聪网。

图 3-14　B2B

（2）B2C。B2C 是直接面向消费者销售产品和服务。如当当网（见图 3-15）、卓越亚马逊、京东商城。

图 3-15　B2C

（3）C2C。C2C 就是个人与个人之间的电子商务。淘宝网是亚太地区较大的网络零售商圈，由阿里巴巴集团在 2003 年 5 月 10 日投资创立（见图 3-16）。现在业务跨越 C2C（个人对个人）、B2C（商家对个人）两大部分。

图 3-16　C2C

操作步骤

【步骤一】 打开 IE 浏览器。登录电商平台：淘宝网（http://www.taobao.com/）、京东商城（http://www.jd.com/）、阿里巴巴（http://page.1688.com/）。对比三个网站，了解三个网站的界面及各自的功能。图 3-17 为淘宝网的首页。

图 3-17 淘宝网的首页

【步骤二】 分析页面上的旗帜广告，看看它们分别是针对哪种产品进行广告，再点击进入。如图 3-18 所示。

图 3-18 旗帜广告页面

【步骤三】查看点击结果，看广告链接是否转至合作品牌网站（用于品牌和产品推广）或淘宝授权卖家（用于促进销售）。如图 3-19 所示。

图 3-19 查看点击结果

【步骤四】分析总结得出“丸美”配合聚划算团购活动进行促销，吸引用户购买“丸美”产品并有机会获得“前 1000 名送百元礼品”的优惠。

应用案例

钢铁企业看好“平台+基地”电商平台

近年来，钢铁行业深陷产能过剩、严重亏损而不能自拔，但钢铁电商在持续疲软、低迷的市场环境中快速崛起，钢铁生产企业、物流公司、贸易商等诸多企业都已“触电”，纷纷建立钢铁电子交易平台，哪一种模式的电商更适应钢贸企业，似乎还在探索实践之中，还在完善改进之中。

2014 年 3 月 28 日下午，斯迪尔在重庆举行的中国钢铁电子商务推进活动中，西林钢铁集团总经理杨占清在《企业电商化后的感悟和体会》演讲中，对第三方的“平台+基地”电商平台情有独钟，通过该电商平台，取得的效果显著，引起了与会者的关注。

西林钢铁集团是 1966 年建厂的“小三线”钢铁企业，原设计规模仅为年产 10 万吨铁、8 万吨钢、6 万吨材。“十五”期间，西钢加快技术改造步伐，调整工艺结构，2003 年成为黑龙江省第一家年产钢超过100万吨的钢铁企业。2005年，西钢在省政府的主导下改制为股份制企业。截至2013年末，企业具备年产粗钢700万吨的生产能力，资产总额170亿元，实现营业收入225.1亿元，利润1.29亿元，位列中国制造业企业500强第280位、中国民营企业500强第169位，黑龙江省企业100强中排名第11位，是黑龙江省最大的钢铁联合企业。

知识拓展

亚马逊与国内主流电商平台的差异化分析

一、亚马逊

亚马逊作为一家跨国的电商平台上市公司，必须遵循全球的普世价值观运作，才能推动公司稳健、长期有序发展，为股东和客户提供稳定而长期的价值。同样，作为一家跨国的电商公司，也需要为不同国家的不同市场状态提供差异化的营销策略和服务。这方面，亚马逊进行了一定的尝试，也取得了不错的业绩，但仍然有很多需要改进和强化的地方。

亚马逊作为一家独具特色，具有长期历史积累的电商公司，具有如下优势：亚马逊的底蕴和经验，以及对客户的了解程度并非天猫和当当一时之间可以赶超的，底蕴的深厚往往在一个公司的长期运营和危机公关等方面与其他新兴的B2C有明显的区别。

亚马逊拥有较为完善的自有物流体系。其实亚马逊平台之所以可以稳定成长，得益于亚马逊物流配送体系提供的服务，如货到付款、预约送货上门、一键下单、手机下单、无条件退货等都非常人性化，这些消除了客户对于网购存在的不信任感，鼓励了客户的网购信心。

亚马逊的物流费用也相对较低。亚马逊全国物流统一价格，降低了销售成本，这对于中型器材（10~30千克的货物）的推广和销售是非常有利的。

亚马逊除了内衣裤等很私人的物品之外，只要票据包装齐全，就可以给予30天退款退货保障，为客户的冲动购物和对产品的不确定感，提供了坚实和有力的保障。这些都是多年前亚马逊就开始执行的客户服务政策。

二、天猫

中国作为电子商务发展最为迅速的、规模最大的电子商务市场，是所有电商公司都必须最为重视的市场之一。电商平台要为中国市场改进、改善，才能更好地服务中国市场。欲改进，必先了解对手、了解客户，强化自己的优势，弥补自己的不足。

天猫作为国内一线的电商平台，核心优势在于，价格低、选择度宽，可以实时沟通。在平台的包容性上，呈现了非常强大的规模优势，依靠自由招商，提供最为广泛的产品选择余地，并能够提供实时的客户咨询反馈。

天猫平台是开放式自主平台，本身并不经营任何产品。开放的好处是品类齐全，竞争充分，但互联网的特性使得竞争过分，加上中国法律法规的不健全，商家经营的水平不能保持一致，导致天猫平台口碑评论总体处于电商中等水平。

天猫平台使用淘宝旺旺与客户进行即时沟通，增加了客户对产品的了解程度，但不利于订单的一致性。天猫的页面支持多种显示和视频特效，使得客户能够通过多个不同的维度了解产品。

由于天猫平台的客户均为第三方商家，带来的不仅仅是服务水平的差异，还包括物流配送效率的差异。这些都增加了太多不确定的因素，比如配送区域的不确定、服务时间的不确定，缺乏系统性的支持等，不能让客户有安心可靠的感觉。如图 3-20 所示。

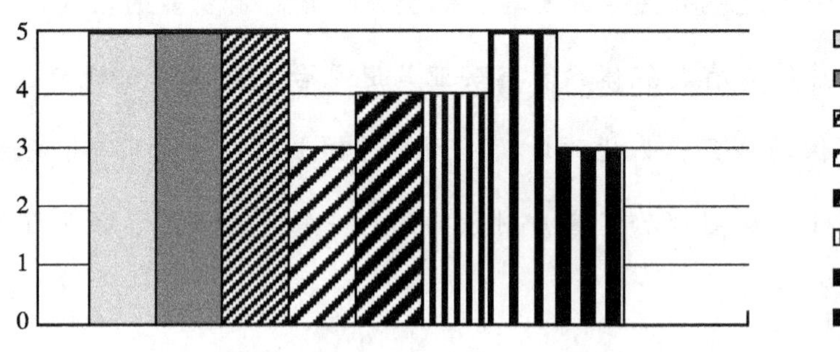

图 3-20 天猫平台综合分 4.25 分

三、京东商城

京东平台，作为国内发展速度最快，运营质量最高的平台，其核心优势在于信任度高，产品和物流配送服务可靠性高，选择较为简单等。

京东平台，对核心产品类目，尤其是数码家电类目，采用自营模式，换取厂家与供应商谈判的优势，树立价格和服务的示范性作用。该平台以自有物流系统，提升物流效率和服务水平，方便快捷的货到付款服务，赢得了大量专业高质量客户的订单。

京东平台总体类似天猫平台和亚马逊平台的集合，从客户服务上，京东有自己的物流体系，能够方便快捷地实现代收款的效率和服务的规范。从页面设计上，能够最大限度地接近天猫的水准。从购买难度上，要优于天猫平台。因为有时候，过多的选择，也会成为降低购买意愿的一种负担。交互互动上弱于天猫平台。如图 3–21 所示。

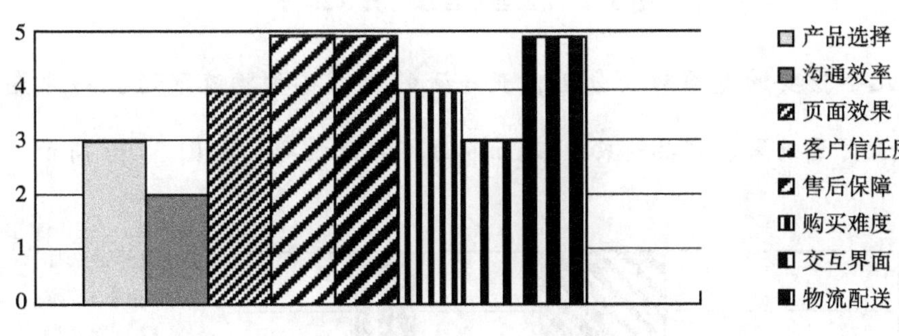

图 3–21　京东平台综合分 3.85 分

四、当当网

当当网平台，作为国内资格最老的电商平台之一，具有良好的社会知名度和客户基础。从书籍音像制品开始，圈定了中高端客户群体，借助北京的良好地缘优势，从行业客户渠道打开了一些局面。但由于当当的跟随模式，导致其政策的不稳定性，图书音像制品以外的产品线或服务领域也未进行较好的积累，导致其总体竞争力较弱。

早期当当也拓展了产品线，增加了运动户外、家具百货等类目的自营，但可能由于专业性或者管理的问题，使得这些产品并未取得突破性的进展，反而大幅增加了公司的管理费用，导致较多的售后问题。

近期，当当依托较好的社会知名度和美誉度，开始与国内各个专业领域内的二线购物网站以及一线品牌联合合作经营，如以自己的流量和国美酒仙等平台合作。一个负责把客户领进门，一个负责把客户服务好，这是一个正确的思路，但具体结果，还要看管理、利益分配、竞争对手的反应来定。

当当网在物流配送、客户交互、品类方面存在一定的短板，这也是严重制约当当发展的几个重要问题。如图 3–22 所示。

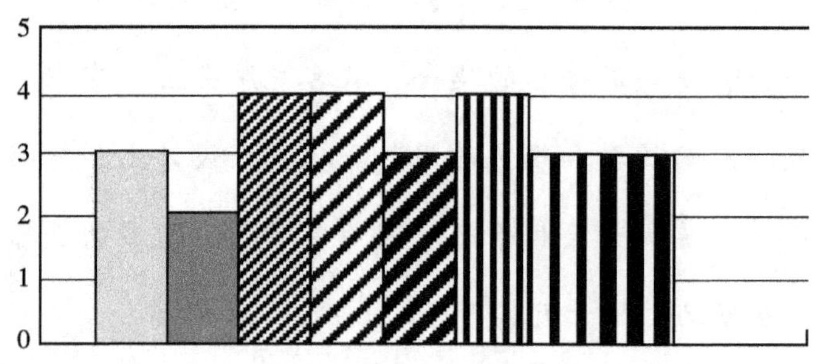

图 3–22　当当平台综合分 3.25 分

针对以上几个重要的竞争对手分析，亚马逊的长板在于物流配送，品牌美誉度，售后保障，短板在于页面效果、产品选择、交互界面、沟通效率，如图 3–23 所示。

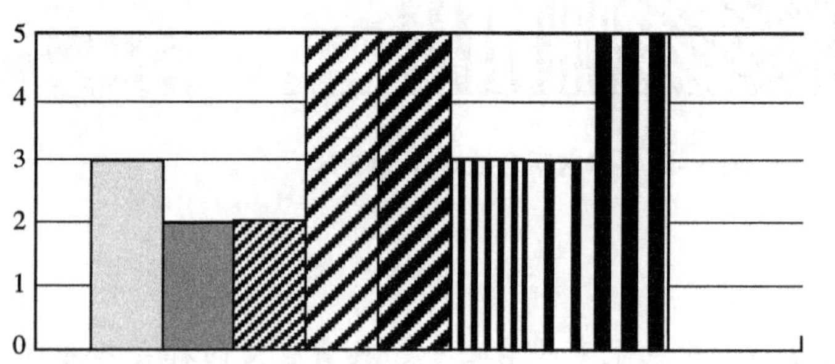

图 3–23　亚马逊平台综合分 3.5 分

其中，沟通效率作为变量因素，会导致订单不能保持一致性，增加过多随机因素和提高购买选择障碍，故不能作为主要优势。但页面效果、产品选择、交互界面，是接下来亚马逊需主要考虑的改进方向。

作为商家和消费者，亚马逊应当增加平台对商家的推广力度，设定亚马逊专用的产品订单、库存管理和商家客户系统，让每个供应商能够实时了解自己的产品在那里，卖给谁，客户的反馈如何，而不需要登录网站逐一查询，这样才能使得信息更加扁平化，让商家了解客户，让客户了解商家，把自己成熟的产品送到亚马逊仓库，进行销售，同时降低交易佣金，让每个细分单品具有 3~5 家的充分竞争，让利于消费者，提升竞争力。

在产品页面上，应为中国而做出改变，在保证网站美观和效果的前提下，增加多媒体的应用。让客户从更多层面了解产品，增加购买信息和信心。

在整体格局上，亚马逊可以依托其最具国际化的平台，为中国的优秀卖家，提供包括融资、培训、专业技术支持、全球化营销策略、国际销售发运等支持，让亚马逊赢得中国，更能推动世界。

总体来说，亚马逊必须改变页面风格，开发商家专用接口，推动商家招商工作。亚马逊继续保持售后的高承诺，加强物流配送优化，稳步积累优质商品。亚马逊需要以全球资源推动中国商家，以中国的资源服务全球客户。

名人名言

有结果未必是成功，但是没有结果一定是失败。

——马　云

职业能力训练

一、单选题

1.（　）不是第三方电子商务平台的特点。

A. 专业化　　B. 依托网络

C. 联系性　　D. 独立性

2. 第三方电子商务平台的主流模式有（　）。

A. ABC　　B. B2B

C. B2G　　D. BMC

3. 拍拍网属于第三方电子商务平台中的（　）。

A. B2B　　B. C2C

C. B2C　　D. B2G

二、多选题

1. 下列第三方电子商务平台属于B2C的有（ ）。

A. 京东商城 B. 拍拍网

C. 当当网 D. 亚马逊

2. 下列属于淘宝内部付费推广的有（ ）。

A. 淘宝客 B. 聚划算

C. 直通车 D. 超级卖霸

E. 淘代码 F. 钻石展位

观念应用训练

搜索引擎推广还是平台推广?

随着互联网科技的持续发展和经济贸易圈的迅速扩大，互联网巨大的消费群体成为企业争夺的主要目标之一，网络推广不再是一种线下广告的替代方案，而是企业生存的必要工具。那么如何通过互联网让自己的产品更加畅销呢？学习一定的网络推广知识成为现代企业发展的必要选择。

放眼现今的网络推广市场，大多数企业都选择第三方电子商务平台或者利用搜索引擎技术推广。中小企业由于资金的限制，往往只能择一而行。那么到底该选择哪一种方式呢？

（1）中小企业做搜索引擎推广的前提是拥有自己的网站或者互联网店铺，如果没有网络店铺就需要再建网站，这就加大了企业的经济负担；而电商平台可以为客户省去自建网站的麻烦，自动生成，且权重较高，同时也会被优化到搜索引擎上。

（2）搜索引擎推广大多都是按点击量付费，且会让企业进行竞价排名，虽然出价高就可以排在靠前的位置，但相应的推广成本会增加；电商平台推广的价格和内容一般都是固定的，而且比搜索引擎推广的费用低很多，会员也可以一目了然，做到心中有数。

（3）搜索引擎推广的好位置大概10多个，这个数量远远不能满足众多中小企业的宣传推广需求；而电商平台可以挖掘更多的广告机会，以满足更多中小企业推广的需求。另外，搜索引擎推广往往只针对一个搜索引擎，而电商平台却可以针对多个搜索引擎进行推广，宣传力度更大，范围更广。

（4）管理方面，搜索引擎推广需要企业拥有专业的人员进行监控，如果要保证推广位置和控制成本，需要每天进行价格查看，设置最合适的价格来进行竞价排名，这样就会再付出一名员工的工资；而在电商平台做推广则不需要专业分类的推广人员，只需企业的宣传部门或企划部门兼任即可。

通过分析发现，电商平台推广具有许多先天优势，更加适合中小企业作为推广的选择。当然，搜索引擎推广还是有巨大优势的，例如流量大、调整性强等特点，而且两者之间并不冲突。如果企业具备一定的经济实力，建议两者并用，或在对比中发现哪种方式更适合。

思考：搜索引擎推广和平台推广的优劣有哪些？

情景模拟训练

木门企业如何甄别第三方电子商务平台

网络营销势在必行，一些木门企业在一番折腾后找到了网络推广的捷径：借助第三方电子商务平台。通过调查研究，通过第三方电子商务平台推广的木门企业占到了67.8%。当然，第三方电子商务平台也有好有坏，既然平台的选择如此重要，我们该如何甄别和筛选第三方电子商务平台呢？

一、看口碑信誉

“金杯银杯不如老百姓的口碑”，使用过的客户的口碑成为我们选择的一个重要的依据。像阿里伯乐平台，很多的会员都是通过口口相传，互相推荐。

二、看优化技术

一个成熟的B2B电子商务平台拥有成熟的网络优化技术，中小木门企业选择在这样成熟的平台上推广产品省去了很多的麻烦，提高了网络推广的效率。一些试图通过自己建站做推广的中小木门企业因优化技术不够而导致半途而废或者收效甚微。因此，网络优化技术显得尤为重要。

三、看价格效果

合理的价格也是很多中小木门企业选择第三方电子商务平台的原因。相比其他的推广方式，第三方电子商务平台的收费价格在中小木门企业的接受范围之内。价格低，推广效果好，投入和产出比相当高，因此，这是很多木门企业选择第三方电子商务平台的原因。

四、看产品服务

一个好的电子商务平台将会让你的网络推广事半功倍。在这里，会员注册之后自动生成二级域名网店，省去了建站的烦恼；各式各样精美的模板可以供会员选择；海量的产品、商机、新闻信息供会员全方位的发布；直观的产品展示让客户对您的产品一目了然；合理的价格，出众的推广效果，让会员的网络推广投入产出比达到最高。

思考：如何让网络推广投入产出比达到最高？

思维拓展训练

北京统计局：天猫、京东等平台垄断影响小微企业

2013年4月7日，北京市统计局、国家统计局北京调查总队发布的“北京市小微企业电子商务发展现状”报告显示，电子商务在改善小微企业经营方面作用明显，但小微企业对于电子商务的应用仍处发展初期，第三方平台垄断导致小微企业资金回笼较慢。

报告称，小微企业开展电子商务的年限尚短，各项投入增长较慢。调研中，80%的企业开展电子商务活动时间在5年以下。2013年，反映资金和人力投入较2012年“基本持平”的企业分别占73%和70%，反映投入下降的企业则超过10%。由于电子商务发展初期需要大量的资金、技术、人才投入，而当前针对小微企业的融资渠道少、融资费用高，企业无法方便、快捷地获取营运资金。

平台垄断则加剧了小微企业的资金回流速度。报告称，目前有61%的小微企业使用的是第三方平台进行电子商务活动，如京东（滚动资讯）、淘宝、天猫等平台已形成一定的垄断之势。小微企业在与第三方平台的交涉中基本不具有话语权，导致其资金回笼较慢。企业反映，公司先预付款给生产方，再将产品在第三方平台上销售，第三方平台将产品售罄后再结款，回款时间长短不定，极大地影响了企业的现金周转。

针对调研中发现的问题，相关专家认为政府可搭建技术与人才交流平台帮助小微企业引进人才，搭建融资平台使企业更加方便快捷地获取资金。政府也可适当介入，规范平台收费项目，明确企业、第三方平台与消费者之间的责任认定。另外，专家提出应鼓励平台竞争，避免形成垄断导致的进一步降低小微企业话语权。

思考：如果你是小微企业中的一员，如何避免第三方平台垄断导致的资金回笼较慢情况？

项目四

网络营销的方法

项目导图

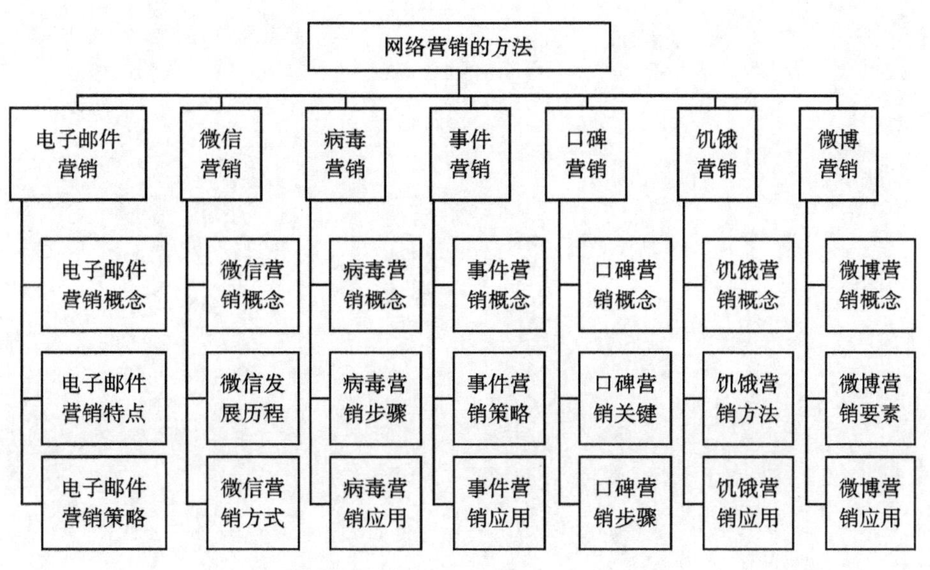

学习目标

知识目标

了解常用的网络营销的种类；掌握各种营销手段的概念、特点方法以及应用。

技能目标

学会建立邮件列表并使用邮件进行简单的电子邮件营销；

了解微信的功能，利用微信开展营销活动；

学会设计“病毒”，进行病毒式营销，借助事件开展营销活动；

使用微博，通过增加微博关注度，推送营销信息，开展简单的营销活动。

任务 1　电子邮件营销

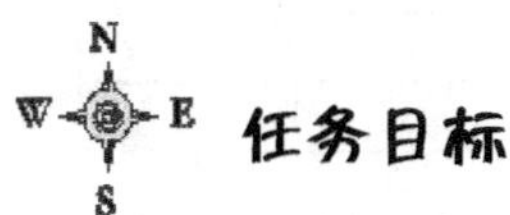

任务目标

通过本次任务实训，让学生认识网络营销的方法——电子邮件营销。运用电子邮件开展营销活动，了解如何申请邮箱，如何写邮件、发邮件，如何确定电子邮件营销的客户名单、建立邮件列表，以及使用电子邮件营销的注意要点等。

项目任务书

<table>
<tr><td>任务名称</td><td>电子邮件营销</td><td colspan="2">任务编号</td><td></td><td>时间要求</td><td>两课时</td></tr>
<tr><td>要求</td><td colspan="6">1. 了解如何申请使用邮箱
2. 了解如何建立电子邮件列表
3. 运用电子邮件营销的注意事项，电子邮件的写法等</td></tr>
<tr><td>重点培养的能力</td><td colspan="6">动手操作能力，认真学习能力，信息筛选能力</td></tr>
<tr><td>涉及知识</td><td colspan="6">电子邮件营销的概念，电子邮件营销的特点、电子邮件营销的作用、邮件营销的主要事项</td></tr>
<tr><td>教学地点</td><td>教室、机房</td><td colspan="2">参考资料</td><td colspan="3"></td></tr>
<tr><td>教学设备</td><td colspan="6">投影设备、投影幕布、能联网的电脑</td></tr>
<tr><td colspan="7">训练内容</td></tr>
<tr><td colspan="7">1. 听教师讲解案例及相关的知识（时间约　　分钟）
2. 了解任务训练要求，要达到什么样的目的（时间约　　分钟）
3. 申请个人邮箱
4. 以小组为单位，建立邮件列表，并向小组人员发送邮件</td></tr>
<tr><td colspan="7">训练要求</td></tr>
<tr><td colspan="7">在完成任务的过程中能自主学习并掌握电子邮件营销的有关知识；能够在规定的时间内完成电子邮箱的申请、电子邮件列表的建立、设计电子邮件的内容、发送/接收邮件并反馈效果</td></tr>
<tr><td colspan="7">成果要求及评价标准</td></tr>
<tr><td colspan="7">成果要求：需提交下列书面文件
1. 本小组成员建立的邮箱地址列表
2. 邮件的反馈信息
评价标准：
1. 掌握电子邮件营销的方法、熟练完成电子邮箱的申请，掌握电子邮件列表的建立方法，熟悉邮件编辑规则
2. 了解电子邮件营销的方法、了解如何申请电子邮箱，对邮件编辑规则不太熟悉
3. 对电子邮件营销的知识不熟悉，在小组成员的帮助下可以完成邮箱申请
4. 不知道什么是电子邮件营销，对任务要求不清楚
符合上述标准 1，成绩为优秀，可得 90~100 分；符合标准 2，成绩为良好，可得 70~80 分；符合标准 3，成绩及格，可得 60~70 分；符合标准 4，成绩为不及格，得分 60 分以下；介于这几种标准之间的，可酌情增减分</td></tr>
<tr><td rowspan="5">任务产出一</td><td rowspan="5">成员姓名与分工</td><td colspan="2">成　员</td><td>学　号</td><td colspan="2">分　工</td></tr>
<tr><td>组　长</td><td></td><td></td><td colspan="2"></td></tr>
<tr><td>成员 1</td><td></td><td></td><td colspan="2"></td></tr>
<tr><td>成员 2</td><td></td><td></td><td colspan="2"></td></tr>
<tr><td>成员 3</td><td></td><td></td><td colspan="2"></td></tr>
</table>

续表

<table>
<tr><td rowspan="3">任务产出一</td><td rowspan="3">成员姓名与分工</td><td>成员 4</td><td></td><td></td></tr>
<tr><td>成员 5</td><td></td><td></td></tr>
<tr><td>成员 6</td><td></td><td></td></tr>
<tr><td>任务产出二</td><td colspan="4">1. 小组成员的邮箱地址列表
<table><tr><th>小组成员姓名</th><th>申请电子邮箱地址</th></tr><tr><td></td><td></td></tr><tr><td></td><td></td></tr><tr><td></td><td></td></tr><tr><td></td><td></td></tr></table>
2. 任务报告书（1500 字），如何建立邮件列表</td></tr>
<tr><td colspan="2">项目组评价</td><td colspan="2"></td><td rowspan="2">总分</td><td rowspan="2"></td></tr>
<tr><td colspan="2">教师评价</td><td colspan="2"></td></tr>
</table>

情景导入

日本优衣库的电子邮件营销

邮件营销中，优衣库（Uniqlo）是一个经典案例。优衣库是日本零售业排名首位和世界服装零售业名列前茅的跨国服装。截至 2009 年 6 月，优衣库在全球拥有近 850 家连锁门店。2002 年优衣库进驻中国，2007 年优衣库中国区销售额同比翻了一倍。2009 年，优衣库中国门店迅速扩展至 34 家。随着国内网民规模急剧扩大，网络购物正逐步成为年轻一代的购物主流。为了加强对国内二、三线城市的覆盖，2009 年 4 月 23 日，优衣库淘宝旗舰店正式上线。优衣库进驻淘宝网的当天，销售额即突破 30 万元；至 6 月底，优衣库的网络总销售额已达到 1800 万元；11 月 2 日，优衣库的单日网络销售额更达到了惊人的 114 万元。短短的半年，优衣库迅速成为服装企业网络销售的领头羊。

即便在全球经济危机的浪潮中，消费环境萎靡不振，优衣库独树一帜，网络销售额持续增长，除了其令人信服的品质和适宜的价格外，更是由于优衣库（Uniqlo）采用了高效的网络营销方式——EDM 营销。

EDM 营销，即电子邮件营销，是一种精准高效、低成本的市场推广手段，是互联网最重要的营销方式之一。据官方统计：美国已有 75.8%的商家在使用 EDM 推广自己的产品和服务，而中国电子邮箱的用户已达 1.72 亿户。电子邮件营销最大的优势在于：有助于刺激无明确需求的消费，且相对于搜索引擎和在线广告而言成本更低，目标更精准。

思考：你知道什么是电子邮件营销吗？电子邮件营销就是发邮件给客户吗？

知识链接

一、电子邮件营销概述

电子邮件营销（E-mail Direct Marketing，EDM）是在用户事先许可的前提下，通过电子邮件的方式向目标用户传递商品或服务信息的一种网络营销手段。E-mail 营销有三个基本因素：用户许可、电子邮件传递信息、信息对用户有价值。三个因素缺少一个，都不能称为有效的 E-mail 营销。电子邮件营销是利用电子邮件与受众客户进行商业交流的一种直销方式，同时也广泛地应用于网络营销领域。电子邮件营销是网络营销手法中最古老的一种。

1. 电子邮件营销的定义

电子邮件营销是一个广泛的定义，凡是给潜在客户或者是客户发送电子邮件的营销都可以被归为是电子邮件营销。然而，电子邮件营销通常涉及以下几个方面：

（1）以加强与目标客户的合作关系为目的发送邮件，从而鼓励客户忠实于商家或者重复交易。

（2）以获得新客户和使老客户立即重复购买为目的发送邮件。

（3）在发送给自己客户的邮件中添加其他公司或者本公司的广告。

（4）通过互联网发送电子邮件。

根据美国著名统计公司的统计，2006 年美国在电子邮件营销领域花费约 40 亿美元。所以，电子邮件营销仍然有着很大的发展前景。

2. 构成 E-mail 营销的三大基础条件

（1）E-mail 营销的技术基础：从技术上保证用户加入、退出邮件列表，并实现对用户资料的管理，以及邮件发送和效果跟踪等功能。

（2）用户的 E-mail 地址资源：在用户自愿加入邮件列表的前提下，获得足够多的用户 E-mail 地址资源，这是 E-mail 营销发挥作用的必要条件。

（3）E-mail 营销的内容：营销信息通过电子邮件向用户发送，邮件的内容对用户有价值才能引起用户的关注，有效的内容设计是 E-mail 营销发挥作用的基本前提，应避免信息无用，否则会被客户视为垃圾邮件。

二、电子邮件营销的特点

（1）范围广。

（2）操作简单效率高。

（3）成本低廉。E-mail 营销是一种低成本的营销方式，所有的费用支出就是互联网费，成本比传统广告要低得多。

（4）应用范围广。广告的内容不受限制，适合各行各业。因为广告的载体是电子邮件，所以具有信息量大、保存期长的特点。同时，具有长期的宣传效果，而且收藏和传阅非常简单方便。

（5）针对性强，反馈率高。电子邮件本身具有定向性，你可以针对某一特定的人群发送特定的广告邮件，你可以根据需要按行业或地域等进行分类，然后针对目标客户进行广告邮件群发，使宣传一步到位，这样可使营销目标明确，效果非常好。

（6）精准度高。由于电子邮件是点对点的传播，所以可以实现非常有针对性、高精准的传播，比如可以针对某一特点的人群发送特定邮件，也可以根据需要按行业、地域等进行分类，然后针对目标客户进行邮件群发，使宣传一步到位。

三、获取电子邮件地址的方法

要实施电子邮件营销，首先要保证有足够的邮件地址库。获得有效的邮件地址的方法。

（1）在线订阅。

（2）有奖调查。

（3）网站注册。

（4）相互交换。

（5）网络搜集。

（6）软件生成。

（7）花钱购买。

四、许可式电子邮件营销

1. 自动提醒策略

比如像人人网、腾讯微博等软件就经常使用此方法，当用户在长时间不登录后，经常就会发邮件告诉用户，某某人又关注了你等（见图 4-1）。这种方式对增加用户黏性非常有帮助。

图 4-1 提醒式邮件

2. 公告策略

当企业或是网站有重大变化或是通知时，发一轮邮件是不为过的，而且对于一些重要信息，用户也希望在第一时间了解。所以将要推广的内容包装成公告的形式，是一个比较好的方法，用户不但不反感，还会非常关注。

3. 人文关怀

俗话说得好："伸手不打笑脸人"、"礼多人不怪"。遇到节假日时，给用户送上一份温馨的祝福，用户肯定不会反感（见图 4-2）。特别是在用户过生日时，一句简单的"生日快乐"，可能还会让用户非常感动。记得在 2008 年某天，招商银行第一个发来了祝福短信，当时笔者真的非常感动。因为那段时间非常忙，都忘了当天是自己的生日。

Hi,奇有此理

平安夜的钟声即将敲响，你还在奔波忙碌吗？趁着圣诞，不如让自己开个小差。找个时间，和朋友聚会，与爱人共进圣诞晚餐，一起度过一个美丽浪漫的圣诞节。美好的圣诞节，愿你平安幸福，Merry Christmas!

图 4–2　人文关怀式邮件

4. 试用策略

逛超市时，经常有美女送来饮料、糕点等请你试吃。往往遇到这种请求，我们都不会拒绝。在互联网上也一样，真诚地邀请用户试用我们的好产品，用户也不会反感。

5. 免费策略

免费的东西，人人爱要。免费为用户送上好的资源，用户不但不会反感，还会非常感激我们。但是注意，一定要奉上用户感兴趣的资源，要注意资源的质量，不能欺骗用户。

6. 信息策略

用户联网是为了获取各种感兴趣的信息，所以如果我们能把一些用户感兴趣的信息汇总起来，并免费发放给用户，用户肯定非常高兴。比如常见的形式有电子杂志、电子书、网站一周信息汇总、所谓的内部资料传阅等。

7. 活动/促销策略

对好玩而有趣的活动，用户都比较感兴趣。所以经常组织一些活动是非常有必要的，或者把我们要推广的信息包装成活动的形式推送给用户。实在想不到好的活动形式，那就用最简单也最直接的方式进行促销，如秒杀、限时抢购等（见图 4–3）。只要产品真的不错，价格真的很实惠，用户往往不会太反感。

bata春季新品聚划算，2.5折疯抢！！

发给： @qq.com> 详情

为营造健康的邮箱环境，请确认该邮件是否由您订阅？ 是我订阅的 不是我订阅的 忽略

页面不能正常显示，请点击这里进入会场

如果您今后不想在收到我们的此类电子邮件，请点击<退订邮件>

聚划算品牌团

BATA春季新品低价疯抢

2.5折起

2014.03.27 10:00开团/包邮

图 4-3 促销式邮件

五、非许可式电子邮件营销

相对来说，许可式的邮件营销要好做一些，因为那是经过用户允许的行为，用户主观上是愿意接受的。而非许可式却是在用户不知情的情况下发送的，用户对这种不请自来的信息并不感兴趣，甚至是反感。所以非许可式电子邮件营销想出好成绩，必须要让用户以为信息是经过其允许的，这样才能提升效果，千万不能让对方认为是垃圾信息。标题无论如何写都可以，但是千万不要让用户看到标题后，与“垃圾邮件”这几个字联系上。一旦用户认为是垃圾邮件，那就等于直接宣告失败。

1. 注册提醒

如果在某些网站上完成注册，如论坛、QQ、支付宝、唯品会等，邮箱就收到过类似的邮件，如图 4-4 所示，正文中告诉你在某某网站注册成功，注册账号是 ××× （通常都是收信的这个邮箱），密码是 ××× （通常都是随机密码），然后提醒注册用户注意修改密码等。

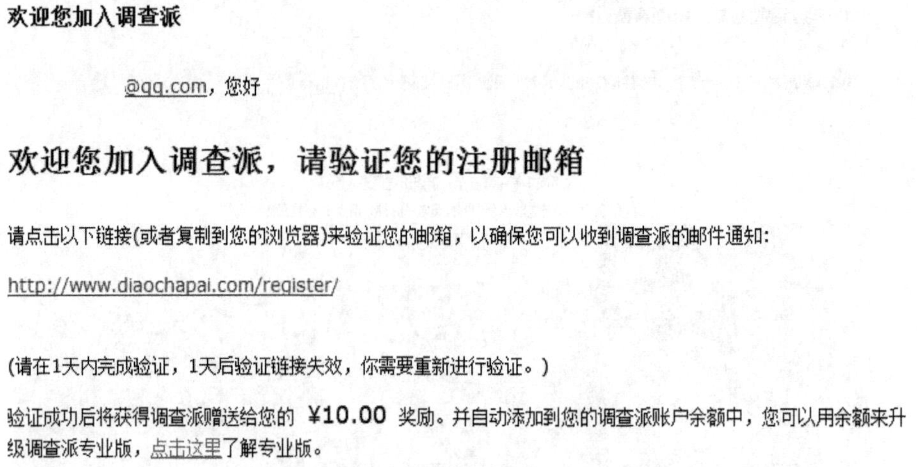

欢迎您加入调查派

@qq.com，您好

欢迎您加入调查派，请验证您的注册邮箱

请点击以下链接(或者复制到您的浏览器)来验证您的邮箱，以确保您可以收到调查派的邮件通知：

http://www.diaochapai.com/register/

(请在1天内完成验证，1天后验证链接失效，你需要重新进行验证。)

验证成功后将获得调查派赠送给您的 ¥10.00 奖励。并自动添加到您的调查派账户余额中，您可以用余额来升级调查派专业版，点击这里了解专业版。

图 4-4 注册激活邮件

2. 密码找回提醒

此法原理与前一种一样，只不过这个方法深入了一步，更具有紧迫感。因为用户看了这种邮件后，很可能会联想到是不是账号被盗了，一旦有了这种心理之后，就会忍不住去修改密码。

3. 熟人策略

对于朋友或是熟悉的人发来的邮件，我们都不会删除。所以如果能够以熟人的身份向用户发邮件，则会大幅度提升邮件的打开率。比如常见的方法有以下三种：

（1）用一些常见的名字。比如小王、小张之类的，像这些常见姓氏，每个人的朋友圈中都有。

（2）伪装成网上的好友。比如发邮件时声明，我是你微博中的好友、开心网中的好友等。因为这类网站，几乎人人都在使用，而且每个人在里面也都会或多或少有些不认识的朋友，所以成功率较高。

（3）伪装成好友的好友。如在邮件中声明“我是小王的朋友”、“我是你同事推荐过来的”等。

4. 发错邮件策略

如果我们发送邮件时，将邮件伪装一下，让用户以为是发错了，那会收到非常好的效果。如果我们在发完第一封邮件之后，紧接着再发送一封道歉信，声明“前一封邮件发错了，由于涉及一些机密，请不要外传”等，可信度就更高了。

5. 自动回复、系统退信

许多人喜欢将邮箱设置成自动回复，当有用户来信时，系统自动回复一封提前拟好的邮件，比如提醒对方信已收到等。如果我们以此形式发送邮件，则大部分用户都会打开来看一下是发给谁的邮件收到了。除了伪装成自动回复外，还可以伪装成系统退信，这两个方法的原理都是一样的。

6. 活动策略

许可式电子邮件营销策略中活动策略的好处，在非许可的状态下，活动策略同样适用。只要活动够好、够吸引人，用户一样会感兴趣。

7. 绝密信息策略

2010 年，有一个叫“维基解密”的网站火遍全球，此站之所以火，就是因为“解密”二字。所以如果我们在做邮件营销时，以提供绝密信息的形式发送邮件，用户会非常感兴趣。

六、邮件营销的一些注意事项

1. 工具的选择

发送邮件时，大概有三种方式可供选择。一是群发软件，这种方式比较省钱，但成功率比较低；二是自架邮件服务器，这种方式需要一定的投入，适合于一些有实力的公司操作；三是找第三方公司。

2. 不要把邮件营销当垃圾邮件发

我们做 EDM，是为了追求效果，不是为了追求发送数量。所以千万不要随便拼凑一封邮件就开始乱发。每一封邮件，都应该经过精心策划。

3. 一个邮件地址只发一次

不要给同一个邮件地址发送太多的相同邮件，这么做等于是明着告诉对方你在发送垃圾邮件。为了避免这种情况出现，在发送邮件前，一定要先过滤一遍邮件地址库。网络上有很多邮件地址去重软件，非常好用。

4. 收件人只有一个

当用户收到邮件时，要保证其看到的收件人一栏中的名字是唯一的，不能出现很多的抄送地址。如果里面出现的收件人很多，也等于是告诉用户你在群发。

5. 注意发件人邮箱及名称

据有关统计显示，有 60%的人是通过发件人邮件地址及姓名决定是否打开此邮件的。所以我们的发件人地址和姓名一定不要乱填，有些人喜欢随便编一个毫无意义的地址或是发件人名字，这是非常不可取的。发件人地址及名字，一定要符合正常人的用语习惯。

6. 主题和内容要有针对性

邮件不要写太多废话，要围绕用户的需求来写。特别是前三行，一定要能吸引用户的目光，这样用户才能将你的邮件看完。

7. 内容格式正确

邮件内容也要注意排版格式，不要有错误或是胡乱排版。如果阅读体验不好，用户则不会有耐心看完邮件。而且内容尽量不要过长，关键是能够引起用户的兴趣和好奇心，将用户引导到网站中。

8. 不要在邮件中添加附件

随着广大网民安全意识的提升，对于邮件中的附件是非常小心和敏感的。而且邮件中增加附件，也会影响发送的速度和效率。

9. 内容准确性

在正式发送邮件前，用不同平台的邮箱及邮件客户端测试一下，在不同环境中是不是都能够正确接收邮件，内容是不是都能够正确和正常显示。

10. 不要频繁发送

即使是在用户事先许可的情况下，也不要频繁地给用户发邮件，这样只会引起用户的反感。

任务示范

任务一：申请电子邮箱，以 126 邮箱为例。

操作步骤

【步骤一】 打开 IE 浏览器，进入“http://www.126.com/”主页，点击“注册”按钮。如图 4-5 所示。

图 4-5 126 首页

【步骤二】 填写注册信息，如图 4-6 所示。

注册字母邮箱 注册手机号码邮箱 注册VIP邮箱

*邮件地址 建议用手机号码注册 @ 126.com

6~18个字符，可使用字母、数字、下划线，需以字母开头

*密码

6~16个字符，区分大小写

*确认密码

请再次填写密码

*验证码

请填写图片中的字符，不区分大小写 看不清楚？换张图片

同意"服务条款"和"隐私权相关政策"

立即注册

图 4-6 电子邮箱注册信息

在这个界面中，我们有两种选择，一是可以注册字母邮箱，二是可以注册手机号码邮箱。这里以注册字母邮箱为例。“邮件地址”就是你将来用来作为邮箱的账户名。输入你的邮件地址后，输入你的登录密码，再次输入，以确认你的密码，输入验证码。点击“立即注册”继续。

【步骤三】 要求进行验证，可以不使用手机进行验证，如图 4-7 所示。可选择“使用图片验证码进行验证”。点击“使用图片验证码进行验证”即可。

图 4-7　获取验证码

【步骤四】输入图片的验证码，提交，如图 4-8 所示。

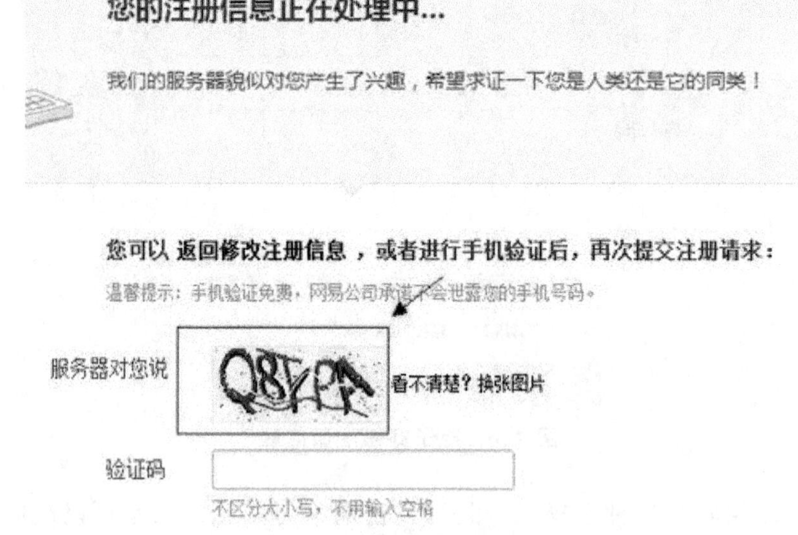

图 4-8　注册信息提交

【步骤五】注册成功后，如图 4-9 所示。

图 4-9　注册成功

任务二：建立邮件列表。

操作步骤

【步骤一】 首先输入网址 http：list.qq.com/，用 QQ 邮箱或腾讯企业邮箱账号登录，如图 4-10 所示。

图 4-10　邮件列表

【步骤二】 登录后，单击“创建一个栏目”按钮，如图 4-11 所示。

图 4-11　邮件列表创建界面

【步骤三】 根据提示信息，为邮件列表取名，如图 4-12 所示。

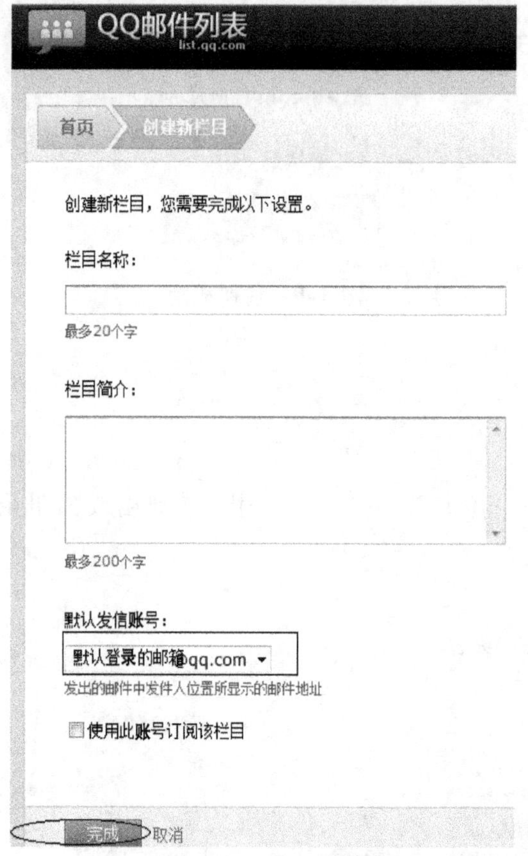

图 4-12　邮件列表命名

【步骤四】单击邮件列表，进入“设置”菜单项。填写“订户”、“邮件”、“统计”和“设置”四个选项。单击“收集订户”，有两种方式收集订户。如图 4-13 所示。

图 4-13　设置信息

收集订阅用户的方法：

（1）链接方式。将复制链接中的地址通过 QQ 或微博发送给组内成员，点击后就可完成邮件地址订阅。

（2）插件方式。获取插件，订阅插件登记邮件地址，如图 4-14 所示。

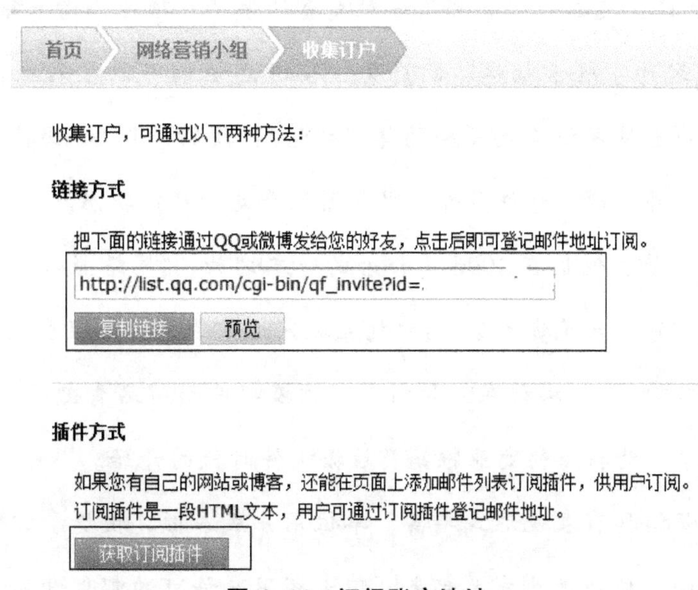

图 4-14　订阅账户地址

【步骤五】放置订阅插件，如图 4-15 所示。以网易为例。

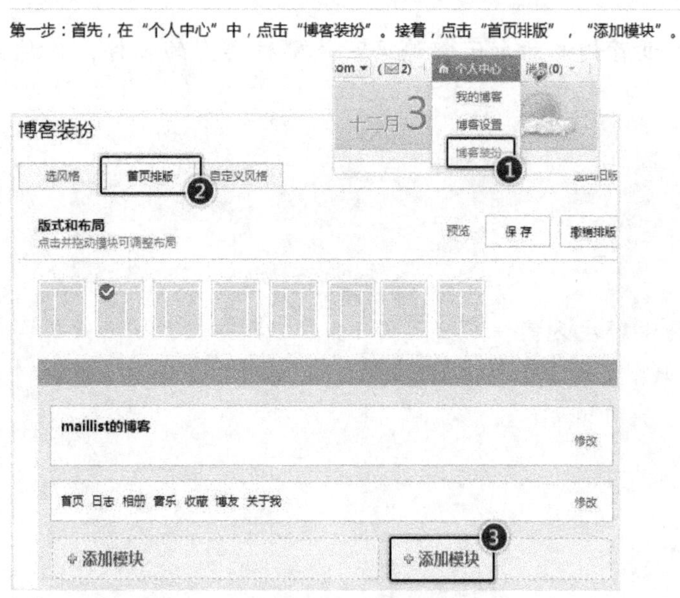

图 4-15　订阅插件

【步骤六】发送邮件。创建邮件内容，发送给小组其他成员。

应用案例

电子邮件营销的起源

1994年4月12日，美国亚利桑那州一对夫妻从事了一项他们看来很有成就感的工作：他们把一封主要内容为“绿卡抽奖”的广告信发送到他们可以在网上找到的每个人的邮箱。这对夫妻是从事移民签证咨询服务的律师劳伦斯·坎特和玛撒·西格尔。这对夫妻没有想到的是，这封“邮件炸弹”让许多邮件服务器几乎处于瘫痪状态。

人们没有想到的是，他们在1996年合著的一本名为《网络赚钱术》中吐露：他们通过互联网发布广告信息，只花费了20美元的互联网通信费用，却吸引来25000个客户，赚了10万美元。这对律师夫妇堪称在互联网上因垃圾邮件而留名青史的“开山鼻祖”，他们宣告了以“不请自来”为特点的商业推销类垃圾邮件时代的开始。

通过邮件进行营销具有表现形式丰富、单位用户成本低、快捷、方便等优势，因此邮件营销在中国一露面，便快速地发展起来。但未经用户许可的邮件营销，最终演变成了互联网触目惊心的垃圾邮件浊流。上述律师夫妇的同道们最终败坏了邮件营销的名声，使人们一说到邮件行销，就想到了垃圾邮件。

思考：你有收到过营销类的电子邮件吗？是哪种类型的邮件，你觉得邮件内容有用吗？

名人名言

根据顾客的需求提供解决方案。

——约翰·迈顿

职业能力训练

一、单选题

1.“E-mail 注脚”是指把本公司的（ ）自动附加到每一封发出的电子邮件上，在进行正常通信的同时，也起到了推广自己网站的效果。

A. 网址　　B. 通信地址

C. 产品目录　　D. 促销信息

2. 利用第三方邮件列表发行平台的最大优点是（ ）。

A. 需要人工干预　　B. 提高了邮件发行效率

C. 可以预计的插入广告　　D. 管理和编辑订户资料

3. 下列不属于邮件列表内容原则的是（ ）。

A. 目标一致性原则　　B. 内容灵活性原则

C. 保证效用性原则　　D. 内容系统性原则

二、多选题

1. 关于邮件列表的描述正确的是（ ）。

A. 订户数量是邮件列表营销成功的主要标志之一

B. 是许可营销和个性化服务的主要手段

C. 对于现在通常的邮件列表来说，由管理者发送信息，一般用户只能接收信息

D. 邮件列表是基于用户自愿加入的原则

2. 为了吸引用户加入邮件列表，因此建立邮件列表的主要方法是除让用户通过网页上的“订阅”框自愿加入外，还可以采用（ ）等方法。

A. 将邮件列表订阅页面注册到搜索引擎

B. 为邮件列表提供多订阅渠道

C. 其他网站或邮件列表的推荐

D. 提供真正有价值的内容

3. 网站经营邮件列表的主要目的是（　）。

A. 作为公司产品或服务的促销工具

B. 方便与用户交流

C. 获得赞助或者出售广告空间

D. 提供收费信息服务

观念应用训练

凡客诚品的电子邮件营销

任何B2C企业发展到一定的阶段，会员的维护就会成为企业一个极其重要的关注点，企业的感情纽带是否能牢牢地“绑架”会员，关系到企业的生死存亡。在众多新型的网络“营销新贵”之中，“老牌贵族”电子邮件以其“不主动打扰”，同时兼具感情维护与营销功能的特性，成为大部分B2C企业开展会员维护与营销的首选方式。下面就以凡客诚品一封普通的邮件作为案例，对凡客诚品的邮件营销细节进行详细的分析：

仔细分析凡客诚品的邮件，可以发现专业的邮件营销如何做：

（1）时机。凡客的用户满意度调查在用户签收订单后11~12天发送到用户邮箱，时机选择极为巧妙。与部分B2C企业在用户签单第二天即发送用户满意度调查邮件不同，11天能让用户对衣服有一个完整的体验过程，穿着、洗涤、晾晒的效果、第二次穿着……刚好有1~2个完整的周期，用户在此种情况下愿意将真实的体会与网友共享。

（2）结构。邮件分为三个部分，调查、促销、答疑，三部分结构层次清晰，特别是在调查邮件中包含热销新品的促销信息，能促使用户进行二次消费。

（3）设计。营销邮件的内容采用图片与文字相结合的方式，亮丽的图片与文字结合不仅能吸引用户的注意，更重要的是，包含图片与文字内容的邮件，能降低被ISP商（邮件服务提供商，如163、Sohu、QQ）判为垃圾邮件的风险。

凡客诚品邮件营销的专业性在很多地方均有展现，后续将陆续展现。邮件营销不是简单地给用户发送邮件，它是企业用户体验的一个重要组成部分，与网站/客服电话的用户体验并重。专业的ESP企业能协助您快速建立邮件营销体系，确保您的用户能获得完美的网购体验。

思考： 1. 凡客诚品的邮件营销中有哪些特点?

2. 凡客诚品邮件营销的可取之处?

情景模拟训练

与女人没有关系

这是一个具有独特大胆创意的推广活动，一个为时尚男士服装品牌Jack & Jones带来广泛反响的推广活动。截至活动结束时，目标消费人群（男性，年龄介于22~30岁，居住在北京）中有47%打开了Jack & Jones的推广信息邮件。比一个点击更有说服力的是，数百名消费者对邮件的回应是实地前往了指定的专卖店，并实现了购买。

在活动正式开始之前15天，发出的第一封HTML格式邮件的标题是“跟女人没有关系”。就是这封邮件在活动期间，在目标消费群中带来了高达47%的回应率，高居回应率榜首。邮件创意：一打开邮件，闯入大家眼帘的是一个叫Larry的人的光光的后脑勺。脑袋旁边的文字注解是：“嗨，哥们儿！不用剃光头，你也可以像我那么酷！我回头告诉你！”（结果有6000个人想知道答案）。点击后出现的邮件的下一个画面，Larry转过头来，还向消费者们讲解了有关活动的详情，告诉他们可以在指定的时间和专卖店找到他，并享受一个特别优惠的价格。此外，为了更好地达到跟踪的目的，Jack&Jones在活动中还设立了一个密码，只要每个到现场的消费者说出“Jack&Jones”就算通过。然后，Jack&Jones还在邮件中设立了一个传递邮件的功能，使用户可以将邮件和有共同兴趣的朋友分享（有超过600人传递给了朋友）。

为了可以尽善尽美地发挥电子邮件这个媒体的优势，Jack&Jones希望可以通过再次接触表示出兴趣的用户。活动开始前3天，向曾经打开过第一封邮件的用户发出第二封邮件。这次的创意还是沿用了上封邮件的Larry的光头，但这次他只是从邮件页面走过，好像在催促大家见面时间快到了，千万不要错过这个机会啊！在活动当天，当Larry比预定提前1小时到达现场的时候，就已经有慕名前来的用户守候在那里了。在接下来的3个小时里，Larry亲身见证了消费者是如何对一封设计合理，基于许可的HTML格式的邮件做出回应的：他一直都在应接不暇地接待着他们。在3个小时里，Jack&Jones平均每两分钟售出一件Polo衬衣。

思考： 1. Jack&Jones邮件营销的创意在哪里？

2. 如果你收到这样一封邮件，会有兴趣分享吗？为什么？

思维拓展训练

把电子贺卡转化成购物单

我们都知道E卡片，我们也曾送给过朋友电子贺卡，或者是电子邀请卡片。商家也经常通过EDM的方式发送给你节日卡片。我们知道这种形式可以帮助商家宣传你的品牌认知，但是你知道电子贺卡也可以转换成实际销售模式吗？

Ralph Lauren给大家开了一个先例。在圣诞节这个热销的季节，Ralph Lauren旗下的Rugby就免费给大家提供Holiday eCards。卡片的形式非常可爱。你可以输入你想给朋友的信息，卡片的封面是如活体橱窗一样的五个小人在那里走秀，点击卡片上的小人，你就可以看到商品的名字与价格，再次点击你就可以把商品放入自己的购物车里。

Rugby的SVP，Ralph Lauren说，我们想创造一个新的方式让我们的顾客从繁忙的线下商店到我们的网站，把流量带到Ecommerece上去，所以我们做了这个电子卡片。这是一个非常有趣、创新的手法，通过你的朋友来宣传介绍我们的新产品。

思考： 1. 此案例给你的网络营销启示有哪些？

2. 试归纳出此次营销活动的传播思路。

任务 2　微信营销

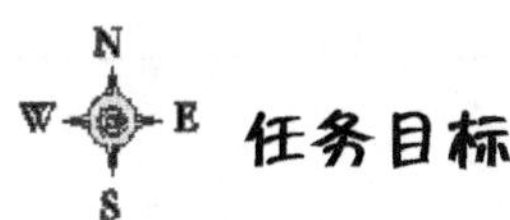

任务目标

通过本次任务实训，让学生了解什么是微信，了解微信的发展历程、微信营销的方式，了解并应用微信的主要功能——公众平台、朋友圈、扫二维码、“摇一摇”、“附近的人”、“漂流瓶”等功能，学会利用微信功能开展营销活动。

项目任务书

任务名称	微信营销	任务编号		时间要求	
要求	1. 了解什么是微信 2. 利用微信营销的特点是什么 3. 微信的功能有哪些 4. 微信主要功能的应用 5. 微信营销应用的具体案例				
重点培养的能力	实践操作能力，团队合作能力，快速学习能力				
涉及知识	微信的概念、微信的发展历程、微信的功能等				
教学地点	教室、机房	参考资料			
教学设备	投影设备、投影幕布、能联网的电脑				
训练内容					
1. 听教师讲解案例及相关的知识（时间约　　分钟） 2. 制订工作计划，了解团队要做什么，要达到什么样的目的（时间约　　分钟）；组长进行分工安排，每个人在自己的项目任务书相应栏进行记录（时间约　　分钟），组员开始行动 3. 微信漂流瓶的应用：分小组确定发送信息的内容（时间约　　分钟），将漂流瓶发送给小组其他成员（时间约　　分钟） 4. 微信公众号使用：了解微信公众号平台（时间约　　分钟），申请公众号的结果（时间约　　分钟）；得出结论 5. 微信朋友圈：建立小组的微信朋友圈，向小组成员发送信息。开始撰写任务报告（写微信的使用情况）（时间约　　分钟）					
训练要求					
在完成任务的过程中了解微信营销的过程和技巧，能够在规定的时间内完成主要微信功能的使用；能够在规定的时间内撰写出使用报告					
成果要求及评价标准					
成果要求：需提交下列书面文件 1. 本项目组成员查找信息的方向 2. 比较不同搜索引擎的使用效果 评价标准： 1. 了解什么是微信，能以小组为单位完成公众号的申请，熟练掌握微信其他功能的使用，如扫二维码，朋友圈发送信息、“摇一摇”等 2. 对微信的功能基本了解，能在小组其他成员的帮助下进行简单的微信功能使用 3. 不了解微信的功能，被动接受任务内容 4. 不了解本次任务内容，态度不认真 符合上述标准 1，成绩为优秀，可得 90~100 分；符合标准 2，成绩为良好，可得 70~80 分；符合标准 3，成绩及格，可得 60~70 分；符合标准 4，成绩为不及格，得分 60 分以下；介于这几种标准之间的，可酌情增减分					

续表

<table>
<tr><td rowspan="8">任务产出一</td><td rowspan="8">成员姓名与分工</td><td>成　员</td><td></td><td>学　号</td><td>分　工</td></tr>
<tr><td>组　长</td><td></td><td></td><td></td></tr>
<tr><td>成员 1</td><td></td><td></td><td></td></tr>
<tr><td>成员 2</td><td></td><td></td><td></td></tr>
<tr><td>成员 3</td><td></td><td></td><td></td></tr>
<tr><td>成员 4</td><td></td><td></td><td></td></tr>
<tr><td>成员 5</td><td></td><td></td><td></td></tr>
<tr><td>成员 6</td><td></td><td></td><td></td></tr>
<tr><td>任务产出二</td><td colspan="5">1. 小组成员微信数量统计表
<table>
<tr><td>职位名称</td><td>职位所在地</td><td>职位数量</td><td>信息的来源</td></tr>
<tr><td></td><td></td><td></td><td></td></tr>
<tr><td></td><td></td><td></td><td></td></tr>
<tr><td></td><td></td><td></td><td></td></tr>
<tr><td></td><td></td><td></td><td></td></tr>
<tr><td></td><td></td><td></td><td></td></tr>
<tr><td></td><td></td><td></td><td></td></tr>
</table>
2. 完成实训报告（利用微信功能开展网络营销的具体应用）</td></tr>
<tr><td colspan="2">项目组评价</td><td colspan="2"></td><td rowspan="2">总分</td><td rowspan="2"></td></tr>
<tr><td colspan="2">教师评价</td><td colspan="2"></td></tr>
</table>

情景导入

微信公众平台

2013 年 10 月 29 日，微信公众平台改版上线公测，开放了全新的认证体系，并增加了相应的开发接口，这次主要针对的是服务号。对于微信运营者来说这是福音，但是对于中小企业主来说，真正操作这些具体的细节是很费精力的事情，弄不好是一根“难啃的骨头”，真想把微信玩得转，还得看运营。

利用微信公众号营销与微博营销大相径庭。不同于微博营销，微信公众号的大多数内容几乎是一劳永逸的，不需要铺天盖地的信息量来吸引和取悦不同口味的人群。在微信公众号中，你所要做的就是以内容为核心。

精准的信息传达在微信上，粉丝不需要你先给他讲十条笑话拉拢关系，然后再向他推销，在这里你只需要开门见山地告诉粉丝你能为他们提供什么，力求每一条内容都能够包含最大化的信息量。“招商银行信用卡—北京”的微信公众号的图片乍一看还以为是美食或者电影类微信大号，其实是直接告诉粉丝们所能享受到的优惠。第一条信息就将“吃货”所能享受优惠的餐饮悉数展示出来，每个餐饮品牌下还有多家分店，都能享受到五折优惠，这着实让吃货们完全丧失抵抗力。你不是吃货？没有关系，五折 K 歌，积分免费换电影，你选一个吧！还没有喜欢的?! 好吧，作为土豪的你这些都已经玩腻了，那就来分期购吧，买车、买手机，全部零利息零手续费。这么多的优惠便捷总有一个能触动你的神经。

思考：你了解微信吗，知道什么是微信公众平台吗？

知识链接

一、微信概述

1. 微信的定义

微信（WeChat）是腾讯公司于 2011 年初推出的一款快速发送文字和照片、支持多人语音对讲的手机聊天软件。用户可以通过手机或平板电脑快速发送语音、视频、图片和文字。微信提供公众平台、朋友圈、消息推送等功能，用户可以通过“摇一摇”、“搜索号码”、“附近的人”、“扫二维码”方式添加好友和关注公众平台，同时微信能将内容分享给好友以及将用户看到的精彩内容分享到微信朋友圈。其官方网站上的宣传语为“微信，是一个生活方式”。

2. 微信的发展

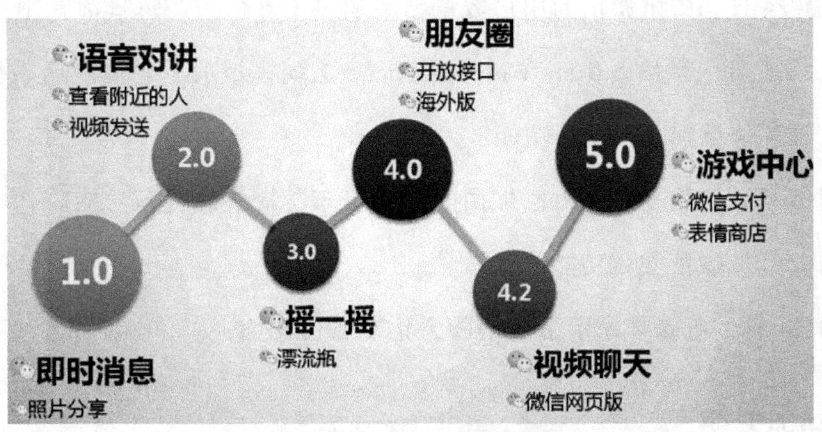

图 4-16 微信的发展历程

微信由深圳腾讯控股有限公司（Tencent Holdings Ltd.）于 2010 年 10 月筹划启动，由腾讯广州研发中心产品团队打造。该团队经理张小龙所带领的团队曾成功开发过 Foxmail、QQ 邮箱等互联网项目。腾讯公司总裁马化腾在产品策划的邮件中确定了这款产品的名称叫作“微信”。

2011 年 5 月 10 日，微信发布了 2.0 版本，使得微信的用户群第一次有了显著增长。

2011 年 8 月，微信添加了“查看附近的人”的陌生人交友功能，用户达到 1500 万人。

2011 年 10 月 1 日，微信发布 3.0 版本，该版本加入了“摇一摇”和“漂流瓶”功能，增加了对繁体中文语言界面的支持，并增加中国香港、中国澳门、中国台湾、美国、日本五个地区的用户绑定手机号。

2012 年 3 月，微信用户数突破 1 亿大关。4 月 19 日，微信发布 4.0 版本。这一版本增加了类似 Path 和 Instagram 一样的相册功能，并且可以把相册分享到朋友圈。

2012 年 7 月 19 日，微信 4.2 版本增加了视频聊天插件，并发布网页版微信。

2012 年 9 月 5 日，微信 4.3 版本增加了“摇一摇”传图功能，该功能可以方便地把图片从电脑传送到手机上。这一版本还新增了语音搜索功能，并且支持解绑手机号码和 QQ 号，进一步增强了用户对个人信息的把控。

2013 年 2 月 5 日，微信发布 4.5 版。这一版本支持实时对讲和多人实时语音聊天，并进一步丰富了“摇一摇”和二维码的功能，支持对聊天记录进行搜索、保存和迁移。

2013 年 8 月 5 日，微信 5.0 for ISO 上线，添加了表情商店和游戏中心，扫一扫功能全新升级，可以扫街景、扫条码、扫二维码、扫单词翻译、扫封面，同年 8 月 9 日，微信 5.0 Android 上线。

2013 年 10 月 24 日，腾讯微信的用户数量已经超过了 6 亿人，每日活跃用户 1 亿人。

2013 年 12 月 31 日，微信 5.0 for Windows Phone 上线，添加了表情商店、绑定银行卡、收藏、绑定邮箱、分享信息到朋友圈等功能。

2014 年 1 月 4 日，微信在产品内添加由“嘀嘀打车”提供的打车功能。

2014 年 3 月，开放微信支付功能。

2014 年 3 月 24 日，电脑管家牵手微信聊天记录备份功能。

二、微信功能介绍

1. 注册

可以通过 QQ 账号注册，也可以通过手机号注册。

2. 登录

手机登录：QQ 号、手机号、微信号均可登录（一次只能登录一个微信）。

网页登录：通过电脑浏览器登录，在通过手机登录微信->发现->扫描二维码->扫描电脑浏览器的二维码->手机点击登录。

更换手机登录：为了确保好友之间正常有效的信息沟通，更换手机登录后，系统会下发之前手机最后一次的聊天信息。

3. 添加好友

按号码查找：通过输入好友的微信号、QQ 号、手机号查找添加好友。

查看 QQ 好友：QQ 号注册或绑定了 QQ 号的微信账号，可查看 QQ 上有哪些好友开通了微信，并直接添加对方为微信好友。

查看手机通讯录：绑定手机号的微信账号，可查看手机通讯录上有哪些好友开通了微信，并直接添加对方为微信好友。

按住加朋友：当朋友聚会时，可一起按住手机，即可添加对方为好友（暂支持 IOS、Android、WP8 平台）。

二维码扫描：在空间或微博上看到某一网友的二维码名片后，可在手机上登录微信选择“找朋友”->二维码扫描，将摄像头对准二维码图片约 2~3 秒即可识别并加载对方微信的基本资料，您可以向对方打招呼或加为好友。

“查看附近的人”：通过 GPS 定位查找并添加好友。

“摇一摇”：使用“摇一摇”，查看与您同时在使用该功能的网友，并可请求添加对方好友。

“漂流瓶”：通过收/发漂流瓶信息进行交友。

星标好友。操作方法：进入好友详细资料界面，点击右上角五角星图标，即可设置该好友为星标朋友；对好友标星标后，就可以快速在通讯录顶部的星标分组里找到他们。

4. 黑名单

设置方法：登录微信后选择“通讯录”->选中某一好友->详细资料->选择“加入黑名单”即可；添加至黑名单后，您将不再收到对方任何消息。

5. 视频功能

在聊天框中点击“+”->视频通话->发起视频通话即可。

6. 新闻功能

请进入微信设置->通用->功能->开启“腾讯新闻”，微信会根据社会所遇到的重大或者突发新闻时，第一时间为您呈现，让您顷刻了解天下动态，同时还可以把新闻分享到微博。

7. 微信群聊

目前，普通微信群人数上限为40人。建群的具体方法：登录微信后选择“微信”->点击右上角的图标->选择好友后开始发起群聊即可。

退群：请进入需要退出的群里点击右上角的图标->删除并退出即可。

拉人：请进入需要增加人的群里点击右上角的图标->选择需要增加的人添加即可。

屏蔽群消息：暂时只能进入群聊右上角，设置不提醒新消息，或者选择退出、删除该群，暂时还无法完全屏蔽群的功能，估计在未来的版本中会有这项功能。

关闭消息提示步骤：进入微信群->右上角的功能设置->详细设置->关闭新消息通知。

8. 微信支付

（1）支付开通/添加银行卡方法。进入微信中的“我”点击微信号->我的银行卡->添加银行卡->填写银行卡信息->输入验证码即可。添加银行卡即可使用微信支付功能。

（2）解绑银行卡方法。Android手机：进入微信中->“我”->我的银行卡->选择需要解绑的银行卡->点击右上角的“…”->解除绑定->输入支付密码即可解绑。

iPhone手机：进入微信中->“我”->点击微信号->我的银行卡->选择需要解绑的银行卡->点击右上角的“…”->解除绑定->输入支付密码即可解绑。

（3）手机丢失处理。若您的手机不幸丢失，将有以下措施保护你微信支付的安全：每笔交易都需要输入支付密码；他人无法通过“忘记支付密码”找回你的支付密码（如果你的银行卡与手机同时丢失，一定要先去把银行卡挂失）如果更换了新的手机号，请及时更换银行预留手机号与绑定手机号。

（4）查看交易。微信中的在“我”->点击微信号->我的银行卡->右上角的“…”->交易记录即可查阅。

（5）取消交易。通过微信中的在“我”->点击微信号->我的银行卡->右上角的“…”->交易记录->点击右上角的“清空”可删除所有的交易记录，若需要删除单条交易记录，可在需要删除的交易记录上向右滑动屏幕，点击“删除”即可。

9. 朋友圈

(1) 评论规则。评论照片时，只会通知照片发表者。选择评论者回复（指定回复），只会通知被回复者。照片评论者互为好友的情况下，可看到照片的所有评论；照片评论者非互为好友的情况下，只能看到非指定的回复。

(2) 相册容量不限制。

(3) 照片查看。

未设置朋友圈任何权限：可显示所有朋友圈中的照片；设置回避的人：除被设置为回避的人无法查看外，其他人都能查看。

三、微信营销

1. 微信营销的概念

微信营销是网络经济时代企业营销模式的一种创新，是伴随着微信的火热而兴起的一种网络营销方式。微信不存在距离的限制，用户注册微信后，可与周围同样注册的“朋友”形成一种联系，用户订阅自己所需的信息，商家通过提供用户需要的信息推广自己的产品，从而实现点对点的营销。

2. 微信营销的特点

(1) 实时推送。

(2) 一对一营销。

(3) 信息 100%到达。

(4) 形式多种多样。

(5) 低成本。

任务示范

任务：申请微信，并使用微信的功能。

操作步骤

【步骤一】 微信注册，可以使用 QQ 号直接登录，也可以使用手机号码进行在线注册，两种方法都可以完成注册，非常方便。

如果使用 QQ 账号，就可以不需要注册而直接使用 QQ 账号登录微信。如果你没有 QQ 账号登录的话，可以用手机号码进行快捷注册，如图 4-17 所示。只要选择好自己所在的国家，然后填入手机号码与登录密码就可以了，非常方便，10 秒钟就能注册完毕。注册成功之后，你就将拥有一个微信账号，你下次除了使用 QQ 账号、手机号码登录之外，还可以使用微信账号登录。

图 4-17　手机号码申请微信

【步骤二】根据之前的分组情况，以小组为单位，添加好友。登录微信账号后，进入如图 4-18 所示界面。点击“通讯录”，然后点击“添加”，如图 4-19 所示，输入小组成员的微信号、QQ 号或者手机号等待完成添加。

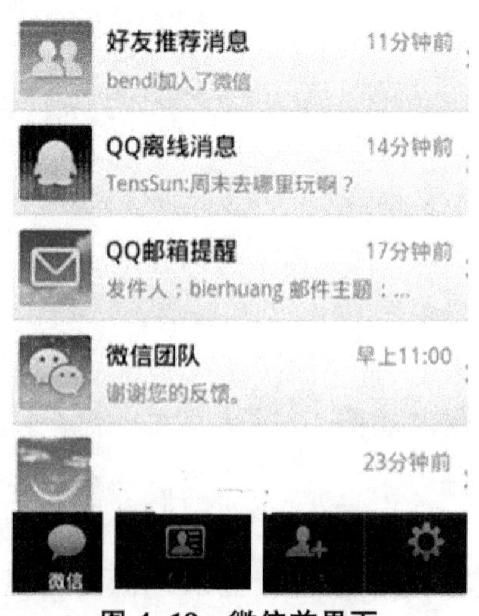

图 4-18　微信首界面

4-19　添加好友

【步骤三】进入微信主界面，小组成员之间使用对讲功能，如图 4-20 所示。

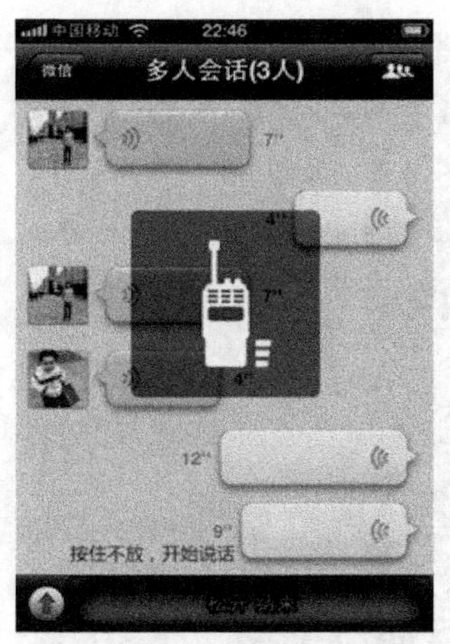

4-20　对讲功能

【步骤四】使用“漂流瓶”功能，如图 4-21 所示。“漂流瓶”实际上是移植 QQ 邮箱的一款应用，该应用在电脑上广受好评，许多用户喜欢这种和陌生人的简单互动方式。移植到微信上后，“漂流瓶”的功能基本保留了原始简单易上手的风格。

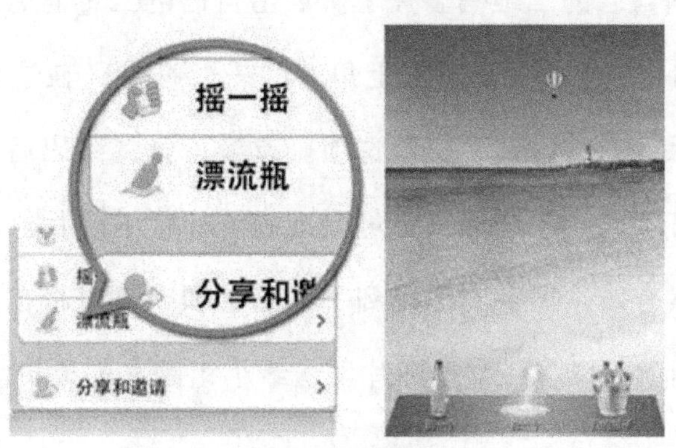

图 4-21　漂流瓶

漂流瓶主要有两个简单的功能：

（1）“扔一个”，小组成员可以选择发布语音或者文字然后投入大海中。

（2）“捡一个”，顾名思义则是“捞”大海中其他用户投放的漂流瓶，但是每个用户每天只有 20 次捡漂流瓶的机会。

微信官方可以对漂流瓶的参数进行更改，使得合作商家推广的活动在某一时间段内抛出的“漂流瓶”数量大增，普通用户“捞”到的频率也会增加。加上“漂流瓶”模式本身可以发送不同的文字内容甚至语音小游戏等，如果营销得当，也能产生不错的营销效果。而这种语音的模式，也让用户觉得更加真实。图 4–22 为招商银行利用“漂流瓶”展开营销活动，用户每捡 10 次“漂流瓶”便基本上有 1 次会捡到招商银行的爱心“漂流瓶”。

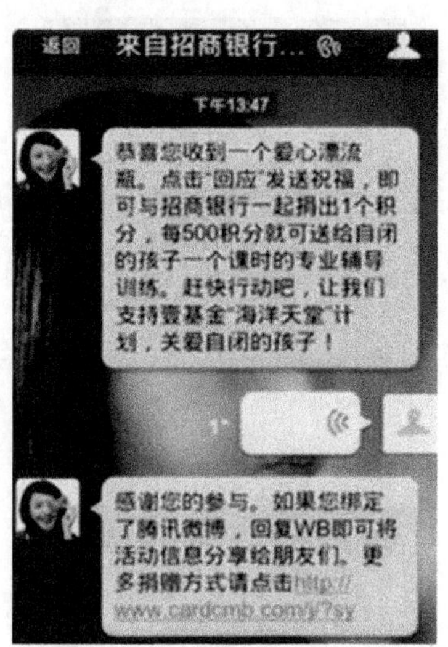

图 4–22　招商银行漂流瓶

【步骤五】二维码的使用。登录微信，在设置中，即可以看到二维码名片的选项，点击“二维码名片”，就能看到自己的二维码名片了。点击自己的二维码名片，就可以将这张名片分享到微博等渠道，如图 4–23 所示。点击右上角的“…”符号，在这里，我们可以看到分享二维码、换一张二维码、保存二维码到手机等选项。点换一张二维码后，我们可以换成各种不同样式的二维码，这些所有不同的二维码，都可以准确添加你的名片。即使你换一张二维码，以前生成的二维码名片依然有效。保存二维码到手机的选项，可以将自己的二维码名片存在自己手机的相册中，这样我们就可以将二维码图片发送给小组的其他成员。

图 4-23　二维码

利用扫二维码营销，“扫描 QR Code”功能原本是“参考”另一款国外社交工具“LINE”，用来扫描识别另一位用户的二维码身份从而添加朋友。但是二维码发展至今，其商业用途越来越多，所以微信顺应潮流结合 O2O 展开商业活动。

将二维码图案置于取景框内，微信会帮你找到企业的二维码，然后你将可以获得成员折扣和商家优惠，如图 4-24 所示。

图 4-24　二维码扫描

【步骤六】微信公众平台的使用。借助庞大的用户基数和基础的信息推送能力，腾讯在微信方面的布局已经越来越明显，基于插件的服务绑定形式，信息推送支持图文并茂，支持内部页面浏览，以及方便快捷的群聊互动，这些足以支撑起一个全新的市场生态圈。基于位置定位的社交互动，让手机对战一蹴而就，公众平台的 API 开放，昭示着开发者可以将用户的信息转化为商业需求，从而催生出一整套生态产业链，这一圈子主要以互动性服务为主。

（1）微信公众平台如图 4-25 所示。

图 4-25　微信公众平台

（2）注册微信公众平台。注册需要一个全新的 QQ 号，而且绑定后只能在网页上的公众平台上进行操作，公众平台账号不支持手机端，如图 4-26 所示。

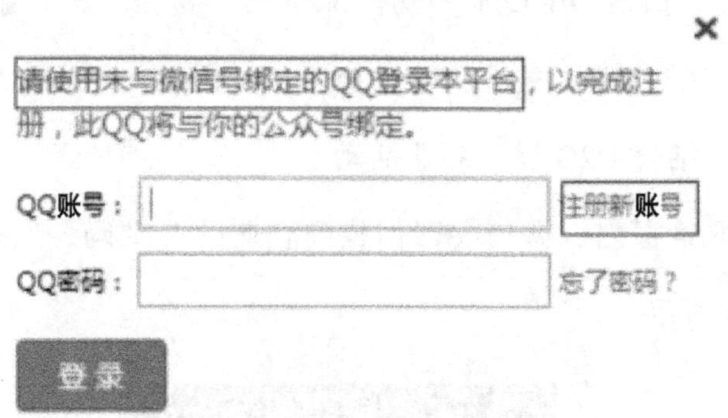

图 4-26　微信公众平台申请

（3）后台管理。登录成功后，进入后台操作页面，目前的测试版功能比较简单，只提供了几个比较基础的服务。

图 4-27　信息管理界面

图 4-27 界面用来展示所有用户与公众用户互动的信息列表，提供简单的时间查询，公众平台用户可在此页面对相关用户的消息进行回复。

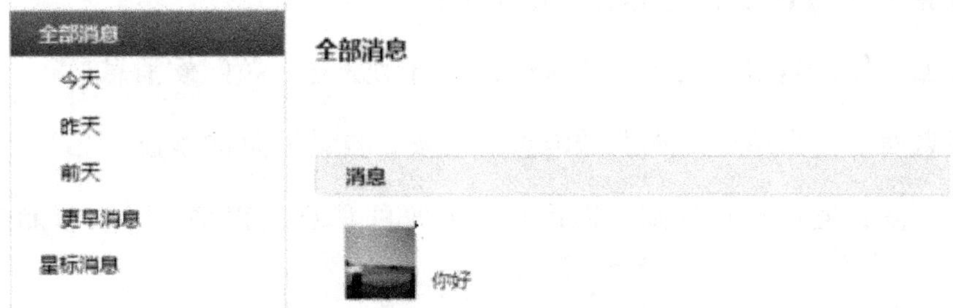

图 4–28 用户管理界面

图 4–28 为用户管理界面，主要是对已关注此公众平台账号的用户进行简单的管理，提供新建分组，将用户划分到指定组。

群发信息。对一组用户进行对应性推送消息，支持分组和性别的筛选，支持多种内容模型的推送，如图 4–29 所示。

图 4–29 群发信息

预先编写好推送的消息，用来根据用户的特殊关键字进行智能回复，或者设定自动回复所需要的消息储备，如图 4–30 所示。

图 4–30 编辑预推手信息

智能回复设置包括以下三种，如图 4-31 所示：

（1）自动添加回复：当用户关注你的时候，会自动发送一条问候消息。

（2）用户消息回复：当用户向你发送消息的时候，自动回复的消息，相当于机器人回复。

（3）自定义回复：通过建立规则，匹配用户发来的消息关键字，然后智能的回复预设好的储备消息。

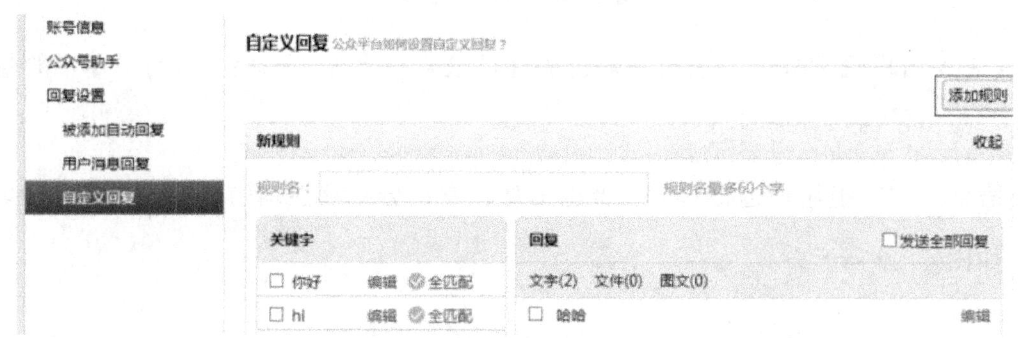

图 4-31　自定义回复

应用案例

星巴克的微信营销

2012 年既是微博营销的爆发年，也是企业入驻微信的开始。越来越多的人把“微信营销”、“微信的商业化”等挂在嘴边，无疑微信的影响力与它独有的商业魅力让人既好奇又心痒。而从企业的角度，他们又是如何看待微信的呢？企业应该如何善用微信平台，微信对于企业的价值在哪里？我们来了解一下咖啡巨头星巴克。星巴克企业发展战略向来注重数字媒体与社交媒体，并一直走在科技与时尚的前沿，身体力行打造新鲜时尚空间。星巴克官方微信平台，就是企业数字化战略中重要及坚实的一步。

星巴克的策划谈道，当他们策划夏季冰摇沁爽系列创新饮品的上市计划时，他们在构思有什么是可以令人感觉全身被激发和唤醒的，他们想到了音乐，还有微信。如果要寻找一个能与顾客积极互动的平台，微信无疑是很好的选择之一。

星巴克中国微信账号粉丝已超过 40 万人，总计数以百万次的互动。这些数据仍然保持持续的增长，在业界也得到很好的反馈（截至 2012 年 12 月初）。星巴克结合自己的企业特点。通过微博、星享卡会员项目、门店、平面媒体等多个渠道，把这一消息告诉大家。

微博和微信是目前最主流的社交方式。在星巴克看来，两者都是很好的交互平台。相对来讲，微博支持一对多的交流，常被称为“自媒体”；微信从目前的使用者角度来看，更注重即时的交互性和一对一的私密性，且微信用户不满足于文字交流，更注重语音、图像和视频的传递。

在微信平台上，星巴克注重与星粉之间的一对一互动。首先推出了星巴克官方微信平台和“自然醒”活动。微信粉丝只要发一个表情符号给星巴克，无论是兴奋、沮丧，或忧伤的，立刻能获得星巴克按其心情特别调制的音乐曲目，与星巴克展开一番内容丰富的对话。

图 4–32　星巴克的微信

2012 年 10 月 8 日起，星巴克再度富有创意地推出了“星巴克早安闹钟”活动，以配合早餐系列新品上市。粉丝只需下载或更新“星巴克中国”手机应用，每天早上 7 点至 9 点，在闹钟响起后的 1 小时内到达星巴克门店，就有机会在购买纯正咖啡饮品的同时，享受半价购买早餐新品的优惠。一杯星巴克咖啡饮品，由专业的星级咖啡师精心调制，再搭配上可口的可颂/三明治/意大利夹饼，不仅口感更佳，而且低脂营养健康，让人在独特的星巴克体验中迎来活力充沛的每一天。

思考： 星巴克微信的推广借助了微信的哪些功能？

抛弃时间的人，时间也抛弃他。

——莎士比亚

职业能力训练

一、单选题

1. 微信是（　）公司研发出的应用。

A. 腾讯公司　　B. 华为集团

C. 阿里巴巴　　D. 联想集团

2. 微信的（　）功能可以向你推送信息，让你轻松了解到企业的优惠和折扣信息。

A. “漂流瓶”　　B. “摇一摇”

C. 企业公众平台

二、多选题

微信添加朋友的方式有（　）。

A. 添加朋友　　B. 扫朋友的二维码

C. 与朋友同时“摇一摇”　　D. 系统自动提醒

三、搜索你感兴趣的公众号，接受对方的推送信息，将这些信息与同学分享。在分享的过程中增加个人的被关注度

观念应用训练

南航——微信服务式营销

中国南方航空公司总信息师胡臣杰曾表示：“对今天的南航而言，微信的重要程度，等同于15年前南航做网站!”也正是由于对微信的重视，如今微信已经与网站、短信、手机

APP、呼叫中心，一并成为南航五大服务平台。

对于微信的看法，胡臣杰表示："在南航看来，微信承载着沟通的使命，而非营销。"早在2013年1月30日，南航微信发布第一个版本，在国内首创推出微信值机服务。随着功能的不断开发完善，机票预订、办理登机牌、航班动态查询、里程查询与兑换、出行指南、城市天气查询、机票验真等通过其他渠道能够享受到的服务，用户都可通过与南航微信公众平台互动而实现。

思考：南航如何借助微信的功能开展营销活动的，营销的作用如何？

情景模拟训练

星巴克——音乐推送微信

把微信做得有创意，微信就会有生命力！微信的功能已经强大到我们目不忍视，除了回复关键词还有回复表情的。这就是星巴克音乐营销，直觉刺激你的听觉。通过搜索星巴克微信账号或者扫描二维码，用户可以发送表情图片来表达此时的心情，星巴克微信则根据不同的表情图片选择《自然醒》专辑中的相关音乐给予回应。

这种用表情说话正是星巴克的卖点所在。

思考：用你申请的微信账号，感受星巴克音乐推送，并谈谈商家微信营销的便捷之处。

思维拓展训练

招商银行——"爱心漂流瓶"

微信官方对"漂流瓶"的设置，也让很多商家看到了"漂流瓶"的商机，微信商家开始通过扔瓶子做活动推广。微信官方使得合作商家推广的活动在某一段时间内抛出的"漂流瓶"数量大增，普通用户"捞"到的频率也会增加。招商银行就是其中一个。

日前，招商银行发起了一个微信"爱心漂流瓶"的活动：微信用户用"漂流瓶"功能捡到招商银行漂流瓶，回复之后招商银行便会通过"小积分，微慈善"平台为自闭症儿童提供帮助。在此活动期间，有媒体统计，用户每捡10次漂流瓶便基本上有1次会捡到招商银行的“爱心漂流瓶”。

思考：你会使用“漂流瓶”吗？以小组为单位，向小组成员投“漂流瓶”，看看效果如何？

任务3　病毒营销

任务目标

通过本次任务实训，使学生掌握病毒营销的知识，了解什么是病毒，什么是病毒营销，如何制造病毒，如何传播病毒，使用病毒营销的策略是什么，病毒式营销有什么特点，病毒的传播渠道和病毒营销的步骤是怎么样的。

项目任务书

<table>
<tr><td>任务名称</td><td>病毒营销</td><td>任务编号</td><td></td><td>时间要求</td><td></td></tr>
<tr><td>要求</td><td colspan="5">1. 掌握病毒营销的概念
2. 了解病毒营销的特点
3. 了解病毒的传播途径
4. 掌握病毒营销的一般步骤
5. 了解病毒营销的技巧
6. 了解你身边有哪些病毒营销的实例，跟小组成员介绍，并讨论效果如何，并完成总结</td></tr>
<tr><td>重点培养的能力</td><td colspan="5">严谨工作作风，人际沟通能力，团队合作协调能力，良好的职业操守</td></tr>
<tr><td>涉及知识</td><td colspan="5">病毒营销的概念、病毒营销的特点、病毒营销的技巧和策略等</td></tr>
<tr><td>教学地点</td><td>教室、机房</td><td>参考资料</td><td colspan="3"></td></tr>
<tr><td>教学设备</td><td colspan="5">投影设备、投影幕布、能联网的电脑</td></tr>
<tr><td colspan="6">训练内容</td></tr>
<tr><td colspan="6">1. 听教师讲解案例及相关的知识（时间约　　分钟）
2. 病毒营销的概念（时间约　　分钟）
3. 病毒营销的特点（时间约　　分钟）
4. 病毒式营销的一般步骤（时间约　　分钟），分析讨论（时间约　　分钟）；病毒式营销的技巧（时间约　　分钟）
5. 收集有关病毒营销的实例，以小组为单位，向小组成员介绍案例，并讨论效果如何，并完成总结（时间约　　分钟）</td></tr>
<tr><td colspan="6">训练要求</td></tr>
<tr><td colspan="6">在完成任务的过程中能自主学习并掌握病毒营销的相关知识；能够在规定的时间内完成相关的资料查找、整理、分析案例；能够在规定的时间内撰写出分析报告；团队合作较好</td></tr>
<tr><td colspan="6">成果要求及评价标准</td></tr>
<tr><td colspan="6">成果要求：需提交下列书面文件
1. 你对病毒式营销方法的认识
2. 病毒营销的案例分析
评价标准：
1. 能掌握本实训模块的关键知识点，具有良好的独立思考问题和解决问题的能力，对病毒式营销的相关知识点熟练掌握，搜集的病毒式营销案例恰当，分析透彻清晰
2. 能认真对待实训任务，基本掌握本实训模块的关键知识点，能跟小组成员配合的情况下完成案例的搜集和分析
3. 对待实训课程不够认真，基本了解本实训模块的关键知识点
4. 对待实训课程不认真，不能正确理解本实训的主要内容，在小组成员的提示下也无法完成分析和总结
符合上述标准 1，成绩为优秀，可得 90~100 分；符合标准 2，成绩为良好，可得 70~80 分；符合标准 3，成绩及格，可得 60~70 分；符合标准 4，成绩为不及格，得分 60 分以下；介于这几种标准之间的，可酌情增减分</td></tr>
</table>

续表

<table>
<tr><td rowspan="8">任务产出一</td><td rowspan="8">成员姓名与分工</td><td colspan="2">成　员</td><td>学　号</td><td colspan="2">分　工</td></tr>
<tr><td>组　长</td><td></td><td></td><td colspan="2"></td></tr>
<tr><td>成员 1</td><td></td><td></td><td colspan="2"></td></tr>
<tr><td>成员 2</td><td></td><td></td><td colspan="2"></td></tr>
<tr><td>成员 3</td><td></td><td></td><td colspan="2"></td></tr>
<tr><td>成员 4</td><td></td><td></td><td colspan="2"></td></tr>
<tr><td>成员 5</td><td></td><td></td><td colspan="2"></td></tr>
<tr><td>成员 6</td><td></td><td></td><td colspan="2"></td></tr>
<tr><td>任务产出二</td><td colspan="6">1. 病毒式营销的实例介绍

2. 撰写案例分析
主要针对病毒营销的主要环节，病毒是什么，传播途径是什么，营销的效果如何等进行讨论并完成分析报告。文字、数据要清晰整洁；字数 2000 字以上</td></tr>
<tr><td colspan="2">项目组评价</td><td colspan="3"></td><td rowspan="2">总分</td><td rowspan="2"></td></tr>
<tr><td colspan="2">教师评价</td><td colspan="3"></td></tr>
</table>

情景导入

吃垮必胜客

必胜客是全球最大的比萨专卖连锁企业之一，它的标识特点是把屋顶作为餐厅外观显著标志。必胜客遍布世界各地 100 多个国家，每天接待超过 400 万位顾客，烤制 170 多万个比萨饼。必胜客已在营业额和餐厅数量上具有优势，迅速成为全球领先的比萨连锁餐厅企业。必胜客公司属于世界最大的餐饮集团——百胜全球餐饮集团，百胜餐饮集团在全球 100 多个国家拥有超过 32500 家的连锁餐厅，是全球餐饮业多品牌集合的领导者。必胜客目前尚未达到规模效益，叫停加盟是为了规避风险。但特许经营之门不会永久性关闭。1990 年，必胜客在北京开设第一家中国分店。1993 年，作为必胜客中国内地唯一特许加盟商，香港怡和集团抢滩华南。自此，必胜客走上了艰难的扩张之旅。

2005 年，一个“吃垮必胜客”的帖子曾一度在网上热传。该帖的“出炉”，正是针对当时人们普遍对必胜客水果蔬菜沙拉的高价极为不满，提供了很多种食物的“秘方”。为此，许多人看到后感到非常新奇有趣，跃跃欲试，而且“沙拉塔”的样式和建筑技巧也在不断被创新，网民的参与热情和尝试热情也在不断提高，甚至不少人发表了自己更高明的杰作在网上炫耀，且成了众人瞩目的焦点。其结果可以想象，随着帖子点击率的急速飙升，必胜客的顾客流量迅速增长。有一位网友留言："我马上把邮件转发给我爱人了，并约好了去必胜客一试身手。到了必胜客我们立即要了一份自助沙拉，并马上按照邮件里介绍的方法盛取沙拉。努力了几次，终于发现盛沙拉用的夹子太大，做不了那么精细的搭建工艺，最多也就搭 2~3 层，不可能搭到 15 层。"而到必胜客试过身手，并且真的装满更多层沙拉的热心网友，会在网上发帖，介绍自己"吃垮必胜客"的成功经验。甚至有网友从建筑学角度，用 11 个步骤来论述如何"吃垮必胜客"的方法。

结果可想而知，消费者根本无法"吃垮必胜客"，相反，在这个过程中必胜客的利润大大提高了。

思考：你认为"吃垮必胜客"的帖子是网友不经意写的吗？通过这个故事，你是否感受到了一种新的网络营销方式呢？

知识链接

一、病毒营销概述

许多人一听到"病毒营销"这 4 个字，马上想到的是计算机病毒，其实它们根本不是一回事，两者有着本质的区别。

Hotmail 开创了病毒营销的先河。最初 Hotmail 推出电子邮箱服务的时候，在 IT 界还是一个很不起眼的公司，但在短短的 10 个月内，公司的注册用户就达到了上千万，而且每个月注册的用户还以几十万的速度递增。他们的策略很简单，每一封在 Hotmail 发出的电子邮件下面都加了个标签"从 www.Hotmail.com 得到您的个人免费邮箱"，首先赠送免费的电子邮件地址服务，然后人们看到消息，注册自己的免费邮箱，接着发消息给朋友和同事。每次在 Hotmail 发出的邮件都自动添加了这个标签，使得更多的人知道这个消息，而更多的人成为了信息的传递者，就像病毒一样极快地传播开来。

病毒营销（Viral Marketing，又称病毒式营销、病毒性营销、基因营销或核爆式营销），是一种常用的网络营销方法，常用于进行网站推广、品牌推广等。其信息传递策略是通过公众将信息廉价复制，并传递给其他受众，从而迅速扩大自己的影响。

二、病毒营销的特点

病毒营销是通过利用公众的积极性和人际网络，让营销信息像病毒一样传播和扩散，营销信息被快速复制并传向数以万计、数以百万计的受众。它区别于其他营销方式的特点。

（1）吸引力强的病原体。网络上盛极一时的“流氓兔”证明了“信息伪装”在病毒式营销中的重要性。韩国动画新秀金在仁为儿童教育节目设计了一个新的卡通兔，这只兔子相貌猥琐、行为龌龊、思想简单、诡计多端、爱耍流氓、只占便宜不吃亏，然而正是这个充满缺点、活该被欺负的弱者成了反偶像明星，它挑战已有的价值观念，反映了大众渴望摆脱现实、逃脱制度限制所付出的努力与遭受的挫折。流氓兔的 Flash 出现在各 BBS 论坛、Flash 站点和门户网站，私下里网民们还通过聊天工具、电子邮件进行传播。

（2）传播速度快。

（3）高效率的接收。

（4）病毒更新升级速度快。

任务示范

操作步骤

【步骤一】 制造病毒。

病毒营销的操作过程与计算机病毒类似，第一步都是制造病毒。一个好“病毒”的前提是传播力要足够强，而如何才能造出传播力强劲的病毒呢？可以从以下几方面入手。

（1）免费和利诱。对于免费的好东西或是可以给我们带来利益的东西，谁都无法拒绝，也最容易形成病毒效应。比如前面提到的 Hotmail，走的就是免费路线。又如 2010 年轰动一时的“KFC 事件”，就是因为肯德基的秒杀活动太实惠了，通过下载其提供的电子优惠券，就可以一半的价钱购买原价为 64 元的全家桶。这么实惠的好事，用户当然会奔走相告，结果这张电子优惠券像病毒一样被传，无数人拿着它涌向全国各地的肯德基。肯德基不堪重负，拒绝为用户兑换，最终引发了此次事件。

（2）娱乐类。用户联网最重要的目的之一就是娱乐，所以娱乐类的内容是很容易引发病毒效应的。比如最典型的就是各种搞笑的图片、视频，这类内容是用户最愿意主动传播的内容之一。

（3）情感类。在口碑营销中，从受众的心理需求入手比较容易引发口碑效应。在病毒营销中，这种方法同样适用，通过情感层面引导用户帮我们进行病毒传播是良策。下面补充几条在口碑营销中没有提到的用户心理需求。

情绪一——愤怒。比如2010年最劲爆的网络红人凤姐，之所以如此爆红，就是因为她的言行太令人愤怒了。大家忍不住要和身边的朋友说她，忍不住在网上批评她。而在一片骂声和争议中，凤姐自然就出名了。又如“我爸是李刚”之所以成为网络流行语，也是因为这句话太让人气愤和发指了。

情绪二——显摆。比如在不久前，某杂志社针对全国高校女生举办了一次“封面精灵”评选活动，凡是入选者可以成为该杂志的封面精灵，并被大力推广。评选的主要方式是网络投票。结果在活动期间，该杂志社网站的流量从日常的几千IP访问量，直接涨到了6位数。

情绪三——贪婪。比如在QQ群中，经常出现所谓的“转发某某消息就送Q币”的信息，虽然我们都知道是假的，但每次都有人转发。

（4）邀请推荐类。开心网上线之初为什么发展如此之快，其中一个重要原因就是其邀请注册机制。开心网不能够自由注册，只能通过已注册用户的邀请链接进行注册，如图4–33所示。当然，仅仅是这个机制，还不足以引发病毒效应。开心网中主打的是各类休闲小游戏，而邀请他人注册是大量增加游戏金币的最直接方法。有了“金钱”的驱动，病毒效应自然就形成了。此方法用在注册类的产品上非常有效，比如对于论坛社区这类产品，增加有奖推荐注册机制后，注册量都会大增。

图4–33 开心网朋友邀请

（5）投票类。最典型的案例是，2006年日本申请加入联合国常任理事国期间，各大网站纷纷推出反对日本加入联合国常任理事国的投票活动，一时间席卷互联网，据称当时有超过1亿人参与了此类投票。

（6）恶搞祝福类。比如在某年中秋节期间，某站长制作了一张别出心裁的祝福页面，结果该页面在节日期间，日IP访问量超过了70万。与各种祝福页面异曲同工的还有各种整人页面、恶搞页面。适当地与朋友开开玩笑，进行小小的恶作剧，具有调节气氛、增进友谊的作用。而如果我们能够为用户提供此类富有创意、趣味十足而又不失友好的页面，自然会被用户传播。

【步骤二】发布病毒。

病毒制造好后，开始大范围发布。在发布这个环节，有以下几个技巧和注意事项。

（1）无须努力即可向他人传播的方式。比如病毒营销的开拓者Hotmail，其之所以大获成功，就是因为其传播方式太简单了，甚至用户不需要做任何事，只需要正常地和亲朋好友通信，就能够帮助其完成传播。又如开心网的成功，也是因为传播方式的多样化和简单化。

（2）找"低免疫力易感"人群。如同现实中的感冒病毒一样，病毒营销要传播得快，也要像感冒病毒一样找到那些低免疫力易感人群，通过他们将病毒扩散出去。一般来说，低端用户、低年龄用户、感性用户是比较易感的人群。

（3）选好病毒发布渠道。在传播病毒时，应该选择那些人群集中、互动性强、传播迅速的平台。通常IM、QQ、论坛、邮箱等是常用的渠道。

（4）给大家发布传播的动力。所谓"无利不起早"，没有动力，用户是不会主动传播的，所以我们需要给用户一个有力的传播理由。具体如利诱、情感引导等。

【步骤三】Hotmail病毒营销。

Hotmail在一年半时间里，就吸引了1200万注册用户，每天以超过15万新用户的速度发展，在网站创建的12个月内，Hotmail只花费很少的营销费用，还不到其直接竞争者的3%。

具体实施过程：

（1）提供免费E-mail地址和服务。

（2）在每一封免费发出的信息底部附加一个简单标签："Get your private，free email at http://www.hotmail.com。"

（3）人们利用免费 E-mail 向朋友或同事发送信息。

（4）接收邮件的人将看到邮件底部的信息。

（5）这些人会加入使用免费 E-mail 服务的行列，从而 Hotmail 提供免费 E-mail 的信息将在更大的范围扩散。

应用案例

病毒营销——人品计算器

人品计算器，相信有很多人都用过这个Flash 小程序算一算自己的人品。游戏很简单，把自己或者别人的名字输进去，点击计算就得出了一个分数，还有一个极搞笑的评语。这个游戏的关键点是当你输入一个人的名字时，出现的结果常常出人意料——于是释放出一种爆笑的能量。相信很多人在与朋友、家人一起计算人品时都会大笑一场。可惜的是这个天才的小游戏上面没有打上作者的名字，也没有公司的 Logo，也许只是某个 Flash 爱好者一时兴起的练习之作吧。这个游戏传播有多广不知道，但在一天之内有 5 个朋友给我发这个小游戏，我也发给很多人，能量确实巨大。这个案例算不上成功的病毒式营销，因为除了传播游戏外，并没有附带其他的属性，比如游戏开发者的名字都没有出现。

思考：成功的病毒营销应该具备哪些特点？

名人名言

一个人越知道时间的价值，越倍觉失时的痛苦！

——但　丁

职业能力训练

简答题

1. 什么是病毒营销？

2. 病毒营销的特点是什么？

情景模拟训练

火炬在线传递

2008年3月24日，可口可乐公司推出了火炬在线传递。而这个活动堪称经典的病毒营销案例：如果你争取到了火炬在线传递的资格，将获得“火炬大使”的称号，头像处将出现一枚未点亮的圣火图标，之后就可以向你的好友发送邀请。

如果10分钟内可以成功邀请其他用户参加活动，你的圣火图标将被成功点亮，同时将获得（可口可乐）火炬在线传递活动专属QQ皮肤的使用权。而这个好友就可以继续邀请下一个好友进行火炬在线传递。依此类推。网民们以成为在线火炬传递手为荣，“病毒式”的链式反应一发不可收拾，“犹如滔滔江水，延绵不绝”。

这个活动在短短的40天之内就“拉拢”了4000万人（41169237人）参与其中。平均起来，每秒钟就有12万多人参与。一个月的时间内。在大家不知不觉中，身边很多朋友的QQ上都多了一个火红的圣火图标（同时包含可口可乐的元素）。

思考： 1. 你会参加本次传递活动吗？为什么？

2. 你认为“火炬在线传递”如此火爆的原因在哪里？

任务 4　事件营销

任务目标

通过本次任务实训，使学生掌握事件营销的知识，了解事件营销的概念，如何利用事件营销，如何将事件扩散升级，使用事件营销的策略是什么，制造事件营销的内容策略是什么，事件营销的操作要点是什么。

项目任务书

<table>
<tr><td>任务名称</td><td>事件营销</td><td>任务编号</td><td></td><td>时间要求</td><td>180 分钟</td></tr>
<tr><td>要求</td><td colspan="5">1. 掌握事件营销的概念
2. 了解事件营销的作用
3. 了解事件营销的内容策略是什么
4. 了解事件营销的特性
5. 掌握事件营销的操作要点</td></tr>
<tr><td>重点培养的能力</td><td colspan="5">理论联系实际的能力，资料分析能力，团队合作能力</td></tr>
<tr><td>涉及知识</td><td colspan="5">事件营销的概念、事件营销的特点、事件营销的内容技巧和策略等</td></tr>
<tr><td>教学地点</td><td>教室、机房</td><td>参考资料</td><td colspan="3"></td></tr>
<tr><td>教学设备</td><td colspan="5">投影设备、投影幕布、能联网的电脑</td></tr>
<tr><td colspan="6">训练内容</td></tr>
<tr><td colspan="6">1. 听教师讲解案例及相关的知识（时间约　　分钟）
2. 事件营销的概念（时间约　　分钟）
3. 事件营销的特点（时间约　　分钟）
4. 事件营销的一般步骤（时间约　　分钟），分析讨论（时间约　　分钟）；事件营销的技巧（时间约　　分钟）
5. 收集有关事件营销的实例，以小组为单位，向小组成员介绍案例，并讨论效果如何，并完成总结（时间约　　分钟）</td></tr>
<tr><td colspan="6">训练要求</td></tr>
<tr><td colspan="6">在完成任务的过程中能自主学习并掌握事件营销的相关知识；能够在规定的时间内完成相关的资料查找、整理、分析案例；能够在规定的时间内撰写出分析报告；团队合作较好</td></tr>
<tr><td colspan="6">成果要求及评价标准</td></tr>
<tr><td colspan="6">成果要求：需提交下列书面文件
1. 你对事件营销方法的认识
2. 事件营销的案例分析
评价标准：
1. 能掌握本实训模块的关键知识点，具有良好的独立思考问题和解决问题的能力，对事件营销的相关知识点熟练掌握，搜集的事件营销案例恰当，分析透彻清晰
2. 能认真对待实训任务，基本掌握本实训模块的关键知识点，能跟小组成员配合的情况下完成案例的搜集和分析
3. 对待实训课程不够认真，基本了解本实训模块的关键知识点
4. 对待实训课程不认真，不能正确理解本实训的主要内容，在小组成员的提示下也无法完成分析和总结
符合上述标准 1，成绩为优秀，可得 90~100 分；符合标准 2，成绩为良好，可得 70~80 分；符合标准 3，成绩及格，可得 60~70 分；符合标准 4，成绩为不及格，得分 60 分以下；介于这几种标准之间的，可酌情增减分</td></tr>
</table>

续表

<table>
<tr><td rowspan="8">任务产出一</td><td rowspan="8">成员姓名与分工</td><td>成 员</td><td>学 号</td><td>分 工</td></tr>
<tr><td>组 长</td><td></td><td></td></tr>
<tr><td>成员 1</td><td></td><td></td></tr>
<tr><td>成员 2</td><td></td><td></td></tr>
<tr><td>成员 3</td><td></td><td></td></tr>
<tr><td>成员 4</td><td></td><td></td></tr>
<tr><td>成员 5</td><td></td><td></td></tr>
<tr><td>成员 6</td><td></td><td></td></tr>
<tr><td>任务产出二</td><td colspan="4">1. 事件营销的实例介绍
<table><tr><td>企业主要营销方式</td><td>设计的事件内容</td><td>营销效果</td></tr><tr><td></td><td rowspan="3"></td><td rowspan="3"></td></tr><tr><td></td></tr><tr><td></td></tr></table>
2. 撰写案例分析
针对事件营销的主要环节，分析案例中的企业是如何利用事件策划事件营销内容的，营销的效果如何等进行讨论并完成分析报告。文字、数据要清晰整洁；字数 2000 字以上</td></tr>
<tr><td colspan="2">项目组评价</td><td></td><td rowspan="2">总分</td><td rowspan="2"></td></tr>
<tr><td colspan="2">教师评价</td><td></td></tr>
</table>

情景导入

伊利的世博会营销

体育盛事历来是企业营销的好时机，奥运会和世博会就更不例外。在奥运会和世博会中，伊利一枝独秀成为国内唯一一家先后服务于奥运会和世博会两大国际盛事的乳品企业并载誉而归。

作为中国乳品企业的龙头，伊利借助上海世博会的契机，全面启动线下电视、报纸、杂志以及线上推广、口碑、微博、新闻等全方位的整合营销。伊利凭借世博效应的强劲拉动和持续释放大获全胜，正式入主世界乳业 20 强，品牌价值逼近 300 亿元，连续 7 年名列中国乳品企业榜首。在为营销实效而设的中国艾菲奖颁奖礼上，伊利世博营销抱得两项大奖。而在 2010 年第三季度报告中伊利前三季度入账 235 亿元。“世博牛奶”9 个月的销量超奥运全年……

思考：事件营销的关键是什么？

知识链接

一、事件营销概述

1. 事件营销的定义

事件营销（Event Marketing）是企业通过策划、组织和利用具有名人效应、新闻价值以及社会影响的人物或事件，引起媒体、社会团体和消费者的兴趣与关注，以求提高企业或产品的知名度、美誉度，树立良好品牌形象，并最终促成产品或服务销售目的的手段和方式。

简单地说，事件营销是通过把握新闻的规律，制造具有新闻价值的事件，并通过具体的操作，让这一新闻事件得以传播，从而达到广告的效果。

2. 事件营销的特点

（1）目的性。

（2）风险性。

（3）成本低。

（4）多样性。

（5）新颖性。

（6）效果明显。

3. 事件营销的作用

事件营销的作用有很多，下面介绍几个比较重要和有特色的要点：

（1）新闻效应。如飞跃天门山让全世界人民认识张家界。

（2）广告效应。如巴马万国会上茅台酒一摔成名。

（3）公共关系/客户关系。如海尔砸冰箱的铁锤成为质量信誉的象征。

（4）形象传播。

4. 事件营销的特性

（1）针对性。

（2）主动性。

（3）保密性。

（4）不可控的风险。

（5）可亲性。

（6）趣味性。

二、事件营销的关键

一则成功的事件营销必须包含下列四个要素之中的一个，这些要素包含的越多，事件营销成功的概率越大。新闻价值的要素同时也是事件营销成功的要素包括：

（1）重要性。

（2）接近性。

（3）显著性。

（4）趣味性。

图 4-34　富亚涂料事件

富亚涂料通过经理喝涂料而成名的事件，如图 4-34 所示，无疑是事件营销经典案例之一。这一事件被国内媒体普遍转载。为什么它具有这么大的威力呢？就是因为它的新闻价值比较高。这一事件满足了人们对新闻趣味性的追求，整个事件发生过程曲折有趣。

任务示范

一、事件营销的操作要点

（1）避免盲目跟风。

（2）事件符合新闻法规。

二、事件营销的内容策略

事件营销的具体实施，往往都是需要其他营销手段和平台辅助，如 EDM、BBS、SNS、IM 等，决定事件营销成功的关键是创意。下面介绍几种事件营销的内容策略。

1. 情感策略

俗话说“人心都是肉长的”，只要我们心里想着消费者，能够为消费者做一些实事，消费者一定不会无动于衷的。特别是中国的消费者，容易被感动。只要我们把分内事做足，消费者就会感激不尽。此方面最经典的案例，就是海尔厂长张瑞敏砸冰箱的故事。

1984 年，34 岁的张瑞敏入主青岛市电冰箱厂。他是短短一年中被派来的第四位厂长，前三位都已负气离开。1985 年的一天，一位朋友要买一台冰箱，结果挑了很多台都有毛病，最后勉强拉走一台。朋友走后，张瑞敏派人把库房里的 400 多台冰箱全部检查了一遍，发现共有 76 台存在各种各样的缺陷。张瑞敏把职工们叫到车间，问大家怎么办。多数人提出，也不影响使用，便宜点儿处理给职工算了。当时一台冰箱的价格是 800 多元，相当于一名职工两年的收入。张瑞敏说：“我要是允许把这 76 台冰箱卖了，就等于允许你们明天再生产 76 台这样的冰箱。”最后他宣布，这些冰箱要全部砸掉，谁干的谁来砸，并抡起大锤亲手砸了第一锤。很多职工在砸冰箱时都流下了眼泪。

在为消费者服务意识淡薄的年代，张瑞敏一锤子砸热了消费者的心，一场砸冰箱的事件，使海尔成为了当时注重质量的代名词。海尔砸冰箱成为中国企业注重质量的一个最典型的事件，并因此成为无数大大小小的媒体、书刊、高等院校的“经典案例”。最重要的是，通过这一事件的传播，海尔注重企业管理、注重产品质量的形象被极大地树立起来。

2. 热点牌

每每出现社会热点话题时，媒体都会闻风而动，到处搜集相关新闻素材。而且这些社会热点，更是老百姓关注的焦点。所以如果巧妙围绕这些社会热点策划营销事件，会收到事半功倍的效果。甚至就算策划得不够完美，也一样会被关注。

比如2010年，低碳成为网络热词和社会焦点，而借着低碳的东风，“低碳哥”横空出世。此事件最早源于一篇名为《偷拍我的室友“低碳哥”的一天》的网帖，发帖人用照片和文字的形式详细地记录了其室友一天的低碳生活：

清晨，“低碳哥”为省水，用一个二两酒盅接一盅水完成刷牙；接半盆水洗脸，洗脸水还要留着晚上洗脚。出门前，他将房间里所有的电源拔掉。出门后，骑自行车直奔单位。在单位，他将同事喝完的饮料瓶做成简易笔筒。下班回家后，自己洗菜做饭，再用洗菜水刷碗。晚上看电视，他不开灯，还要将屏幕亮度调到最低。虽然该事件和内容看起来有点“假”，炒作嫌疑比较大，但是因为紧扣当时的主流“低碳”，且健康向上、和谐美好，所以受到了媒体的追捧，红极一时。

威露士“非典”营销实验

威露士的SARS营销实验堪称迅速、稳健。在SARS早期，威露士成立专门应急小组，“防止病从手入，请用威露士洗手液”系列广告与广州各大媒体疫情报道同步推出。而在连续增加自身曝光率之后，其将自身品牌诉求更快地圈定在“家庭消毒”上，并率先在广州、深圳两地大规模无偿捐赠6万瓶洗手液，此营销奠定了威露士在消毒市场的霸主地位。

敏锐预见“非典”商机，威露士的“非典”营销实验共分三个阶段。

第一阶段（2月10~13日）为启动阶段。2月10日，以生产消毒药水著名的外商独资企业莱曼赫斯公司（中国公司）人员通过收集各方信息，敏锐地预见到“非典”商机，在广州几大主流报媒推出平面广告：“预防流行性疾病，用威露士消毒药水”，从而拉开了消毒市场的第一轮战役的序幕。

第二阶段始于2月11日。这天，广州市政府召开了新闻发布会，呼吁广大市民："注意手的清洁和消毒……"新闻发布会上午召开，下午威露士公司就将投放的消毒药水广告改为"防止病从手入，请用威露士洗手液"。这个广告刚好和市政府召开新闻发布会的报道同日出现，从而增加了广告的可信度。

而在连续几天增加自身曝光率之后，威露士马上警惕地意识到——如果广告太多，或许会引起受众的反感。于是，威露士开始启动第三阶段（2月17~26日），以达到巩固自身品牌地位的目的。在第三阶段，威露士一举将原来强调功能和品牌的广告诉语改为公益广告——"巩固健康生活请用威露士"，从而博得公众好感。

值得一提的是，在第三阶段，这时很多日化企业也陆续开始在媒体上抢到一些位置。威露士先发制人，率先与南方都市报合作，借助后者的影响力和订户网络，向广州、深圳地区无偿捐赠37吨价值100万元的消毒洗手液，这是当时继"非典"事件出现以来第一个率先大规模捐物的品牌，亦引起媒体的高度关注。

据悉，由于莱曼赫斯此次捐赠的威露士消毒洗手液主要用于家庭及公共场所洗手池，做事细致的南方都市报广告部建议其将捐赠的重点放在广州和深圳的学校、机关、写字楼等人员密集场所，且为防止中间人的中饱私囊，洗手液应派送到具体的人和单位。此次具体捐赠活动的执行由南方都市报的送报队伍完成，送报员将这些洗手液送到报纸订户手中，并给威露士提供了详细的派送名单——6万多瓶洗手液被先后派送到2000多家学校和企事业单位。

思考： 威露士"非典"营销实验属于哪一种营销方式，营销成功的关键是什么？

名人名言

伟大的品牌唤起的是形象、期望和对性能的承诺。

——菲利普·科特勒

职业能力训练

简答题

1. 什么是事件营销？

2. 事件营销的特点是什么？

观念应用训练

宇泰家具“高调打假”

2011 年 3 月，第 27 届广州国际家居展上，名不见经传的佛山宇泰办公家具公司成为包括广东卫视、深圳卫视、东方卫视、浙江卫视、安徽卫视、四川卫视等国内电视主流媒体关注的焦点。原因无他，只因该企业请来了著名的打假英雄王海，为其专利产品“百凤朝凰”打假，使得佛山宇泰办公家具在一夜之间成为整个家具行业的“新星”。

调查显示，超过 80%的消费者认为真假问题已经成为影响消费者选购实木家具的首要原因。的确，由于实木家具的特性，使得一般消费者很难一眼就辨别出“真假”实木，即使“打假”不断，也无法遏制住这股愈演愈烈的假实木之风。“真假难辨”已成为中国实木家具难言之痛。

既然打假之路如此难走，却又不得不走，那何不“高调打假”？宇泰家具公司抓住这一点，另辟蹊径，以“打假”为噱头，在最短的时间内吸引了媒体和消费者的关注，再以一个近乎戏剧化的“表演”，将自己的品牌完美地传播出去。

思考： 宇泰家具为什么要“高调打假”，这样做的真正用意是什么？

情景模拟训练

0元抽取10万元私奔基金

美团网推出为期一周的“美梦成真”抽奖活动——“0元抽取10万元私奔基金”，打破了此前“3·8”妇女节推出的38000元卫生巾基金的纪录，成为团购网站迄今额度最高的现金大奖。网站相关负责人强调：“虽然取名私奔基金，但活动是希望给所有有爱的人一个表达爱的机会，并不鼓励私奔。”

自5月16日晚投资人王功权在微博上高调宣布私奔之后，“私奔”一词迅速蹿红网络，连时下大热的团购网站也加入到“私奔”的队伍中来，推出“0元抽取10万元私奔基金”的抽奖活动。为了保证抽奖活动的公平、公正，美团网采取了一系列有效措施：中奖号码的抽取根据当天股市收盘指数进行计算，每次颁奖都邀请公众监督等，甚至向全社会公开招募“抽奖监督员”，并开放相关的后台数据供公众参观。这一系列措施显示出美团网在抽奖运作上的公开、透明和回馈用户的诚意，也让活动参与者众多。据悉，抽奖活动上线第一天即有20余万人次参加，可见热点的号召力。

思考：此次事件营销的关键是什么，如何将事件与活动结合起来的？

思维拓展训练

三亚——世界小姐评选

三亚借选美赛事营销城市，世界小姐桂冠的“美丽角逐”连续在三亚上演了3年。于是，三亚由此和“美”紧密地联系在一起。

人们对于美的事物总是争相追逐。第53届世姐赛给刚试营业不久的喜来登度假酒店带来了不错的业绩。通过覆盖全球的电视转播，喜来登当年的营业收入超过1亿元，房价、入住率飙升居亚龙湾度假酒店之首。而靠3年“世姐之家”的持续效应，三亚喜来登成为喜达屋度假村集团知名度最高的酒店。

在世姐赛之后，一批重量级国际活动及会议也纷至三亚，整个城市焕发出勃勃生机。可以说，世姐赛给三亚带来了空前的知名度和美誉度。而对于三亚来说，借助世姐赛营销城市旅游是件“何乐而不为”的事情。3 年的世姐赛，三亚打出的“美丽”、“时尚”的名片，有效地激活了旅游产业。世姐赛之前，三亚 90%的游客来自港、澳、台，外国游客仅占10%。而随着世界小姐选美赛事在三亚的连续举办，三亚的客源结构已经发生转变，形成多元化的市场格局，化解了单一客源带来的市场风险。世界小组评选赛后，三亚骄傲地喊出“中国的度假天堂”口号。

思考： 1. 三亚城市名片的形成与世界小姐评选赛之间的关系？

2. 三亚事件营销的关键是什么？

任务5 口碑营销

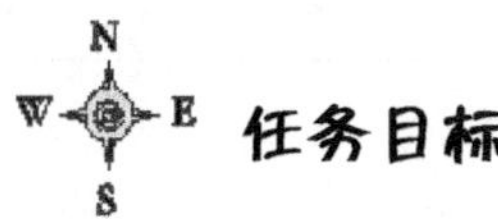

任务目标

通过本次任务实训，使学生掌握口碑营销的知识，了解什么是口碑营销，如何引发口碑营销的效应，策划口碑营销的关键是什么，口碑营销需要哪些步骤。口碑营销的策划技巧和开展口碑营销的注意事项。

项目任务书

任务名称	口碑营销	任务编号		时间要求	180 分钟
要求	1. 掌握口碑营销的概念 2. 了解口碑营销的作用 3. 了解口碑营销的效应 4. 了解口碑营销的关键要素 5. 了解口碑营销的步骤、策划的技巧及口碑营销的注意事项				
重点培养的能力	理论联系实际的能力，资料分析能力，团队合作能力				
涉及知识	口碑营销的概念、口碑营销的效应、口碑营销的关键要素、口碑营销的步骤、策划技巧与口碑营销的主要事项				
教学地点	教室、机房	参考资料			
教学设备	投影设备、投影幕布、能联网的电脑				
训练内容					
1. 听教师讲解案例及相关的知识（时间约　　分钟） 2. 口碑营销的概念（时间约　　分钟） 3. 口碑营销的效应（时间约　　分钟） 4. 口碑营销的一般步骤（时间约　　分钟），分析讨论（时间约　　分钟）；口碑营销的策划技巧及口碑营销的注意事项（时间约　　分钟） 5. 收集有关口碑营销的实例，以小组为单位，向小组成员介绍案例，并讨论效果如何，并完成总结（时间约　　分钟）					
训练要求					
在完成任务的过程中能自主学习并掌握口碑营销的相关知识；能够在规定的时间内完成相关的资料查找、整理、分析案例；能够在规定的时间内撰写出分析报告；团队合作较好					
成果要求及评价标准					
成果要求：需提交下列书面文件 1. 你对口碑营销方法的认识 2. 口碑营销的案例分析 评价标准： 1. 能掌握本实训模块的关键知识点，具有良好的独立思考问题和解决问题的能力，对口碑营销的相关知识点熟练掌握，搜集的口碑营销案例恰当，分析透彻清晰 2. 能认真对待实训任务，基本掌握本实训模块的关键知识点，能跟小组成员配合的情况下完成案例的搜集和分析 3. 对待实训课程不够认真，基本了解本实训模块的关键知识点 4. 对待实训课程不认真，不能正确理解本实训的主要内容，在小组成员的提示下也无法完成分析和总结 符合上述标准 1，成绩为优秀，可得 90~100 分；符合标准 2，成绩为良好，可得 70~80 分；符合标准 3，成绩及格，可得 60~70 分；符合标准 4，成绩为不及格，得分 60 分以下；介于这几种标准之间的，可酌情增减分					

续表

<table>
<tr><td rowspan="8">任务产出一</td><td rowspan="8">成员姓名与分工</td><td colspan="2">成　员</td><td>学　号</td><td>分　工</td></tr>
<tr><td>组　长</td><td></td><td></td><td></td></tr>
<tr><td>成员 1</td><td></td><td></td><td></td></tr>
<tr><td>成员 2</td><td></td><td></td><td></td></tr>
<tr><td>成员 3</td><td></td><td></td><td></td></tr>
<tr><td>成员 4</td><td></td><td></td><td></td></tr>
<tr><td>成员 5</td><td></td><td></td><td></td></tr>
<tr><td>成员 6</td><td></td><td></td><td></td></tr>
<tr><td>任务产出二</td><td colspan="5">1. 口碑营销的实例介绍
2. 撰写案例分析
针对口碑营销的主要环节，分析案例中的企业是如何开展口碑营销的，营销的效果如何等进行讨论并完成分析报告。文字、数据要清晰整洁；字数 2000 字以上</td></tr>
<tr><td colspan="2">项目组评价</td><td colspan="2"></td><td rowspan="2">总分</td><td rowspan="2"></td></tr>
<tr><td colspan="2">教师评价</td><td colspan="2"></td></tr>
</table>

情景导入

淘宝第一美女——“水煮鱼皇后”

“水煮鱼皇后”是淘宝千千万万卖家中的一个，但是店主年纪轻轻，月收入两万元，可谓集美貌、财富于一身，并被网友们封为“淘宝第一美女”。阿里巴巴、酷六、全球购物资讯网等多家媒体纷纷邀请“水煮鱼皇后”做专访报道；土豆网、新浪播客邀请“水煮鱼皇后”参加2008 年的新春节目。网友们在热烈的讨论她的事迹，论坛中有很多美丽身影的照片，视频中更有一群铁杆 FANS 还为她布置并维护了个人贴吧。淘宝第一美女甚至可以称得上淘宝的品牌形象符号，吸引更多的买家、卖家涌入淘宝交易。

当“美女牌”在网络中泛滥之时，“水煮鱼皇后”以正面形象脱颖而出。究其原因，是因为水煮鱼皇后“月入两万”。但凡在网络开店的用户，最关注就是收入，“月入两万”的宣传点自然能够吸引人眼球，由于添加了“月入两万”的概念与定位，鲜活、可感、有力地阐释了“淘宝能让店主发家致富”的宣传点。

思考：口碑营销与前面介绍的病毒营销有什么相似之处？

知识链接

一、口碑营销概述

口碑（Word of Mouth）源于传播学，由于被市场营销广泛的应用，所以有了口碑营销。“口碑传播”指的是用户个体之间关于产品与服务看法的非正式传播。

口碑传播中一个最重要的特征就是可信度高，因为在一般情况下，口碑传播发生在朋友、亲戚、同事、同学等关系较为密切的群体之间，在口碑传播过程之前，他们之间已经建立了一种长期稳定的关系。相对于纯粹的广告、促销、公关、商家推荐、家装公司推荐等而言，可信度更高。这个特征是口碑传播的核心，也是开展口碑宣传的一个最佳理由，与其不惜巨资投入广告、促销活动、公关活动来吸引潜在消费者的目光借以产生“眼球经济”效应，增加消费者的忠诚度，不如通过这种相对简单、奏效的“用户告诉用户”的方式达到目的。

二、口碑营销与病毒营销的区别

口碑营销与病毒营销是一对兄弟，甚至很多人直接将它们合二为一，称为“口碑病毒营销”或是“病毒口碑营销”。虽然它们的表现形式和操作手法很像，却有着本质的区别。

1. 从传播动机和观点看

病毒营销利用的是“看热闹的羊群效应”。在病毒营销的实施过程中，用户是基于有趣而主动传播，而对于传播的内容几乎是不了解的。他们只是出于新鲜有趣才参与其中，却不对传播的内容负责。

口碑营销利用的是“中国人更相信他人的意见”。在口碑营销的过程中，用户是基于信任而主动传播，他们对传播的内容不但了解而且还很认可，并且他们愿意对传播的内容负责。

2. 从传播效果看

病毒营销满足的是知名度，通过高曝光率在用户中达成共识，但是知道并不代表认可。

口碑营销满足的是美誉度，通过引导用户相互之间口口相传，以达到增加用户信任度和认可度的目的。

表 4-1 病毒营销与口碑营销的区别

属性	传播动机	传播者心理	传播效果
病毒营销	“看热闹的羊群效应”	新鲜有趣	曝光率高
口碑营销	“中国人更相信他人的意见”	认可后主动传播	美誉度高

三、口碑营销的技巧

并非所有的商品都适合做口碑营销，口碑营销在不同商品中所发挥的作用也不尽相同。因此，为了更有效地利用口碑，一切营销活动都应该针对更愿意传播这类产品的群体，在这些群体中首先传播群体最关注的信息。热内·黛建议营销专家注意两条标准：一是产品要有某种独特性，如外观、功能、用途、价格等；二是产品要有适合做口碑广告的潜力，将广告语变得朗朗上口。

1. 引导顾客进行体验式消费

在戴尔公司总部，每间办公室的留言板上都写着一句口号：“顾客体验：把握它”。所谓顾客体验，“它是顾客与企业产品、人员和流程互动的总和”。也就是让顾客置身于生产制造的全过程，或者让顾客切身享受消费的乐趣，从而形成“以自己希望的价格，在自己希望的时间，以自己希望的方式，得到自己想要的东西”的强烈消费欲望，戴尔公司甚至认为“顾客体验是竞争的下一个战场”。

2. 学会利用品牌进行推荐

迈克·乔丹和泰格·伍兹在耐克产品广告中频频露面，使耐克成为世界名牌。无独有偶，在第 23 届奥运会上，喝着健力宝的中国女排轻取“东洋魔女”后，又以秋风扫落叶之势挫败了美国女排，登上世界冠军的宝座，健力宝随之一举成名。我们可以断言：全世界的用户都会放心大胆地使用，这一品牌面对的市场将会是供不应求。

3. 让品牌和故事结伴传播

故事是传播声誉的有效工具，因为它们的传播带着情感。一跨进 21 世纪，意大利皮鞋“法雷诺”就悄然登陆中国市场，而为国内影视明星、成功男士、政界名流等中高档消费群体所钟情的，不只是“法雷诺”皮鞋款式新颖、做工精细、用材考究，尽显成功自信、尊贵不凡的男人风范，还有着一个充满传奇色彩的神话故事。

1189 年，神圣罗马帝国皇帝腓特烈一世和英法两国国王率领“十字军”第 3 次出征，前往耶路撒冷。行至阿尔卑斯山附近时，天气突变，风雪大作，“十字军”脚冻得寸步难行。情急之下，罗马骑士 Farino（法雷诺）让其他人把随身的皮革裹在脚上，继续前进。14~15 世纪，意大利北部城市一家有名的皮鞋制造商，为纪念法雷诺将军的这段趣事，将自己生产的最高档皮鞋命名为“法雷诺”。“法雷诺”的美名由此流传开来。

美丽而隽永的传说总是能使你的产品让人过目不忘。估计电视剧《大宅门》的热播一定能使同仁堂药店的名声响彻全中国。

4. 关注自己的每个细节

在纽约梅瑞公司的购物大厅，设有一个很大的咨询台。这个咨询台的主要职能是为来公司而没购到物的顾客服务的。如果哪位顾客到梅瑞公司没有买到自己想要买的商品，咨询台的服务员就会指引你去另一家有这种商品的商店去购买。梅瑞公司的做法本不足道，但却是看得见、摸得着的“细节”，被人们津津乐道，对它的记忆也极为深刻。不仅赢得竞争对手的信任和敬佩，而且使顾客对梅瑞公司产生了亲近感，每当购物时总是向梅瑞公司跑，慕名而来的顾客不断增多，梅瑞公司因此而生意兴隆。

5. 提供快捷周到的服务

一个来自海尔的感人故事：福州的一位用户给青岛总部打电话，希望海尔能在半月内派人来修好他家的冰箱。不料第二天维修人员就赶到他家，用户不敢相信，一问方知维修人员是连夜乘飞机赶到的。用户感动了，在维修单上写下了这样的话：“我要告诉所有的人，我买的是海尔冰箱。”乘飞机修冰箱，从单纯的效益角度来看，来回的差旅费与冰箱售价相差无几，有点得不偿失；但从企业形象角度来看，它能为海尔赢得良好的口碑，为企业引来潜在顾客。

任务示范

一、操作步骤

【步骤一】策划出一个足以吸引人眼球的引爆点。

想有效地在用户中形成口碑效应，第一个步骤是策划好眼球引爆点，因为只有让更多的人去关注，使关注者对此事产生浓厚的兴趣，并很有欲望把这个事情告诉身边的人，才有可能引发口碑传播。

这个引爆点往往是围绕用户需求来策划的。用户最关注什么、最想要什么、最想看什么、最想听什么，我们就给他们什么。比如在2010年光棍节期间，淘宝商城策划的全场5折促销活动，由于消费者最喜欢的事就是打折省钱，所以该活动引起了人们极大的关注，很多人相约守在电脑前，坐等午夜抢拍。凌晨刚过，很多热门产品就被一扫而空。

【步骤二】通过引爆点策动可谈论的话题。

仅有引爆点还不够，口碑营销的核心是用户之间在相互交流中进行传播，所以还要有足够的具有可谈论性的话题，这样才能通过意见领袖把它口口相传出去。

比如富亚老板喝涂料的事件，此案例之所以如此成功，主要就是因为喝涂料这件事非常新鲜有趣，所以自然就成为了人们茶余饭后的谈资。又如海尔厂长砸冰箱之所以轰动，同样是因为在那个年代，这是一件不可思议的事，所以人们在聊天时不禁要评论一番。

【步骤三】选择传播渠道。

传播渠道很重要，如果传播渠道不畅，那么传播效果就会大打折扣。口碑的传播渠道需要根据产品的属性进行选择，但万变不离其宗，将目标用户群相互之间的联系纽带作为传播渠道是最佳选择。在以往，选择有效的渠道并不是件容易的事情，但是自从有了互联网之后，带来了许多新的契机。比如论坛、博客、微博、IM、SNS等人群集中的网络平台，都是非常好的传播渠道。只要我们的引爆点够劲爆，话题足够好，能够让大家参与并互动起来，口碑效应自然就会形成。

【步骤四】口碑传播效果的监控。

与任何一种营销措施一样，我们也要衡量口碑营销的效果。因为口碑营销需要与其他营销手段配合使用，所以监测的数据应根据所选的渠道来制订。例如，如果是通过论坛操作，则监测的数据主要就是发帖量、点击数、回帖数、转载量等；如果是通过博客来进行，则监测的数据就是博文数量、点击数量、转载数量、人们在博客中的评论及主要关注点等因素。除了基本数据的监测外，还需要对传播的过程进行有效管理和控制，有效引导舆论的走向。因为口碑可以是正面的，也可以是负面的，要防止在操作过程中因为一些意外因素而产生负面信息传播。

二、制造口碑效应

口碑营销的基本操作步骤，关键是通过引爆受众的眼球和生成可谈论的话题来引发口碑效应。口碑营销利用的是人的炫耀与分享心理，所以从用户的心理需求入手是最佳选择。

1. 新奇

当人们遇到新奇而有趣的事时，总会情不自禁地关注并分享，因为谁都想表现得知识渊博一些。所以当我们策划口碑营销时，可以从新奇出发。像富亚涂料就是靠新奇取胜，其老板仅仅是当众喝了一杯涂料，便喝出了一个知名品牌，真可谓四两拨千斤。

2. 快乐

没有人会拒绝传播快乐，当我们给用户带去快乐时，想让用户不传播都难。典型的案例如网络红人“百变小胖”，仅靠一张图片就火遍大江南北，且一直红到现在。之所以一张照片能够产生如此神奇的效果，就是因为这张照片给无数人带去了快乐。

3. 故事

好的故事，人人爱听，听完后自然也会传播。而且在口碑营销中，制造有趣和易于传播的故事，是非常好的策略。因为想引起口碑，必须要有话题才行，而故事本身就是非常好、非常持久的话题。比如一提到打火机，人们马上会想到“ZIPPO”，ZIPPO 之所以可以在打火机市场中成为一枝独秀，原因是这个品牌的背后有许多故事。比如 ZIPPO 挡子弹的故事、ZIPPO 做饭的故事、ZIPPO 当信号灯的故事等。这些广泛流传的故事，将 ZIPPO 化身为“救命恩人”、“信号灯”等英雄角色，无不是对 ZIPPO 品质最好的称颂。而对于其他打火机品牌，人们即使想传播，却都不知道应该对朋友说些什么。

4. 关怀

其实消费者很容易被感动，只要对他们好一些，或者说只要把你该做的功课做足，用户就会非常满意，并会用口碑回报你。比如海尔厂长砸冰箱，用的是事件营销的手段，骨子里却是在关怀用户，在那个用户还不是“上帝”的年代，此举深深地感动了消费者。而且海尔将这种对用户关怀的理念一直传承到了现在——每当有人提起海尔，人们首先会竖起大拇指说，“海尔的售后服务真的非常好”。

5. 互惠

感恩是人类的优秀品质之一，我们如果能够有效帮助用户解决他们的问题，用户自然会用口碑回报我们。比如一些工具类的网站，如IP查询、手机归属地查询、友情链接查询等，这些网站之所以备受用户追捧，流量普遍很高，就是因为能够帮助人们解决日常生活和工作中的问题，可以帮助用户节省大量的时间和精力。

6. 利诱

消费者最关心的就是自己的利益能否得到实惠。所以如果我们能够直接让用户受益，帮用户的荷包省钱，自然会受到用户的拥戴。比如京东商城之所以能够成为B2C领域的巨头，成为中国最大的网络商城之一，就是因为其产品特别便宜，特别是3C产品，比中关村经销商的进货价都要便宜。

还有著名团购网站糯米网、美团网等，它们考虑到的是消费者最关心的问题——实惠，所以上线后不久订单迅速激增。

7. 共鸣

心理学中有一种策略和方法叫“情感共鸣”，通过此方法，可以快速拉近与陌生人之间的距离，从而影响别人。而在实施口碑营销过程中，如果我们能够引起用户的内心共鸣，自然就会形成口碑效应。

以上几点只是一些常见的方法和技巧，只是起到一个开拓思路的作用，大家在具体操作时，不要拘于一格，要多寻求新的方法和创意。

应用案例

ZIPPO的品牌故事

ZIPPO是世界排名第一的打火机制造商，至今没有任何打火机生产厂商能够撼动其霸主地位，这除了归功于其过硬的质量和出色的防伪设计以外，一个个扣人心弦的小故事也为其夯实基础。被鱼吞入肚中的打火机完好无损、越南战场上为安东尼挡住子弹救其性命、靠ZIPPO的火焰发出求救信号，甚至用打火机可以煮熟一锅粥等一系列的小故事，让听众大为折服。虽然ZIPPO打火机价格不菲，但因为其传奇的故事中反映的过硬的质量和丰富的情感，使其成为馈赠佳品，甚至成了一种身份的象征，所以ZIPPO不需要将大量的资金投入到广告中，更不需要搞什么“假日促销”，只要打出一个专柜，自然会有消费者上门。

1932年，美国人乔治·布雷斯代，看到一个朋友笨拙地用一个廉价的奥地利产打火机点烟后，为了掩饰那令人尴尬的打火机，那位朋友耸了耸肩，对他说：“它很实用”。事后布雷斯代设计出了一个简单、不受气压或低温影响的打火机，并将其定名为ZIPPO。四年之后，ZIPPO成功地获得美国政府的专利权，并依照它原始的结构重新设计了灵巧的长方形的外壳，盖面与机身间以铰链连接，并克服了设计上的困难，在火芯周围加上了专为放风设计的带孔防风墙。20世纪40年代初期，ZIPPO打火机成为美国军队的军需品，随着第二次世界大战的爆发，美国士兵很快便喜爱上了它，一打即燃及优秀的防风性能在士兵中有口皆碑。

在第二次世界大战期间，由于战争的需要，ZIPPO把所有的产品都提供给了美军。这样，ZIPPO就随着那些英勇的战士们走遍了战场的每一个角落，直到今天。在那严酷的战场上，百无聊赖的深夜，士兵们用ZIPPO来点火取暖，或者用它暖一暖冻僵的握着家书的双手来体会一下家的温暖，还有些人竟然用ZIPPO和一只空钢盔做了一顿热饭。看来，他们几乎可以用ZIPPO来做任何事情！

艾森豪威尔本人也对ZIPPO大加赞赏：ZIPPO是他所用过的唯一在任何时候都能点得着的打火机。这也是ZIPPO经久不衰，至今仍为人们所称道的原因——你需要它的时候，它绝不会令你失望。越是在恶劣的环境中，你就越能体会到：ZIPPO永远值得你信赖！

长久以来，许多ZIPPO打火机和鱼的故事一直为人们所津津乐道。特别是纽约环保局的亨利·贝斯特带来的故事令人难以忘怀。那是在1960年，一位渔夫在奥尼达湖中打到了一条重达18磅的大鱼。在清理内脏的时候，他发现一支闪闪发光的ZIPPO打火机赫然在鱼的胃中。这支ZIPPO不但看上去崭新依旧，而且一打即燃，完好如初！单凭这一点，你就可以知道为什么不必把ZIPPO小心翼翼地收藏在工具箱里，而可以把它放在任何你伸手可得的地方！

思考：ZIPPO打火机品牌是如何建立起来的，除了自身质量的完美，在营销手段上有哪些值得借鉴之处？

名人名言

做企业要敢为天下先，敢走前人没有走过的路，敢做前人没有做过的事情，做事情不能因循守旧，要有创新的态度、创新的思维和创新的举措，只有这样才能比别人走得快、走得远，才能使企业取得更大的成功。

——彼得·德鲁克　世界著名营销大师

职业能力训练

简答题

1. 什么是口碑营销？
2. 口碑营销与病毒营销有哪些区别？
3. 口碑营销的主要步骤是什么？

情景模拟训练

曼妥思“造人运动”

每年的8月9日是新加坡的国庆节，依照惯例每年都会推出一首官方国庆主题歌曲，2012年推出的是“爱在晨曦中”（Love at First Light）。不过，它的风头被曼妥思薄荷糖抢走不少，后者在国庆节的前一周发布了一支自己创作的国庆歌曲“国庆之夜”（National Night），鼓励国民以一种新方式来庆祝节日：为新加坡造人。这首言辞露骨的R&B歌曲旨在宣传曼妥思新推出的一款主题薄荷糖“我爱新加坡”（I Heart SG）。

不断下降的出生率一直是令新加坡头疼的国家难题。据2011年《美国中央情报局世界概况》（CIA World Factbook）估计，新加坡出生率仅为7.72‰，处于全世界最低水平。而移民政策又不为本地人认可。于是，国庆日除了政府领袖出席的盛大巡游和阅兵表演，亦是宣传“多生孩子”的主论坛。

这次，曼妥思替新加坡政府好好地操了一回心，应景地发布了一支自己创作的国庆歌曲“国庆之夜”，号召大家多尽国民责任，以一种新方式来庆祝节日：“为新加坡造人。”露骨的言辞，酷劲十足的曲调，未必能获得保守人士的欢迎，却广受年轻人喜爱。由于极具病毒性，一经推出迅速流行于网络，在YouTube上创造了近40万次的点击量，将近新加坡官方国庆歌曲的一半。“为新加坡造人”不正是这群人么？如此稍具戏谑的口吻，或许要比政府的说教更容易被接受，带给人们一丝触动。何况，他们亦正是曼妥思薄荷糖的目标客户。曼妥思这次借势新加坡国庆节日发布的歌曲视频吸引了众多年轻人的眼球，营销活动获得成功，并使得曼妥思在消费者中的口碑及形象持续升温。

思考：1. 曼妥思营销活动制胜的关键是什么？

2. 曼妥思此次营销活动对你有什么启示？

**思维拓展训练**

红动伦敦　精彩之吉

2012年4月，加多宝“红动伦敦　精彩之吉”活动在广州拉开序幕，加多宝“红动伦敦之星”评选同期启动。之后“红动伦敦　畅饮加多宝”系列活动随即以“城市接力”的形式，在全国十大城市依次展开主题活动。无论是社会名流、奥运冠军还是普通百姓，都可以将自己对于奥运的祝福写在上面，并将寄语带到伦敦。

在伦敦奥运即将开幕之前的7月8日，当一面庄严壮丽的红动大旗在两个巨型加多宝红罐造型的热气球牵动下，于鸟巢上空冉冉升起的时候，全场人群欢呼雀跃。在红旗的辉映下，现场的每一位国人都突然感觉到，自己和伦敦奥运的距离其实是如此之近。

伦敦时间7月22日上午，由国家体育总局体育文化发展中心和加多宝集团联合发起的“红动伦敦　畅饮加多宝”在伦敦新地标——伦敦眼举行了一次别开生面的为伦敦奥运祝福的活动。本次活动是更名后的加多宝品牌首次在海外惊艳亮相，这无疑展现了加多宝集团的雄厚实力和在全球范围内推广凉茶文化的坚定信心。

思考：简析“红动伦敦　精彩之吉”如此成功的原因。

任务6 饥饿营销

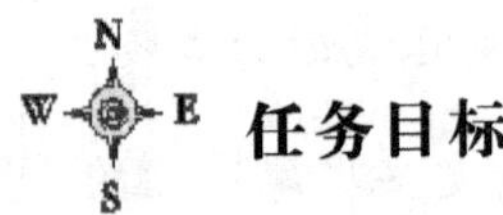

任务目标

通过本次任务实训，使学生了解饥饿营销的相关知识，掌握什么是饥饿营销、饥饿营销的运作模式、开展饥饿营销的步骤，以及饥饿营销的技巧和饥饿营销的应用实例。通过了解饥饿营销的案例，分析饥饿营销的利弊。

项目任务书

任务名称	饥饿营销	任务编号		时间要求	180分钟
要求	1. 掌握饥饿营销的概念 2. 了解饥饿营销的运作模式 3. 了解饥饿营销的步骤 4. 了解饥饿营销的技巧 5. 通过案例分析饥饿营销的应用，总结饥饿营销的利弊				
重点培养的能力	理论联系实际的能力，资料分析能力，团队合作能力				
涉及知识	饥饿营销的概念、饥饿营销的运作模式、饥饿营销的技巧、饥饿营销的利弊				
教学地点	教室、机房	参考资料			
教学设备	投影设备、投影幕布、能联网的电脑				
训练内容					
1. 听教师讲解案例及相关的知识（时间约　　分钟） 2. 饥饿营销的概念（时间约　　分钟） 3. 饥饿营销的运作模式（时间约　　分钟） 4. 饥饿营销的一般步骤（时间约　　分钟），分析讨论（时间约　　分钟）；饥饿营销的策划技巧及饥饿营销的利弊（时间约　　分钟） 5. 收集有关饥饿营销的实例，以小组为单位，向小组成员介绍案例，并讨论效果如何，并完成总结（时间约　　分钟）					
训练要求					
在完成任务的过程中能自主学习并掌握饥饿营销的相关知识；能够在规定的时间内完成相关的资料查找、整理、分析案例；能够在规定的时间内撰写出分析报告；团队合作较好					
成果要求及评价标准					
成果要求：需提交下列书面文件 1. 你对饥饿营销方法的认识 2. 饥饿营销的案例分析 评价标准： 1. 能掌握本实训模块的关键知识点，具有良好的独立思考问题和解决问题的能力，对饥饿营销的相关知识点熟练掌握，搜集的饥饿营销案例恰当，分析透彻清晰 2. 能认真对待实训任务，基本掌握本实训模块的关键知识点，能跟小组成员配合的情况下完成案例的搜集和分析 3. 对待实训课程不够认真，基本了解本实训模块的关键知识点 4. 对待实训课程不认真，不能正确理解本实训的主要内容，在小组成员的提示下也无法完成分析和总结 符合上述标准1，成绩为优秀，可得90~100分；符合标准2，成绩为良好，可得70~80分；符合标准3，成绩及格，可得60~70分；符合标准4，成绩为不及格，得分60分以下；介于这几种标准之间的，可酌情增减分					

续表

<table>
<tr><td rowspan="8">任务产出一</td><td rowspan="8">成员姓名与分工</td><td colspan="2">成　员</td><td>学　号</td><td>分　工</td></tr>
<tr><td>组　长</td><td></td><td></td><td></td></tr>
<tr><td>成员 1</td><td></td><td></td><td></td></tr>
<tr><td>成员 2</td><td></td><td></td><td></td></tr>
<tr><td>成员 3</td><td></td><td></td><td></td></tr>
<tr><td>成员 4</td><td></td><td></td><td></td></tr>
<tr><td>成员 5</td><td></td><td></td><td></td></tr>
<tr><td>成员 6</td><td></td><td></td><td></td></tr>
<tr><td>任务产出二</td><td colspan="5">1. 饥饿营销的实例介绍

2. 撰写案例分析
针对饥饿营销的主要环节，分析案例中的企业是如何开展饥饿营销的，营销的效果如何等进行讨论并完成分析报告。文字、数据要清晰整洁；字数 2000 字以上</td></tr>
<tr><td colspan="2">项目组评价</td><td colspan="2"></td><td rowspan="2">总分</td><td rowspan="2"></td></tr>
<tr><td colspan="2">教师评价</td><td colspan="2"></td></tr>
</table>

情景导入

饥饿营销的由来

古时候有个国王，非常富有，这个国王生平最大的爱好就是吃。所以他的上半生，不但吃尽了人间的一切山珍海味，而且从来都不知道什么是“饿”。但是天天大鱼大肉地吃着，他变得越来越没有胃口，对于一个喜欢吃的人来说，天下最郁闷的事莫过如此。

为了吃到新的美味，国王发出告示，表示只要有人能够献出让国王喜欢的美食，重重有赏。告示发出后，奖励之下勇夫不少，但是献上的美食没有一样令国王满意的，除了他吃过的，还是他吃过的。就在国王快失去信心时，有一天，来了一位厨师，他和国王说他知道有一种天下最美味的美食，但是可惜无法轻易得到，非得经过艰辛的努力亲自去取才行。为了品尝到美食，国王当即决定与他微服出宫，寻此美味。二人跋山涉水找了一整天，终于在傍晚时，饥寒交迫地来到一处荒郊野岭。此刻，厨师不失时机地把事先藏在树洞之中的一个馒头呈上：“功夫不负有心人，我们终于找到了！”已饿得死去活来的国王大喜过望，二话没说，当即狼吞虎咽地把这个馒头吃了下去。一个馒头吃完，国王还意犹未尽，感觉比以前吃过的任何美味都好吃，他禁不住问厨师这种美食叫什么名字，厨师告诉他，这种美味叫作“饿”。

思考：饥饿营销利用的是消费者怎么样的心理？

知识链接

一、饥饿营销概述

在市场营销学中，所谓“饥饿营销”，是指商品提供者有意调低产量，以期达到调控供求关系、制造供不应求“假象”、维持商品较高售价和利润率的目的。

饥饿营销运行的始末始终贯穿着“品牌”这个因素。首先其运作必须依靠产品强势的品牌号召力，也正由于有“品牌”这个因素，饥饿营销是一把双刃剑。剑用好了，可以使得原来就强势的品牌产生更大的附加值；用不好，将会对其品牌造成伤害，从而降低其附加值。

强势的品牌、好的产品加出色的营销手段是饥饿营销的基础，雅阁、佳美在中国已经有多年的沉淀，特别在华南地区。相信大家也领略过凯美瑞和卡罗拉上市的宣传手段，在此就不多说了，这都是为加强其品牌号召力打基础的。有了这些，加价限量只会卖得更好。产品一旦处于供不应求、加价销售的市场状态，其品牌无形中得到了很大的宣传，其价值和号召力都会成倍地放大，为今后的持续热销打下基础，并建立忠诚度更高的客户群体。

所以，饥饿营销不能简单地理解为“定低价—限供量—加价卖”，正如上述所说的，强势的品牌、好的产品、出色的营销才是关键，才是基础。不了解对手，不认清自己，简单地去操作，会非常危险。

二、饥饿营销的运作模式

1. 饥饿营销原理

饥饿营销通过调节供求两端的量来影响终端的售价，达到加价的目的。表面上，饥饿营销的操作很简单，定个叫好叫座的惊喜价，把潜在消费者吸引过来，然后限制供货量，造成供不应求的热销假象，从而提高售价，赚取更高的利润。

2. 饥饿营销的最终目的

饥饿营销的最终目的不仅仅是调高价格，更是为了对品牌产生高额的附加价值，从而为品牌树立起高价值的形象。

三、饥饿营销的负面影响

（1）客户流失。

（2）品牌伤害。

（3）排斥顾客。

（4）顾客反感。

任务示范

饥饿营销是厂家有意降低产品产能，制造供不应求的假象。照此定义，饥饿营销的前提是企业产能充足，只是不愿意满负荷开工。而对小米来说，产能严重不足是实情，而非有意，其供不应求是真相，而非“假象”。

按照小米产品高性能、低价格的策略，要低价从供应商手中拿货，自然是有难度的，唯一的办法就是慢慢来。特别是产品发布前期，高性能元器件的供应商在产能一定的情况下，一定优先供应价高者，对小米只是承诺供货，而在小米新品推出的半年后，供应商的元器件价格就会下降，小米也就能按照协议拿到货了。因此，小米新品推出的前半段一定是“饥饿”得不行，到下半年肯定可以敞开供应。

1. *发动群众，让群众诱惑群众*

雷军让你觉得小米很超值，还有点酷。而且完全通过互联网预订，网上直销，排队，把所有中间渠道去掉，不靠广告，靠最早用户使用后的良好体验进行口碑营销。

早期，小米通过 MIUI 让一批专业程度高的用户认识并了解了小米，培养起小米手机的早期目标客户，这批人相对集中，但却是他们圈子中最懂技术的，在圈子里有技术话语权。有一个人买了，就会成为一个圈子的话题，而当种子核心用户圈内普及之后，它又能产生新的辐射势能，影响、吸引更多的用户。这就是“让群众诱惑群众”。

2. *建立品牌，让品牌影响产品*

在雷军眼里，手机厂商最重要的不是手机，更不是销量和利润，而是“小米”这个品牌。否则他不会一直保持“饥饿”，每款手机首发多个三五百元，可能一年就能吃得饱饱的，但那样的话，小米不会有这么大的价值。

雷军通过保持“饥饿”，为小米这个品牌赋能。于是，从手机开始，到盒子、电视、路由器，小米每推出的每一类产品，都可以用火爆来形容，连卖配件都赚到了一大笔。

今天，米粉们已经会无条件的相信，只要是小米推出的，都一定是最高性能、最低价格的超值大礼包。甚至相信雷军会推出一款小米汽车，像特斯拉那样的互联网汽车。这就是品牌辨识度，是很多企业求之不得的品牌价值。

3. 宣扬极致，让用户体验超预期

小米善于把产品性能做到“极致”，当你按照正常思维去推算这款产品价值3000元的时候，小米告诉你它只要2499元，于是你发现价格也很“极致”，最后你发现周围的人都在“极致”的打听“谁能买到小米”，“谁能搞到F码”。这个时候，你还能冷静的话，实在不知道是否应该问你“是否正常”。

于是，小米路由器，这个早期传闻售价只要99元的“新玩具”，被一群“大虾”质疑根本不可能时，又被传言这款路由器要799元。这更了不得，按照小米一贯风格，如果799元的话，这路由器得“极致”到什么程度，于是一个1∶1000的神奇中签率诞生了。

看到了么，这款路由器无论卖多少钱，人们都能意识到它一定很值，蜂拥而至。如果50万台是真的话，小米无疑创造了一个神话。就算50万台有水分，那又如何呢，小米的营销依然是成功的，只要小米永远饥渴，永远缺货，它就还会走下去。

应用案例

车市的“饥饿营销”能玩多久

按以往销售的规律，8月应该是车市的淡季，但2009年的情况大有不同，多数的合资畅销车仍在面临缺货，买家下了订单还要排队等车，少则一个月，多则半年。车源难道真的如此紧张吗？“饥饿营销”的鬼影又在车市游荡。

自1998年广州本田发明中国式汽车“饥饿营销”已多年有余。当时雅阁刚上市，是市面上唯一一款像样的中级轿车，初期产能不足加上没有竞争车型，广州本田的经销商们见有机可乘，悍然发动了一场加价炒作的阴谋。

当时一辆车要加价好几万元，为追逐暴利，经销商们不顾厂家的“原则性要求”，能加多少加多少，价格没有最高只有更高。而厂家一边做莫名惊诧状，表示要严厉制止加价行为，一边放手让经销商们大胆尝试，勇攀价格高峰。

雅阁的加价声不绝于耳，买家们心急火燎地抢购，销售人员却居心叵测地捂盘，双方互相刺激，导致雅阁长期处在奇货可居的地位，并攫取了超额利润。饥饿营销不是广本的专利，此后这一营销方式被无数厂商仿效。几乎所有新车上市，都想趁着新鲜劲儿玩一把“加价”的游戏。本田车系更是玩得娴熟，CRV 上市已经 5 年多，由于一直受到追捧，它从没放过任何“加价”的机会，直到现在，它在“加价榜”上依然有名。

本田的雅阁和 CRV 属热销车型，有着磨刀霍霍的底气，而有的车型本来资质一般，但受“饥饿营销”暴利的诱惑，没有条件创造条件也要上。在新车发布时，经常能听到厂家义正词严地承诺——绝不加价。而在上市后的几个月里，厂商会不停地发布缺货信息，人为制造新车货源紧张的氛围，诱人上钩。

回顾“饥饿营销”，真正能用加价手段玩弄买家于股掌之间的还是日系车商。除本田的雅阁、CRV 外，丰田的凯美瑞、RAV4、汉兰达都曾经或正在大搞加价行动。

当然，也有画虎不成反类犬的可笑案例。在广州丰田的雅力士上市时，为制造市场的“饥饿感”，广丰高层信誓旦旦地宣布：现在雅力士是在亏本销售，不排除半年后全部或部分上调雅力士体验价格的可能性。由于雅力士定价过高，市场上没有出现广丰希望看到的人们为了赶在“涨价”前而抢购雅力士的局面，市场反应冷淡，雅力士销售惨淡。

思考：从消费者的角度考虑如何把控饥饿营销的尺度，才能有好的效果？

名人名言

看见 10只兔子，你到底抓哪一只？有些人一会儿抓这只兔子，一会儿抓那只兔子，最后可能一只也抓不住。CEO 的主要任务不是寻找机会而是对机会说机会太多，只能抓一只。我只能抓一只兔子，抓多了，什么都会丢掉。

——马　云

职业能力训练

一、简答题

1. 什么是饥饿营销？

2. 开展饥饿营销的步骤是什么？

二、论述题

搜集关于饥饿营销的案例，并分析营销的效果如何。

观念应用训练

饥饿营销让你有钱也买不到

前不久，好莱坞巨星克林特·伊斯特伍德18岁的千金弗兰西斯卡将自己的爱马仕Birkin点燃，并与这款正在燃烧的包合影，她解释“这是艺术”。据媒体报道，这款被“玩火”并为艺术献身的限量版铂金包价值10万美元（约合63万元人民币）。

区区一个手提包，你想得到它并没有那么容易，想买到一手定制的至少要等1~2年。因此，许多人开始奔向奢侈品二手店“抢包”。从奢侈品投资成为其销售的另外一个支流以后，把爱马仕的包拎出家门亮相已是初级，很多人早就开始把它放在了投资的货架上。要问何以体现爱马仕铂金包的奢侈，那就是——有钱你也买不到。爱马仕的Birkin系列全手工定制，每一块皮的选择都相当考究，不允许有任何瑕疵。

爱马仕普通的Birkin系列在市场上价格为8万~10万元，2011年价格炒得较高，受宏观经济影响，2012年消费则趋于理性，所以价格稍有回落。事实上，爱马仕的Birkin包依然保持着每年10%的涨幅。

爱马仕的包能够炒到这么高的价位，有三点原因：一是爱马仕的本身品质决定的饥饿营销；二是国内经销商打出的限量版，层级预订吊足胃口；三是不同时期对某款包的炒作和流行趋势推动。

国内经销商打出的限量版和层级销售战略控制了Birkin的流通，让你有钱买不到。而这其中的炒包才是投资的关键点所在，也就是说，每个特定的时期都有一款包被定位为稀缺品种，又是大家想得到的，进而价格会水涨船高。

思考： 1. 爱马仕的营销主要抓住消费者什么心理？

2. 爱马仕的营销有什么特点？

情景模拟训练

小米手机

小米手机正式发布到销量突破百万台，仅仅用了不到一年时间，这对大部分国内手机制造企业来讲简直就是天方夜谭。小米打破了常规的出牌方式，在销售渠道上，小米坚持选用电子渠道作为其唯一的销售渠道，这种饥饿营销方式不仅吸引了用户的关注，也为小米省下了不菲的渠道营销费用，一举两得的营销方式，是各企业都应该要学习的模式。

企业需要对自己的用户群体进行定位，了解用户需要什么，一味地大幅度的提供产品，可能会让用户反感。饥饿营销在用户需求的时候提供有限的数量，在用户慢慢淡忘时再次推出新的产品，再次吸引用户眼球，引回更多的用户群体，达到持久的营销目的。

思考： 小米的营销有没有对你产生吸引力？

思维拓展训练

成功实践“饥饿营销”

找到了市场中的一片蓝海，是唯品会迈向成功的第一步，但中国品牌特卖市场虽然发展相对落后，竞争对手却仍然存在，比如从实体店延伸发展到B2C网站的“上品折扣”也属于国内起步较早的品牌折扣店。唯品会选择了“闪购”这种国内还不太常见的方式，更直白地讲就是限时限量的抢购模式，属于饥饿营销的一种手段。唯品会的“闪购”模式以低廉的价格、优质的产品吸引消费者，但只给消费者很短的时间去选择，其造成的紧迫感正是饥饿营销策略的核心点。

与传统的品牌打折特卖的方式不同，唯品会的限时抢购模式能够保持产品在消费者心中的新鲜度，每天推出不同品牌的抢购，不停地刺激着消费者，甚至让其上瘾，养成一种每天关注有什么品牌在进行特卖抢购的习惯。同时，对于消费者而言，限时限量抢购还意味着不是任何时候都有如此优惠的价格，让消费者以低价获取心仪的商品的同时不降低该品牌在消费者心中的高端形象，让消费者感觉物有所值。除了给消费者带来新鲜刺激的抢购乐趣外，闪购模式还为供货商和唯品会的存货管理带来了便利。闪购模式具有大进大出，大量进货，大量出货，大量退货的特点，可以帮助供应商较快处理库存商品，也有助于唯品会的产品加快周转，也避免了货源不足带来的困惑。另外，限时限量抢购模式，为供货商提供了一个专门消化存货的平台，由于特卖时间有限，且并非当季新品，可以有效避免与实体店冲突，还可以有效提升销售业绩。过了限时抢购时间，特定品牌 1 周内就会从仓库中撤出，唯品会会在 2 周内与厂家结算，帮助厂家快速回笼资金，同时还能减轻厂家资金压力。

“闪购”策略可以让唯品会在广告上非常“吝啬”，不影响消费者的到达率。其仅通过 SNS 网站、鼓励会员向朋友推荐等简单的推广，实现了超过 2000 万注册用户的规模，年销售额超过 40 亿元。如此多的消费者参与表明闪购的确是一种极为吸引人的折扣商品营销手段。

思考： 1. 你认为唯品会成功的关键是什么？

2. 唯品会的成功给你什么启示？

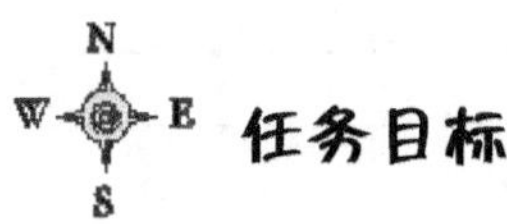

任务 7　微博营销

任务目标

通过本次任务实训，让学生了解什么是微博，微博是如何产生的，利用微博开展营销活动的方法，微博营销的特点和作用，如何增加微博的关注度，微博营销的具体步骤，微博营销的优点和缺点，了解微博营销的具体应用案例。

项目任务书

<table>
<tr><td>任务名称</td><td>微博营销</td><td>任务编号</td><td></td><td>时间要求</td><td></td></tr>
<tr><td>要求</td><td colspan="5">1. 了解什么是微博
2. 微博营销的特点是什么
3. 微博营销的作用有哪些
4. 了解增加微博关注度——粉丝数量的方法
5. 微博营销应用的具体案例</td></tr>
<tr><td>重点培养的能力</td><td colspan="5">实践操作能力，团队合作能力，快速学习能力</td></tr>
<tr><td>涉及知识</td><td colspan="5">微博的概念、微博的发展历程、微博的特点，微博营销的步骤等</td></tr>
<tr><td>教学地点</td><td>教室、机房</td><td>参考资料</td><td colspan="3"></td></tr>
<tr><td>教学设备</td><td colspan="5">投影设备、投影幕布、能联网的电脑</td></tr>
<tr><td colspan="6">训练内容</td></tr>
<tr><td colspan="6">1. 听教师讲解案例及相关的知识（时间约　　分钟）
2. 制订工作计划，了解团队要做什么，要达到什么样的目的（时间约　　分钟）；组长进行分工安排，每个人在自己的项目任务书相应栏进行记录（时间约　　分钟），组员开始行动
3. 申请微博（以新浪微博为例）：登录微博平台（新浪或腾讯），每个小组成员申请一个微博账号（时间约　　分钟）
4. 以小组为单位，小组成员互相加关注，并设计两到三篇微博（时间约　　分钟）
5. 了解增加微博粉丝的技巧（时间约　　分钟），以小组为单位统计每个小组的粉丝数量，进行对比（时间约　　分钟）</td></tr>
<tr><td colspan="6">训练要求</td></tr>
<tr><td colspan="6">在完成任务的过程中了解微博营销的过程和技巧，能够在规定的时间内完成微博的申请、使用、加关注等任务；能够在规定的时间内撰写出微博使用情况报告</td></tr>
<tr><td colspan="6">成果要求及评价标准</td></tr>
<tr><td colspan="6">成果要求：需提交下列书面文件
1. 本小组成员申请的微博账号表
2. 设计的微博内容
3. 小组微博关注情况对比
评价标准：
1. 对了解什么是微博，能以小组为单位完成微博账号的申请，了解微博的营销步骤和技巧，并且基本掌握积累粉丝的方法
2. 对微博的功能基本了解，能在小组其他成员的帮助下进行微博内容的设计，有一定数量的粉丝
3. 不了解本次任务内容，被动接受任务内容
4. 不了解本次任务内容，态度不认真
符合上述标准 1，成绩为优秀，可得 90~100 分；符合标准 2，成绩为良好，可得 70~80 分；符合标准 3，成绩及格，可得 60~70 分；符合标准 4，成绩为不及格，得分 60 分以下；介于这几种标准之间的，可酌情增减分</td></tr>
</table>

续表

<table>
<tr><td rowspan="8">任务产出一</td><td rowspan="8">成员姓名与分工</td><td>成　员</td><td></td><td>学　号</td><td>分　工</td></tr>
<tr><td>组　长</td><td></td><td></td><td></td></tr>
<tr><td>成员 1</td><td></td><td></td><td></td></tr>
<tr><td>成员 2</td><td></td><td></td><td></td></tr>
<tr><td>成员 3</td><td></td><td></td><td></td></tr>
<tr><td>成员 4</td><td></td><td></td><td></td></tr>
<tr><td>成员 5</td><td></td><td></td><td></td></tr>
<tr><td>成员 6</td><td></td><td></td><td></td></tr>
<tr><td>任务产出二</td><td colspan="5">1. 小组成员微博列表
<table>
<tr><th>小组成员姓名</th><th>申请微博账号</th><th>该成员的粉丝数</th></tr>
<tr><td></td><td></td><td></td></tr>
<tr><td></td><td></td><td></td></tr>
<tr><td></td><td></td><td></td></tr>
<tr><td></td><td></td><td></td></tr>
<tr><td></td><td></td><td></td></tr>
<tr><td></td><td></td><td></td></tr>
</table>
2. 设计两到三篇微博，微博内容本身的关注度
<table>
<tr><th>小组名称</th><th>微博内容</th><th>微博被转发的次数</th></tr>
<tr><td></td><td></td><td></td></tr>
<tr><td></td><td></td><td></td></tr>
<tr><td></td><td></td><td></td></tr>
</table>
3. 微博的使用情况报告（2000 字）</td></tr>
<tr><td colspan="2">项目组评价</td><td colspan="2"></td><td rowspan="2">总分</td><td rowspan="2"></td></tr>
<tr><td colspan="2">教师评价</td><td colspan="2"></td></tr>
</table>

情景导入

微博的鼻祖 Twitter

Twitter（非官方中文译名：推特）是即时信息的一个变种，它允许 Twitter 界面用户将自己的最新动态和想法以短信息的形式发送给手机和个性化网站群，而不仅仅是发送给个人。2006 年，博客技术先驱 Blogger 创始人埃文·威廉姆斯（Evan Williams）创建的新兴公司 Obvious 推出了 Twitter 服务。在最初阶段，这项服务只是用于向好友的手机发送文本信息。2006 年底，Obvious 对服务进行了升级，用户无须输入自己的手机号码，而可以通过即时信息服务和个性化 Twitter 网站接收和发送信息。

关于名字 Twitter 的来历，Twitter 是一种鸟叫声，创始人认为鸟叫是短、频、快的，符合网站的内涵，因此选择了 Twitter 为网站名称。Twitter 由利兹·斯通、埃文·威廉姆斯和杰克·多尔西（Jack Dorsey）共同创建，拥有约 1.75 亿注册用户（截至 2010 年 11 月 1 日），但是却有 5600 万 Twitter 账户（约占注册用户数的 32%）没有关注其他账户，而有 9000 万 Twitter 账户没有关注者。这一数据表明，Twitter 的实际用户数远远低于其注册用户数。其他网站方面，截至 2012 年底，Facebook 的每月活跃用户数为 6 亿人，与其相比，Twitter 还显得有些微不足道。但它却与 Facebook 截然不同。就像威廉姆斯所言，Twitter“降低了门槛”。Twitter 是现有博客网站合理发展的下一步，也是博客的初始阶段。网民认为，键入 140 个字并发送到网络上更为便捷，因此 Twitter 实现了信息的流程化。正如威廉姆斯所言，“它是迈向信息民主化的又一步，我坚信，如果能让人们更便捷地共享信息，未来会更美好”。威廉姆斯再次成为“发布革命”的代言人，此前，他创造了“博客”概念。

思考：你是否拥有微博账号，如何注册微博账号，并利用微博开展个人营销呢？

知识链接

一、微博的概述

1. 微博的产生

微博（Weibo），微型博客（Micro Blog）的简称，即一句话博客，是一个基于用户关系信息分享、传播以及获取的平台。用户可以通过 WEB、WAP 等各种客户端组建个人社区，以 140 字的文字更新信息，并实现即时分享。常用的微博有新浪微博、腾讯微博等。

对微博的理解可以从五个方面展开：

（1）关注方向：单向、双向两种。

（2）简短内容：通常为 140 字（包括标点符号）。

（3）实时信息：最新实时信息。

（4）广播式：公开的信息，谁都可以浏览。

（5）社交网络平台：把微博归为社交网络。

2. 微博的特点

（1）便捷性。

（2）背对脸。

（3）原创性。

二、微博营销概述

（1）立体化。微博可以借助多种多媒体技术手段，通过文字、图片、视频等展现形式对产品进行描述，从而使潜在消费者更形象、直接地接受信息。

（2）高速度。微博最显著特征是传播迅速。一条热度高的微博在各种互联网平台上发出后，短时间内转发就可以抵达微博世界的每一个角落。

（3）便捷性。微博营销优于传统推广，无须严格审批，从而节约了大量的时间和成本。

（4）广泛性。通过粉丝形式进行病毒式传播，同时名人效应能使事件传播呈几何级放大。

（5）效率高。针对企业产品的FAQ提高效率，能很快速帮助客服建立互相了解的通道。

三、微博营销的步骤

1. 微博营销的关键是人气

对于没有任何人气、没有任何知名度和影响力的公司，做微博营销不太适合，很难有好的效果，所以首先要积累足够的人气。

2. 微博不是广告发布平台

许多人把微博当成了广告发布平台，拉来一些粉丝后，就开始发广告，这是极其错误的认知。千万不要把微博当成广告发布平台，这完全是在浪费时间和精力。

3. 不要只记流水账

微博营销的核心是通过语言、文字与用户互动，从而达到营销的目的。所以内容要情感化，要有激情，能为用户提供有价值、有趣的信息。

4. 尊重用户，不与用户争辩

千万不要在微博上与人争论和吵架，这是很不明智的。除非您不想要自己的品牌形象了。

5. 不要单方面发布消息

微博营销不是一个人自言自语，所以不要只是单方面发布信息，应学会与用户互动。只有通过与用户不断交流，才能获得用户的信任与好感，同时也只有这样才能真正让用户参与到公司的活动中来，并提供有价值的反馈与建议。

6. 全员上阵

如果您的团队或公司人很多，那么鼓励他们都开通微博，多在微博中讨论公司中的生活、工作、企业文化等，向大众展现一个真实、温情、朝气蓬勃的公司形象。

任务示范

任务一：以新浪微博为例，申请微博账号。

操作步骤

【步骤一】 打开 IE 浏览器，进入新浪“http://www.sina.com.cn/”主页，点击“微博”选项，如图 4-35 所示。

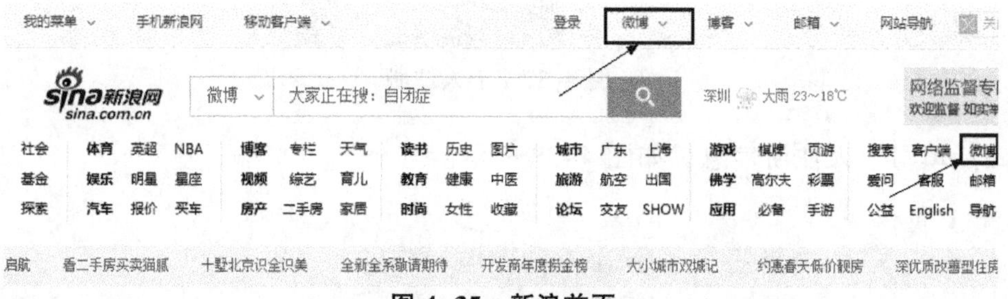

图 4-35 新浪首页

【步骤二】 进入注册页面后，单击“立即注册”，如图 4-36 所示。

图 4-36 微博注册界面

【步骤三】有两种注册形式，一种是个人微博账号，另一种是企业微博账号，这里我们选择注册个人微博账号。注册方式有两种：邮箱注册（你要拥有一个新浪邮箱才可以注册），或手机号码注册（输入手机号码就可以注册），我们选择邮箱注册，如图 4-37 所示。

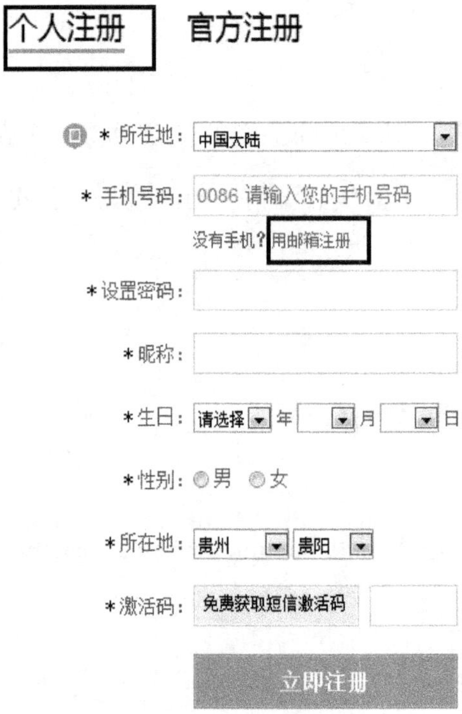

个人注册　官方注册

* 所在地：中国大陆
* 手机号码：0086 请输入您的手机号码
没有手机？用邮箱注册
*设置密码：
*昵称：
*生日：请选择 年 月 日
*性别：男 女
*所在地：贵州 贵阳
*激活码：免费获取短信激活码
立即注册

图 4-37　个人注册

【步骤四】填写个人注册信息，如图 4-38 所示。

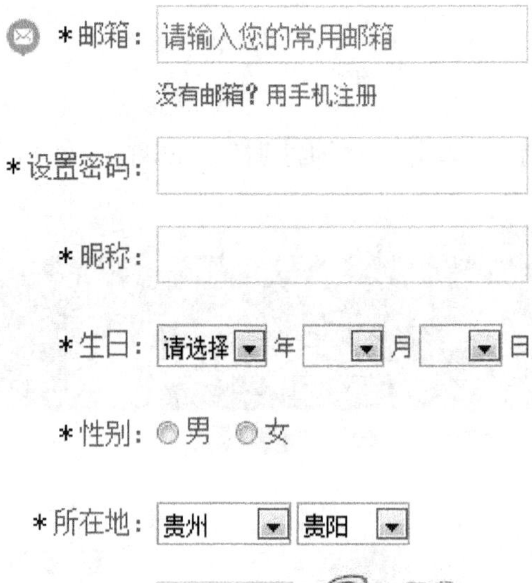

*邮箱：请输入您的常用邮箱
没有邮箱？用手机注册
*设置密码：
*昵称：
*生日：请选择 年 月 日
*性别：男 女
*所在地：贵州 贵阳
*验证码：

图 4-38　注册信息填写

【步骤五】输入邮箱地址，进入微博昵称设置页面，点击立即开通，如图 4–39 所示。

新浪账号：

*昵称：

*验证码：

立即开通

新浪微博服务使用协议

图 4–39　设置昵称

【步骤六】开通后，进入个人信息设置页面，如图 4–40 所示，填写相关信息后进入下一步。

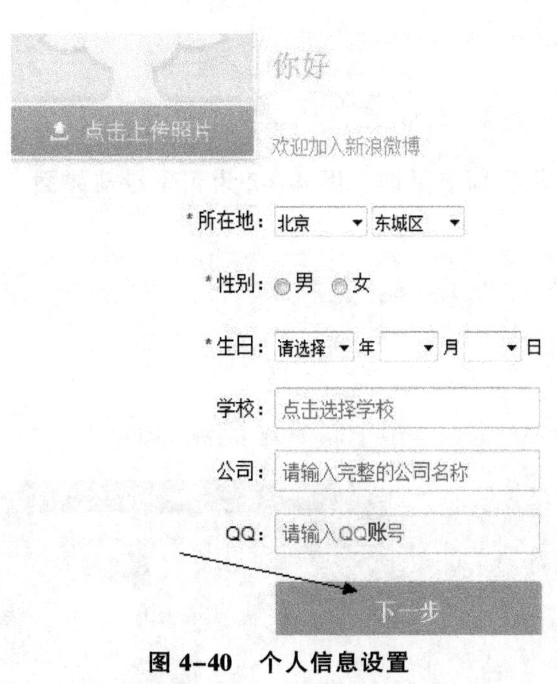

图 4–40　个人信息设置

【步骤七】选择感兴趣的微博主，如图 4–41 所示（系统自动推荐，可选可不选），点击进入微博。新浪微博会给你发送你感兴趣的事件。

图 4-41　进入微博

【步骤八】开通成功，熟悉新浪微博，图 4-42 为新手导航界面。

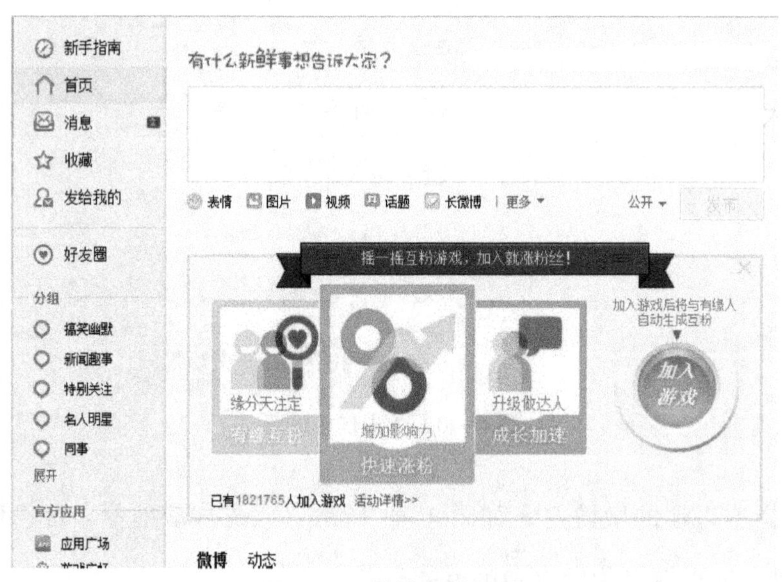

图 4-42　微博导航界面

任务二：使用微博，增加微博的关注度的技巧。

1. 设计内容

微博虽“微”，但依然是“博客”，其核心还是内容。与传统博客一样，内容的定位与质量决定了用户群的类型与规模。笔者曾经做过测试，当在微博中发布用户喜欢的优质内容时，转播量就会增加，而看到的人多了，吸引的粉丝自然就多。

比如腾讯微博的“今日语录精选”，如图 4-43 所示，因为能够每天坚持分享人生感悟等精选内容，粉丝已经达到 100 多万人。还有新浪微博的“互联网的那点事”，其内容受到了许多互联网公司高层的关注和认可。

图 4-43　今日语录精选

不过想将微博的内容做好还真不容易，因为一篇微博就 140 个字符，想让每条内容都是精华不太容易。这里介绍一个小技巧——搭社会热点的顺风车。每当社会上有热点事件发生时，都会成为全民关注的焦点。此时如果我们能够围绕热点制造一些有感染力的内容，自然也会受到关注。比如在 360 与 QQ 大战期间，新浪微博一位名叫“天才小熊猫”的网友制作了一幅名为《右下角的战争》的动画图片。那张图片被累计转发了近 10 万余次，作者也因此收获了 2 万余名粉丝。

2. 勤更新微博内容

与博客一样，微博也需要勤更新，如果更新速度慢，被关注度就会降低。这方面，有人做过测试。当在微博中非常积极地发内容时，每天都会有几十人来关注。如果几星期不更新，平均每天关注笔者的不足 10 人。

3. 标签

微博标签功能，我们可以设置 10 个最符合自己特征的标签，如站长、编辑等。设置合适的标签，将会极大地增加曝光率，那些对相关标签感兴趣的人，就有可能主动成为你的粉丝。

4. 主动关注

主动出击，主动关注别人，也是一种很直接的方法。如果我们是销售产品的，那我们可以进行一些精准的关注。例如，美国制药公司辉瑞（Pfizer），他们的产品中有一种是抗抑郁药。他们的微博营销策略之一是主动在微博上搜索“郁闷”、“抑郁”等关键词，找到潜在的抑郁症患者。然后不断向他们提供关于抑郁症方面的信息，在帮助他们的同时，也营销了自己的抗抑郁药。

如果只是想海量增加粉丝数，那就不需要像 Pfizer 公司这么麻烦，只要找到那些粉丝多、活跃度高的用户，主动关注他们进行互听，然后等着他们回听或是回粉。

下面介绍几个增加回听率（回粉率）的小技巧：

（1）找到那些靠互听或互粉建立起来的账号（这些账号最明显的一个特点是他关注的人比收听他的人要多），然后在他的听众（或粉丝）列表中，找到那些你感兴趣的人，然后主动关注。因为这些人都是之前与他互听（互粉）成功的，都比较乐于回听（回粉）。

（2）找与自己相关的人群，不要乱关注。

如果能够给自己加认证，也会增加成功率。新浪微博认证申请地址（个人和企业均可申请），腾讯微博认证申请地址（目前只有企业可以申请）。

另外，腾讯微博有收听限制，每天最多收听 100 人。但是如果我们直接通过 QQ 客户端进行收听，则可以绕过此限制，无限收听。

5. 加热门话题

腾讯微博中有一个话题功能，如果我们在发布内容时添加这些热门话题，则可以极大地增加曝光率和被关注的概率。比如最典型的一个话题就是“互听大队”，通过这个话题，听众数可以轻松过万。

6. 引发争议

如果我们能够发现一些有争议的内容，引发别人的关注与转发，也可以达到大量曝光和增加粉丝的目的。比如笔者在开通微博之初，曾经制造了一个非常有争议的内容，结果 24 小时内转播达到了几百次，转播量比笔者的粉丝数还高。

7. 做活动

做活动是一个非常传统但也实用的方法。能够增加粉丝量的活动，主要有以下三种：

（1）抢楼活动：活动发起方发出一条活动博文，要求用户按一定格式回复和转发，通常都是要求至少回复 3 个人，并进行评论。当用户回复的楼层正好是规则中规定的获奖楼层时（如 100 楼、200 楼），即可获得相应奖品。

（2）转发抽奖：活动发起方发出一条活动博文，要求用户按一定格式转发，通常都是要求至少转发 3 个人，并进行评论。最后在参与活动的用户中，随机抽出一部分幸运者发放奖品。

（3）转发资源：活动发起方发出一条活动博文，要求用户按一定格式转发，通常都是要求至少转发 3 个人，并留下邮箱。凡是转发者，邮箱中都会收到一份好资源，如媒体名录、各种工具、优惠券等。蔡文胜先生做得是非常深入和到位的，大家可以多去研究他的微博。

8. QQ 群

现在网络上有很多微博交流群，通过 QQ 群来增加粉丝，也是个不错的选择。

9. 评论别人

没事的时候，我们可以到广播大厅，挑那些粉丝多的人发布的博文进行评论，尽量挑那些最新发现但还没有人评论的。然后针对他们的内容进行评论，评论越有特色、越能引发别人的共鸣越好。这样当他对我们的评论进行回应时，自然就变相地为我们做了推广。

10. 给别人发邮件

发布内容时，可以多多给那些与内容相关且粉丝多的人发邮件，主动邀请他们帮助转发。

11. 插件

现在微博的第三方插件越来越多，其中有一些插件可以帮助我们增加粉丝，如好友管理工具等。

12. 辅助软件

除了微博插件外，网络上还出现了许多第三方的软件，如互粉工具、互听工具等，这些插件都可以帮我们快速增加粉丝。

13. 其他

除了以上这些比较常见的方法外，在我们的日常生活和学习中，只要方便，都可以见缝插针地进行宣传。如果经常写文章，那可以在文章中推荐；如果有博客，也可以在博客中推广。如果能想到其他创意性的方法更好。

应用案例

《致我们终将逝去的青春》的微博营销

微博的兴起，为电影的营销提供了又一个新的平台。微博的特点为电影宣传提供了很大便利，电影宣传方可以利用微博在短时间内发布最新的电影信息，并自动推送至关注者面前。而且微博的辐射面广，利用好微博进行电影营销，能在短时间内取得良好口碑。最后，微博是一个免费平台，电影宣传方用微博进行营销可以节约成本。

赵薇执导的处女作《致我们终将逝去的青春》在2013年4月26日上映，上映仅16天票房突破6亿元，国产爱情片的票房纪录也相应被刷新。一部投资6000万元的电影，之所以能获得如此高的票房，离不开这部电影在上映前期所做的种种宣传营销。而这部电影在宣传手段上，不仅选择了传统媒体，还选择了目前新兴的网络媒体——微博。

电影的官方微博（以新浪微博为对象）在2012年3月2日正式上线，截至2013年10月14日，发布的微博数为2675条，粉丝数143570名。微博从电影即将开机前开始运营，一直持续更新到上映时，官方微博仍在更新。持续运营了一年多的微博，为票房做了多大贡献？下面将从微博内容和营销策略两个方面分析微博营销对《致我们终将逝去的青春》票房大获成功产生的作用。

为了引起受众的关注和满足受众需求，微博经营者需要了解他们的心理和兴趣爱好。《致青春》原著和电影版的主要观众是80后、90后群体，所以影片在开始创作时就明确了它的定位——“怀念”和“青春”，《致我们终将逝去的青春》的宣传内容都围绕“怀念”和“青春”展开，以唤起受众的青春记忆，引发当代青年的集体回忆。

《致我们终将逝去的青春》微博按照类型可以大致分为以下几大类：原创文字、转发文字，原创图片、转发图片，原创视频、转发视频。2000多条微博分为转发和原创两大类，原创微博的主要内容是关于影片拍摄进展、花絮等。转发的微博主要包括对主要演员发布的微博，以及和“致青春”主题相关的网友发布的微博。当然，电影利用微博进行宣传不是单一的，而是要与其他有影响的微博互动，通过互动形成一个热点话题或微博群。除了转发与原创微博以外，微博还利用微博的“微话题”功能，让更多的受众参与到有关“致青春”的讨论中。除以上这些内容，它也发起了投票、征文等活动。

《致我们终将逝去的青春》的微博营销策略：

（1）“意见领袖”营销策略。参与拍摄的知名导演、明星在电影微博营销中责无旁贷，因为他们在微博“粉丝”中的形象有亲和力，在推广中让人容易接受。导演赵薇本来就在微博界拥有众多粉丝，而且这部影片的主要演员也是当下的知名演员。这些大牌明星作为“舆论领袖”，并且还同时互相关注彼此，互相转发彼此微博，很大程度上提高了某一事件在同一时间的曝光率，为在短时间内形成一个热门话题起到重要作用。

（2）口碑营销策略。《致我们终将逝去的青春》是由辛夷坞的小说翻拍，辛夷坞的小说本身就获得了良好口碑，这就为《致我们终将逝去的青春》电影的良好口碑奠定了一定基础。而且在“意见领袖”的带领下的官方微博和电影本身在电影上映前就广受大众关注和期待，在影片上映之后，微博宣传继续借助“名人效应”，让好口碑在更多受众中传播。

（3）情感营销策略。《致我们终将逝去的青春》以“青春”为主题，能引发很多年轻人对自己青春的回忆，青春是一去不复返的，如今一部《致我们终将逝去的青春》的电影，能在情感上与那些已经逝去青春的年轻人产生共鸣，有了共鸣，受众便会自发地参与到这个主题中，和《致我们终将逝去的青春》的微博产生互动。

（4）互动活动营销策略。互动活动营销策略是这 4 种策略中受众参与度最高的一种。微博让电影中的人物、导演、工作人员与微博用户进行交流沟通，拉近了彼此间的距离。

除此之外，《致我们终将逝去的青春》的微博制造了几个“微话题”，也让不同类型的受众广泛地、持续地参与到了关于电影的讨论中。互动活动不仅让更多的受众参与进来，还增强了官方微博的亲切感，让受众在心理上与其靠得更近，以期形成更多共鸣与肯定。

思考：从《致我们终将逝去的青春》看微博营销，谈谈微博营销的作用。

名人名言

成功就是不失热情地经历着失败，一次又一次。

——温斯顿·丘吉尔

职业能力训练

简答题

1. 什么是微博营销？

2. 微博营销的特点是什么？

观念应用训练

快书包

快书包是随着新浪微博成长起来的老标兵，对快书包的微博营销案例剖析已经很多。为网站带来近 1/3 的流量和 40%的订单业务，这种业绩太让企业期待了，然而快书包企业微博营销的胜利就仅仅如此吗？

快书包微博营销两大亮点：微客服和全员微营销。快书包的微客服是相当专心的，不敢说 1 分钟照应，也不会超过 5 分钟照应。我给他们发私信询问某本书是否有货，他们的私信中不仅迅速而且全面，异常温暖。

同时，微搜寻“快书包”症结词，凡提及快书包的微博内容，批评中基本上会涌现两个账号，就是 @ 快书包和 @ 徐智明。试问有多少个企业能够做到如此？能够做到如此的微博又怎能做欠好呢？

兴许各人会想：作为一个老总，徐智明怎么就这么闲，天天守在微博上。然而当你想想微博能够为它发生 40%的订单，对如一家小企业而言，该是如此诱人。

思考：利用个人的微博账号，搜索快书包，了解快书包的微博营销效果如何？

情景模拟训练

黄太吉传统美食

黄太吉就是代言人，他们做的产品就是以北方特色的煎饼果子，认为这就是中国的汉堡，店铺从一开始就通过微博快速传播，实现店铺满负荷运转，目前已经实现单月 160 万元的销售额。

从微博运营来说，只要有热点，黄太吉总是排头兵，“土豪金”发售当天，在北京有一个行动，去黄太吉去吃土豪煎饼，立刻引来购买狂潮；微博上做石头、剪刀、布游戏，就是石头、剪刀、布，你赢了，我就给你煎饼，虽然输了 1000 多个煎饼但是却带来了良好的口碑和效益；电影《中国合伙人》走红期间拍摄的，黄太吉发了一张照片，被各种大 V 转发，实现品牌迅速传播。

思考： 1. 微博营销的特点是什么？

2. 微博营销对小企业有什么积极作用？

思维拓展训练

凡客粉丝团

凡客诚品通过开设“凡客粉丝团”对用户表达了互动意愿，以轻松、天然的基调引发粉丝喜爱。凡客粉丝团运营方式：连续不断进行与品牌深度关联的活动。比如“随手拍凡客”、“晒购物包装盒”等活动，并给予凡客购物券等利益刺激。通过多种形式加强粉丝与品牌的联系，增强粉丝黏性，促进销售。

日常无奖惩活动机制。凡客粉丝团会经常发起一些无奖惩的简单日常小活动，与粉丝互动沟通情感。如分享图书或心绪等，激励用户积极展览和表现。活动形式简单，参与容易，而且主题往往与粉丝息息相关，容易引发粉丝参与的热情。

深度利用代言明星的价值。凡客非常善于抓住粉丝的心理，懂得如何运用粉丝扩大微博影响力。比如李宇春代言微博后，凡客一方面在微博不间断地发布与李宇春相关的内容，吸引粉丝关注，比如李宇春的凡客海报等，通过持续性的发布增加粉丝关注的持久性；另一方面以明星相关物品为噱头，比如明星签名海报，签名同款衣服等，利用粉丝的追星和 502 心理（模仿），吸引粉丝参与活动。凡客粉丝团在李宇春代言凡客后很快发起了“随手拍凡客广告牌”活动，奖品是李宇春拍海报穿过的衣服，这种对粉丝而言极具收藏价值的奖励迅速吸引了数万粉丝的参与。

思考： 1. 凡客的微博营销与前面介绍的微博营销相比，有哪些特点？

2. 如何让企业的“用户”为企业微博营销？

参考答案

项目一　网络营销的准备工作

任务 1　认识网络营销

一、单选题

1. A　2. A　3. D　4. B

二、多选题

1. BC　2. ABCDEF　3. ACD

任务 2　检索网络贸易信息

一、单选题

1. A　2. A

二、多选题

ABCD

任务 3　网络营销市场调研

一、单选题

1. A　2. B　3. B　4. D

二、多选题

1. ABCDE　2. BCD　3. ABD

项目二　网络推广策划

任务 1　确定网络推广目标

一、单选题

1. C　2. D

二、多选题

1. ABCD　2. ABCD　3. ABCDE　4. BCD　5. ACD

任务 2　制定网络推广方案

一、单选题

1. C　2. A　3. D　4. A

二、多选题

1. ABCD　2. BCDEF

项目三　网络推广

任务 1　软文推广

一、单选题

1. C　2. B　3. B

二、多选题

1. ABD　2. ABC　3. ABD

任务 2　网络广告 SEO 推广

一、单选题

1. D　2. D　3. A

二、多选题

1. ABCD　2. BCD　3. ABCD

任务 3　搜索引擎推广

一、单选题

1. B　2. D　3. A

二、多选题

1. BD　2. ABC　3. ABC

任务 4　论坛推广

一、单选题

1. A　2. A　3. D

二、多选题

1. BD　2. ABC　3. AC

任务 5　网络公关推广

一、单选题

1. A　2. C　3. B

二、多选题

1. ABC　2. ABD　3. ABC

任务 6　第三方电子商务平台推广

一、单选题

1. C　2. B　3. B

二、多选题

1. ACD　2. ACDF

项目四　网络营销的方法

任务 1　电子邮件营销

一、单选题

1. A　2. B　3. C

二、多选题

1. ABCD　2. ABCD　3. ABCD

任务 2　微信营销

一、单选题

1. A　2. C

二、多选题

ABCD

任务3　病毒营销

简答题

1. 什么是病毒营销?

答案：病毒营销，是通过用户的口碑宣传网络，信息像病毒一样传播和扩散，利用快速复制的方式传向数以千计、数以百万计的受众。也就是说，通过提供有价值的产品或服务，让大家告诉大家，通过别人为你宣传，实现“营销杠杆”的作用。病毒式营销已经成为网络营销最为独特的手段，被越来越多的商家和网站成功利用。

2. 病毒营销的特点是什么?

答案：(1) 有吸引力的病原体。

(2) 几何倍数的传播速度。

(3) 高效率的接收。

(4) 更新速度快。

任务4　事件营销

简答题：

1. 什么是事件营销?

答案：事件营销是指企业通过策划、组织和利用具有新闻价值、社会影响以及名人效应的人物或事件，吸引媒体、社会团体和消费者的兴趣与关注，以求提高企业或产品的知名度、美誉度，树立良好品牌形象，并最终促成产品或服务销售目的的手段和方式。

2. 事件营销的特点是什么?

答案：(1) 目的性。

(2) 风险性。

(3) 成本低。

(4) 多样性。

(5) 新颖性。

(6) 效果明显。

任务5 口碑营销

简答题

1. 什么是口碑营销？

答案：口碑营销是指企业努力使消费者通过亲朋好友之间的交流将自己的产品信息、品牌传播开来。此种营销方式成功率高、可信度强。这种以口碑传播为途径的营销方式称为口碑营销。从企业营销的实践层面分析，口碑营销是企业运用各种有效的手段，引发顾客对其产品、服务以及企业整体形象的谈论和交流，并激励顾客向其周边人群进行介绍及推荐的市场营销方式和过程。

2. 口碑营销与病毒营销有哪些区别？

答案：从传播动机和观点看，病毒营销利用的是“看热闹的羊群效应”。在病毒营销的实施过程中，用户基于有趣而主动传播，而对于传播的内容几乎是不了解的。他们只是出于新鲜有趣才参与其中，却不对传播的内容负责。而口碑营销利用的是“中国人更相信他人的意见”。在口碑营销的过程中，用户基于信任而主动传播，他们对传播的内容不但了解而且还很认可，并且他们愿意对传播的内容负责。

从传播效果看，病毒营销满足的是知名度，通过高曝光率在用户中达成共识，但是知道并不代表认可。而口碑营销满足的是美誉度，通过引导用户相互之间口口相传，以达到增加用户信任度和认可度的目的。

3. 口碑营销的主要步骤是什么？

答案：（1）策划好一个眼球引爆点。

（2）通过引爆点策动可谈论的话题。

（3）选择传播渠道。

（4）口碑传播的效果监控。

任务6 饥饿营销

一、简答题

1. 什么是饥饿营销？

饥饿营销是指商品提供者有意调低产量，以期达到调控供求关系、制造供不应求“假象”、维持商品较高售价和利润率的目的。

2. 开展饥饿营销的步骤是什么。

开展饥饿营销的步骤是引起关注—建立需求—建立期望值—设立条件。

二、论述题

搜集关于饥饿营销的案例，并分析营销的效果如何。(开放性论述，答案不一)

任务 7　微博营销

简答题

1. 什么是微博营销？

答案：微博营销是通过微博平台为商家、个人等创造价值而执行的一种营销方式，也是商家或个人通过微博平台发现并满足用户的各类需求的商业行为方式。微博营销以微博作为营销平台，每一个听众（粉丝）都是潜在营销对象，企业利用更新自己的微博向网友传播企业信息、产品信息，树立良好的企业形象和产品形象。每天更新内容就可以跟大家交流互动。

2. 微博营销的特点是什么？

答案：(1) 立体化。微博可以借助多种多媒体技术手段，通过文字、图片、视频等展现形式对产品进行描述，从而使潜在消费者更形象、直接地接受信息。

(2) 高速度。微博最显著特征是传播迅速。一条热度高的微博在各种互联网平台上发出后，短时间内转发就可以抵达微博世界的每一个角落。

(3) 便捷性。微博营销优于传统推广，无须严格审批，从而节约了大量的时间和成本。

(4) 广泛性。通过粉丝形式进行病毒式传播，同时名人效应能使事件传播呈几何级放大。

(5) 效率高。针对企业产品的 FAQ 提高效率，能快速帮助客服建立互相了解的一个通道。

参考文献

[1] 彭纯宪. 网络营销 [M]. 北京：高等教育出版社，2003.

[2] 梅绍祖等. 网络营销 [M]. 北京：人民邮电出版社，2001.

[3] 钱东人等. 网络营销 [M]. 北京：高等教育出版社，2004.

[4] 江礼坤. 网络营销推广实战宝典 [M]. 北京：电子工业出版社，2012.

[5] 刘光峰等. 实战网络营销——理论与实践 [M]. 北京：清华大学出版社，2000.

[6] 菲利普·科特勒. 营销学导论 [M]. 俞利军译. 北京：华夏出版社，1998.

[7] J.Cataudella，B.Sawyer，D.Greely. 网上商店行销指南 [M]. 孙昕等译. 北京：清华大学出版社，2000.

[8] 瞿鹏志. 网络营销（第二版）[M]. 北京：高等教育出版社，2004.

[9] 冯英健. 网络营销基础与实践 [M]. 北京：清华大学出版社，2004.

[10] 钱旭潮，汪群. 网络营销与管理 [M]. 北京：北京大学出版社，2002.

[11] 尚晓春. 网络营销策划 [M]. 南京：东南大学出版社，2002.

[12] 昝辉. 网络营销实战密码、技巧、案例 [M]. 北京：电子工业出版社，2013.

[13] 祖强，李宇红等. 网络营销 [M]. 北京：清华大学出版社，2004.

[14] 吕英斌，储节旺. 网络营销案例评析 [M]. 北京：清华大学出版社，2004.

[15] 周游，赵炎. 网络市场营销（第一版）[M]. 北京：中国物资出版社，2002.

[16] 孔伟成，陈水芬编著. 网络营销 [M]. 北京： 高等教育出版社，2002.

[17] 薛辛光. 网络营销学 [M]. 北京： 电子工业出版社，2003.

[18] 沈凤池. 网络营销 [M]. 北京：清华大学出版社，2005.

[19] 曲学军，刘喜敏. 网络营销 [M]. 大连：大连理工出版社，2003.

[20] 宋宇. 试论网络营销发展的现状与对策 [J]. 西昌师范高等专科学校学报，2004（2）.

[21] 刘永智. 浅谈我国网络营销的现状及对策 [J]. 徐州教育学院学报，2004（3）.

[22] 唐丽芳. 病毒式网络营销 [J]. 沧州师范专科学校学报，2005（1）.

[23] 曾宇容. 网络营销的理论基础及实施步骤 [J]. 湖北商业高等专科学校学报，2001（4）.

[24] 秦苒. 浅议网络营销 [J]. 安阳师范学院学报，2002（1）.

[25] 康云. 浅谈网络营销的发展 [J]. 中南民族大学学报（人文社会科学版），2004（S2）.

[26] 彭光辉. 网络营销经营风险与对策 [J]. 湖北职业技术学院学报，2004（2）.

[27] 杜新丽. 网络营销设建的思考 [J]. 河南科技，2005（11）.

[28] 罗捷. 整合网络营销与传统营销 [J]. 科技信息，2000（11）.

[29] 韩雪. 浅析小米手机网络营销策略 [J]. 中国连锁，2014（4）.

[30] 甄璐华，王文波，张琳. 浅析网络营销的新方式——QQ 营销和微信营销 [J]. 科技经济市场，2014（1）.

[31] 龚奕洁. 微博的营销特征与发展桎梏 [J]. 今传媒，2014（1）.

[32] 谢爱平. 软文营销：企业网络营销的又一利器 [J]. 电子商务，2011（3）.

[33] 徐孟晓，王旭. 病毒营销传播渠道研究 [J]. 云南财经大学学报，2009（2）.

[34] 张紫琳. 病毒营销实施策略研究 [J]. 全国商情（经济理论研究），2009（4）.

[35] 闫莹. Web2.0 时代的超广告营销：病毒营销——以“封杀”王老吉为例 [J]. 科技传播，2012（8）.

[36] 赵杨. “饥饿”苹果中国“疯”——浅议苹果品牌饥饿营销策略 [J]. 中国商贸，2012（4）.

[37] 刘金锋，文亚青. 论“饥饿营销”策略的负面影响和实施条件 [J]. 广东石油化工学院学报，2011（10）.

[38] 关贞琴. 基于消费者心理的饥饿营销策略 [J]. 现代营销（学苑版），2012（11）.